E. de Kératry

Kaiser Maximilians Erhebung und Fall

Originalcorrespondenzen und Dokumente in geschichtlichem Zusammenhange

dargestellt

Kaiser Maximilians Erhebung und Fall.

Originalcorrespondenzen und Documente

in geschichtlichem Zusammenhange dargestellt

von

Emil Grafen Kératry.

Leipzig.
Verlag von Duncker und Humblot.
1867.

E. de Kératry

Kaiser Maximilians Erhebung und Fall
Originalcorrespondenzen und Dokumente in geschichtlichem Zusammenhange dargestellt

ISBN/EAN: 9783743656239

Hergestellt in Europa, USA, Kanada, Australien, Japan

Cover: Foto ©ninafisch / pixelio.de

Weitere Bücher finden Sie auf **www.hansebooks.com**

Vorbemerkung.

Die in der nachfolgenden Arbeit von Emil Grafen Kératry, ehemaligem Ordonnanzoffizier des Marschall Bazaine gegebene Darstellung des Untergangs des zweiten mexicanischen Kaiserreichs wurde bereits zum Theile nebst den meisten in derselben enthaltenen authentischen Actenstücken durch die in Paris erscheinende „Revue Contemporaine" veröffentlicht.

Verschiedene Documente jedoch, deren Publicirung der bestehenden Preßverhältnisse wegen in der „Revue" unthunlich schien, konnten der in Leipzig erscheinenden, einzig autorisirten französischen Buchausgabe wie deren vorliegender Uebersetzung noch beigefügt werden.

Sämmtliche Documente über den Fall Maximilian's und seines Reiches, welche hiermit der Oeffentlichkeit übergeben werden und die theilweise in so seltsamem Widerspruche mit gewissen Ueberlieferungen der Tagespolitik stehen, dürfen den vollsten Anspruch auf Zuverlässigkeit und unverfälschte

Wiedergabe erheben. Dafür bürgt einestheils der Ruf der „Revue Contemporaire" wie die gerechte Unparteilichkeit, mit welcher sich diese Zeitschrift unter der Leitung des Vicomte de Calonne der Besprechung aller außerfranzösischen Fragen gewidmet hat, und welche sie, fast das einzige Organ in Frankreich, unter Anderm bei der Beurtheilung der so vielfach verkannten neudeutschen Verhältnisse vorwalten läßt, anderntheils aber Name und Stellung des Verfassers wie der Verlagsbuchhandlung.

Paris und Leipzig, 10. October 1867.

Die französische Expedition nach Mexico gehört jetzt der Geschichte an. Der zweite Kaiser Mexicos wurde 1867 in Queretaro, wie der erste 1824 in Padilla, erschossen. Und doch liebten beide ihr erwähltes Vaterland, Maximilian brachte sogar eine sehr hohe Meinung von seiner Mission mit.

Suchen wir die verschiedenen Ursachen zu ermitteln, welche zusammen das Scheitern jenes französischen Unternehmens in der Ferne bewirkten. Die Zeit ist für solchen Versuch um so günstiger, als die verschiedenen Abtheilungen des mexicanischen Dramas, das so reich an Wandelungen war, sich gleichsam gestern erst abspielten. Auch erfordert es, unserer Meinung nach, die Gerechtigkeit, jedem, welcher bei dem blutigen Drama betheiligt war, den ihm bei dem Entwurfe, bei der Ausführung, bei der Leitung und bei dem Scheitern dieses unglücklichen Feldzuges zukommenden Betrag der Verantwortlichkeit genau abzumessen und zuzutheilen.

Wir werden bei dieser Prüfung mit aller nur möglichen Unparteilichkeit zu Werke gehen. Vor allen Dingen muß man anerkennen, daß die französische Armee, Land= und Seetruppen, von jener Prüfung gänzlich auszuschließen ist. Sie allein stand auf der Höhe ihrer Mission und blieb ihrer Pflicht streng getreu, ohne nur einen Augenblick von ihren großen Traditionen sich zu entfernen. Jene Expedition, die so viel Menschenleben kostete, wird ihren Ruhm nur mehren und erhöhen. Die französische Tapferkeit hatte selten Gelegenheit, auf einem so großen Felde der Thätigkeit sich zu zeigen. Wenn Frankreich Zeuge der vielen unbekannt gebliebenen Waffenthaten gewesen wäre, die während der fünf Jahre oftmals in Mexico von einer Handvoll in weiter Ferne vereinzelter Tapfern ausgeführt wurden, die Klagen der Opposition würden vor der Bewunderung über die kriegerischen Tugenden seiner Söhne verstummt sein. Die Braven, welche das Expeditionsheer auf seinem Wege von den Antillen bis an die Küsten des Stillen Meeres begraben hat, zeugen laut von seiner Hingebung.

Das nothwendige Licht zur Beleuchtung des traurigen Schauplatzes, auf welchem der von Frankreich aufgerichtete Thron im Blute zusammenbrach und der Glanz der Nation erblaßte, kann nur der erste Gedanke des Cabinets der Tuilerien, können nur die Instructionen, die dasselbe erließ, die Haltung seiner Politik und die militärischen Operationen, wie die Mitwirkung des Erzherzogs Maximilian geben.

I.

Welcher Gedanke, welche Absicht lag der Sendung der französischen Flagge vor die Mauern von Veracruz zu Grunde, und was war später die wirkliche Veranlassung der Kriegserklärung gegen den Präsidenten Juarez?

Wenn wir uns an die officiellen Erklärungen halten sollen, so finden wir darin, daß die französische Regierung, nach einer mit England und Spanien am 30. November 1861 geschlossenen Uebereinkunft, durch eine gemeinsame

Intervention „Mexico zwingen wollte, die feierlich übernommenen Verpflichtungen auszuführen und Bürgschaften für wirksamen Schutz des Eigenthums und der Person geborner Franzosen in Mexico zu geben." Das sollte der Admiral Jurien de la Gravière durchsetzen, welchem der Oberbefehl über die nach Mexico gesandte Expedition übertragen wurde. Der Minister der auswärtigen Angelegenheiten, Herr Thouvenel, fügte den Instructionen des Admirals hinzu: „Die verbündeten Mächte unterlassen es, sich in die innern Angelegenheiten des Landes zu mischen, namentlich einen Druck auf den Willen der Bevölkerung in Bezug auf die Wahl ihrer Regierung auszuüben."

In den ersten Tagen des Januars richteten die drei Bevollmächtigten eine Collectivnote an die mexicanische Regierung, in welcher sie Ersatz des erlittenen Schadens und Berücksichtigung aller Beschwerden verlangten. Am 9. Februar 1862 meldeten die verbündeten Commissäre dem Minister Doblado, daß die verbündeten Truppen gegen die Mitte des Monats sich in Bewegung setzen würden, um im Innern weniger ungesunde Lagerplätze zu suchen, und forderten ihn zugleich auf, mit dem Grafen von Reuß und dem General Prim, sich zu verständigen.

Die Landungsarmee war unter den Befehl des spanischen Generals Prim gestellt worden. Spanien sandte 7000, Frankreich ungefähr 30,000 Mann; England schickte nur Seetruppen ans Land. Am 19. Februar 1862 war zwischen der mexicanischen Regierung und den Bevollmächtigten Spaniens, Englands und Frankreichs der „Präliminarvertrag von Soledad" unterzeichnet worden, welcher im ersten Artikel die Autorität des Präsidenten Juarez bestätigte und im sechsten Artikel bestimmte, daß die mexicanische Flagge, welche bei der Annäherung der bevollmächtigten Geschwader, die sich vor Veracruz gelegt hatten, entfernt wurde, wieder aufgezogen werde.

Es vergingen beinahe zwei Monate, ehe der Vertragsentwurf aus Europa in das Lager der Unterhändler zurückkam, die ihre Regierungen hatten zu Rathe ziehen müssen. Auch hatte in richtiger Voraussicht der dritte Artikel des Vertrags von Soledad bestimmt, daß während der Unterhandlungen das Expeditionscorps die Städte Cordova, Orizaba und Tehuacan, aus Gesundheitsrücksichten für die Soldaten, besetzt halte. Der Minister Doblado hatte dieses Zugeständniß bewilligt und Juarez dasselbe ratificirt. Wenn die Fremden diese Manöverfreiheit dem mörderischen Clima der heißen Länder gegenüber unbedingt fordern mußten, fühlte dagegen der Stolz der Mexicaner durch diese Nachgiebigkeit des Präsidenten sich tief verletzt. Sie verlangten die Räumung der besetzten Gebiete vor allen Versuchen zur Versöhnung. Juarez hegte wirklich den Wunsch, die von den Verbündeten verlangte Genugthuung zu geben und wußte sehr wohl, daß er den Rückzug der feindlichen Truppen nicht erlangen werde, wenn er nicht ein ernstliches Pfand der Versöhnung biete. Indeß hatte die mexicanische Regierung als Bedingung der Bewegungsfreiheit gestellt, daß „wenn die Unterhandlungen abgebrochen würden" (Artikel 4), die verbündeten Truppen die eingenommenen Stellungen verließen und sich auf die Straße von Veracruz bis Paso Ancho zurückzögen, ehe sie die Feindseligkeiten begännen, während die Hospitäler der Verbündeten unter dem Schutze des mexicanischen Volkes verbleiben würden.

Die ungeduldig erwartete Post aus Europa traf endlich ein. Man erfuhr, daß England, welches eine Expedition in das Innere Mexicos durchaus nicht wollte, die Unterschrift seines Bevollmächtigten, Sir Ch. Wyke, ratificirte. Spanien sprach wohl einiges Bedauern aus, mißbilligte aber nicht was der General Prim gethan hatte. Frankreich dagegen erklärte durch den Moniteur, daß es den Vertrag von Soledad nicht annehmen könne, „weil er der Würde der Nation zuwiderlaufe." Diese officielle Desavouirung eines Officiers, der eifersüchtig über die Ehre seiner Fahne wachte, erregte peinliches Erstaunen und machte unangenehmes Aufsehen.

Der Admiral begann bereits am 1. April seine retrograde Bewegung. Das französische Corps hatte Tehuacan inne gehabt; es machte Halt in Cordova, drei Tagemärsche von Paso Ancho. Aber ein Bruch zwischen den drei Verbündeten stand nahe bevor, da die Interessen und Absichten derselben einander offenbar entgegenstanden. Am 9. April 1862 war denn auch dieser Bruch bereits erfolgt, und er wurde vorzugsweise motivirt durch die Anwesenheit Almontes und Ausgewanderter, die in den ersten Tagen des März angekommen und ihrer monarchischen Gesinnung wegen dem Präsidenten, wie der englischen Regierung verdächtig waren. Der Gesandte Wyke schrieb in der That an den Grafen Russell: „nur wenn wir unserer Intervention den Anschein eines freundschaftlichen Schutzes geben, können wir eine Regierung befestigen, welche den intelligenten und achtungswerthen Theil der Nation repräsentirt."

Erwähnen wir gleich hier, daß 1857 eine durch den allgemeinen Congreß votirte Constitution die Präsidentschaft dem General Comonfort, welcher in ungesetzlicher Weise gestürzt wurde, übergeben hatte, und daß Juarez als Vicepräsident jene Constitution seit sechs Jahren vertheidigte; nur er, der indianische Advocat, war nicht meineidig geworden. Er hatte das höchste Amt in einer krampfhaft bewegten, durch den Bürgerkrieg zerrütteten Republik übernommen. An der Spitze eines demoralisirten, von allen schlechten Leidenschaften durchwühlten Landes hätte er vielleicht besser, aber er hätte auch viel schlechter handeln können. Auf ihm lastete mit aller Schwere das Unglück eines halben Jahrhunderts voll Fanatismus und Anarchie. Er hat den Muth gehabt, diese Last ohne Wanken zu tragen. Für ihn hatte das Wort „Vaterland" einen Sinn. Uebrigens muß der, welcher ihn richtig und gerecht beurtheilen will, Europa vergessen und nur das unruhige Mexico im Auge haben.

Der Würfel war gefallen. Das spanische und das englische Geschwader segelten ab und das französische Expeditionsheer, das allein blieb und etwa 6000 Mann stark war, schickte sich an die Offensive zu ergreifen indem es seine rückgängige Bewegung nach dem Chiquihuite zu fortsetzte, einem Flusse etwa in gleicher Entfernung von dem Meerbusen und Orizaba, dessen steile bewaldete Ufer durch die Mexicaner zur Vertheidigung vorgerichtet waren. Während das Corps, den übernommenen Verpflichtungen gemäß, den Marsch ausführte, verbreitete sich das Gerücht, daß das Leben der französischen Soldaten, die in dem Hospitale zu Orizaba, unter dem Schutze der Feinde, zurückgelassen worden waren, durch das juaristische Heer bedroht sei. Der französische Commandant wollte Schutzlose nicht morden lassen, kehrte sogleich um, handelte, wenn auch mit Bedauern, gegen das gegebene Wort und begann die Offensive dadurch, daß er sich in Eilmärschen gegen Orizaba wendete, ohne über die Position am Chiquihuite gegangen zu sein.

Das ist ein kurzer Ueberblick der ersten Phase der mexicanischen Expedition. Betrachtet man nun das, was die französische Regierung zur Kenntniß des Landes gebracht hat, so hatte Napoleon III. darnach offenbar nur den einen Zweck, die Interessen der Franzosen in Mexico zu schützen, welche durch den Vertrag von La Solebad verletzt worden wären, wenn er ratificirt wurde. Glaubt man der officiellen Sprache, so ging der Krieg aus illusorischen Zugeständnissen hervor, welche der republikanische Präsident den gerechtfertigten Forderungen Frankreichs entgegenbrachte. Juarez soll also allein vor der Geschichte verantwortlich bleiben für den Ruin seines Vaterlandes und das in Strömen auf mexicanischem Gebiet vergossene Blut!

Suchen wir jedoch unbedenklich die Wahrheit in der Sache auf, und sehen wir zu, was hinter der Scene vorging. Antworten wir den offiziellen Erklärungen mit den nackten Thatsachen und mit unbestreitbaren Documenten.

Am 18. Jan. 1861, gerade zehn Monate vor der von den drei Mächten unterzeichneten Uebereinkunft, als Juarez in der Hauptstadt sich befand, ohne das Unwetter zu ahnen, das in Frankreich sich zusammenzog, um über seinem Haupte loszubrechen, arbeitete Frankreich in der Stille an seinem Sturze. Vier Stunden von Mexico, in der kleinen Stadt Tlalpam, die sonst durch ihre Spiele berühmt war, knüpfte der General Leonardo Marquez die ersten Fäden der Verschwörung an, welche das Cabinet der Tuilerien und den Palast Miramare bereits vereinigte. In der Nacht jenes 18. Jan. kam ein indianischer Courier mit einem vertraulichen Schreiben in Mexico an. Der General Marquez theilt darin dem ehemaligen Minister Santa-Anna's, Aguilar, mit, es sei die Zeit gekommen, die „politische, sociale und militärische Reaction" zu organisiren. Er bot ihm zu gleicher Zeit den Vorsitz in einem Directorium und das Recht an, diejenigen als Mitglieder zu wählen, die er für die geeignetsten halte. Die Devise Dios e Orden wurde aufgestellt —

als Signal der Empörung gegen Libertad e Independencia, die republicanische Parole.

Gleichzeitig regte sich in Paris die Partei der eingewanderten Mexicaner, an deren Spitze sich Gutierrez de Estrada, Hidalgo, Almonte, La Bastiba und der Expräsident Miramon befanden. Sie benutzten die Gunst, in der sie am Hofe der Tuilerien standen, um das Interesse für ihre Sache zu wecken. La Bastiba, der Erzbischof von Mexico, kämpfte seinerseits im Namen seiner Geistlichkeit, welcher durch ein Gesetz von 1859 ihre Güter im Werth von etwa 900 Mill. Frs. entzogen worden waren, für dieselben Interessen eifrig am Hofe zu Rom, der sich bald dem Plane, einen Prinzen aus der katholischen Familie Habsburg auf den Thron Iturbides zu setzen, günstig zeigte.

Manche meinen, das mexicanische Kaiserthum sei aus dem Frieden von Villafranca hervorgegangen. Wenn wir dieser Ansicht auch keine große Wichtigkeit beilegen, so unterliegt es doch keinem Zweifel, daß in der Zeit als Marquez einen Aufstand vorbereitete, die Partei der mexicanischen Ausgewanderten mit geheimer Unterstützung der französischen Regierung, in welcher spanische Sympathien vorherrschten, die Kaiserkrone dem Erzherzog Maximilian antrug, welcher alle seine Aemter und Würden in der Heimath niedergelegt hatte, um sich nach Miramare zurückzuziehen und für alle Fälle sich bereit zu halten.

Die vorläufigen Unterhandlungen zwischen Paris und Miramare dauerten etwa acht Monate, bevor das Widerstreben des Erzherzogs überwunden war. Endlich richtete der Prinz an den bevollmächtigten Vertrauten, Gutierrez de Estrada, einen Brief, der in spanischer Sprache auf beiden Seiten eines Blattes Papiers in großem Format geschrieben war. Maximilian erklärte, daß er die ihm angebotene Krone annehme, aber „unter der Bedingung, daß Frankreich und England ihn mit ihrer moralischen und materiellen Garantie zu Lande und zu Wasser unterstützten."

Gutierrez sandte dieses kostbare Document, das wir gelesen haben, sofort von Paris an den Licenciado Aguilar, damit er dasselbe zur Kenntniß der Mitglieder der Verschwörung in Mexico bringe. Das Geheimniß wurde indeß nicht wohl gewahrt, sodaß der ehemalige Minister Santa-Anna's im Jahre 1862 sich festgenommen sah. Einige Zeit darauf ließ ihn indeß Doblado frei, weil man keine genügenden Beweise gegen ihn vorlegen konnte.

Die Annahme des Erzherzogs verpflichtete, wie man sieht, Frankreich moralisch bereits Ende 1861 in dem Augenblick als die Expedition der drei Mächte gegen die Republik zur Ausführung kommen sollte. In dieser im Geheimen geschaffenen Combination muß man den geheimnißvollen Zweck der französischen Intervention suchen, die das englische Cabinet theilen sollte, um bei der Erhebung des Erzherzogs Maximilian auf den Thron, der ihm versprochen war, mitzuwirken. Die Rebellenpartei, welche sich unter den Clericalen recrutirte, wartete nur auf das Erscheinen der dreifarbigen Fahne in den Gewässern Mexicos, um den Feldzug zu eröffnen.

Die Vertheidigung der Franzosen in Mexico und das Verlangen, die Beleidigungen zu rächen, welche sie erfahren hatten und die man weit eher ganz Mexico als Juarez zuschreiben muß, alles dies war nur ein Vorwand, der, gleich von Anfang an, erst in zweite Linie bei der Expedition kam. Aber man stellte ihn voran, um Truppen auf dem Gebiete der Republik zu landen und da Fuß zu fassen, bis die französische Regierung offen und frei mit ihrer Politik in der Neuen Welt werde hervortreten können, mit jener gewagten Politik, welche Frankreich in Widerspruch mit seinem Princip der Nichtintervention bringen sollte. Wenn ein Zweifel darüber bestehen könnte, würde er sogleich durch zwei spätere Ereignisse beseitigt werden, die großen Einfluß auf den unglücklichen Ausgang des Unternehmens hatten, — durch den Bruch des Vertrags von La Solebad und durch den Brief des Kaisers Napoleon III. an den General Forey. Warum wurde der Vertrag von Solebad durch Frankreich allein zerrissen?

England machte sich durch die Unterzeichnung des Vertrags von der mexicanischen Frage frei, als es indirect von den Plänen Kenntniß erhielt, welche die französische Regierung insgeheim hege. Erst im October 1861, als Maximilian die englische Garantie verlangte, befahl Thouvenel, das englische Cabinet etwas ahnen zu lassen, ohne etwas Bestimmtes einzugestehen. Diese Mittheilung wurde in England übel aufgenommen und der französische Minister, den der englische Minister mehrmals interpellirte und der zu weit gegangen zu sein fürchtete, antwortete categorisch: „es wird dem mexicanischen Volk keine Regierung aufgedrungen werden". (Depesche des Grafen Cowley an den Grafen Russell vom 2. Mai 1862.) Ein anderes Mal gab Herr Thouvenel eine verneinende Antwort, als ihn Lord Cowley über die Candidatur des Erzherzogs Maximilian und darüber befragt, ob Unterhandlungen zwischen Frankreich und Oesterreich schwebten. „Unterhandlungen wären nur von Mexicanern angeknüpft worden, die sich zu diesem Zwecke nach Wien begeben hätten", versicherte der französische Minister der auswärtigen Angelegenheiten.

Trotz dieser Ableugnungen hielt es England für gerathen, die Autorität des Juarez zu befestigen und sich zurückzuziehen. Es wollte seine Verantwortlichkeit nicht ba-

durch gefährden, daß es dem künftigen Kaiser eine Garantie
gewähre, die England überhaupt nicht häufig gibt, wie es seit
jener Zeit mehrmals bewiesen hat. Welche Garantie ver=
langte man von England? Es war ihm wohlbekannt: einen
fast unbegrenzten Schutz, der seine Flotte in Conflict mit
den Vereinigten Staaten bringen konnte. Wenn auch das
englische Cabinet unkluger Weise eine solche Garantie zu
gewähren gewagt hätte, würde sie sicherlich durch das Par=
lament desavouirt worden sein. Herr Wyke, sein Bevoll=
mächtigter, hatte also nur noch einen Zweck, nemlich den
gemeinsamen Druck zu benutzen, um vortheilhafte Entschä=
digungen zu erlangen, welche die Klagen der reclamirenden
Engländer befriedigten. Und England allein hat in der
That den größten Vortheil von unsern Opfern gehabt, in=
dem es während der ganzen Expedition von den mexi=
canischen Einnahmen ein gutes Theil für sich vornweg
nahm.

Der madrider Hof hatte den General Prim aus rein
persönlichem Ehrgeiz nach Veracruz gebracht. Der Graf
von Reuß, der durch seine Frau mit der Familie Etcheverria
verwandt ist, welche einen Minister in dem Rathe des Juarez
zählte, lebhafte Verbindungen mit Mexico unterhielt und
einen glänzenden Ruf besaß, träumte, wenn nicht von einer
Königskrone, doch vielleicht von einem Vicekönigthum, welches
die ehemalige spanische Colonie wieder an das Mutterland
knüpfen würde. Sobald er aber merkte, welche Ordnung
Frankreich in Mexico einführen wollte, sobald er erfuhr, daß
der General Lorencez Verstärkungen bringe, die zu einer Expe=
dition in das Innere bestimmt waren, welche er allein zu ver=
suchen gedachte, erkannte er, daß seine Illusionen zerflossen
seien und veranlaßte seine Regierung, die Sache ganz auf=
zugeben. Seine Reise nach Vichy hatte glänzende Hoffnungen

in ihm erregt. Das Schwinden derselben erregte seinen Groll und gab ihm seine berühmte Rede in dem spanischen Senate ein, die er in vielen Exemplaren in die Vereinigten Staaten zu senden nicht unterließ. Prim vergaß sogar, daß er die Ehre gehabt hatte, das combinirte Expeditionscorps zu commandiren, denn während die Franzosen unter den Mauern Pueblas ihr Leben hingaben, im Mai 1863, sandte er über den feindlichen Hafen Tuxpan seinem Oheime, dem juaristischen Minister, unter dem Siegel der englischen Gesandtschaft, eine bedeutende Anzahl Exemplare derselben Rede, die sich so ganz gegen die Waffen seiner Verbündeten aussprach.

Aus welchen Gründen aber hat die französische Regierung den Vertrag von La Soledad zerrissen? Der Admiral Jurien, der französische Bevollmächtigte, der in Mexico einen glänzenden Ruf von Rechtlichkeit und Ehrenhaftigkeit hinterließ, wurde an demselben Tage desavouirt, an welchem der Kaiser „den Entschluß faßte, dem Admiral die übertragene Vollmacht zu entziehen". Es steht aber fest, daß der Admiral, der in allgemeiner Achtung stand, ohne Besorgniß für seine Sicherheit, allein nach Mexico hätte gehen und persönlich alle Streitigkeiten zwischen beiden Regierungen mit Juarez ausgleichen können. Die Klugheit empfahl auch diesen Schritt. War es nun besser die damals kraft der Constitution bestehende Gewalt unter dem Vorwande zu stürzen, daß sie nicht alle wünschenswerthe Kraft und Autorität besitze? Auf der andern Seite unterliegt es keinem Zweifel, daß der französische Bevollmächtigte die Würde seines Vaterlandes und die Interessen der Franzosen in Mexico zu wahren gewußt haben würde.

„Die mexicanische Regierung", hatte Doblado im Namen von Juarez an die verbündeten Commissare geschrieben,

„ist entschlossen, jedes Opfer zu bringen, um den befreundeten Nationen zu beweisen, daß die treue Erfüllung ihrer eingegangenen Verbindlichkeiten in Zukunft das unveränderliche Princip der liberalen Verwaltung ist."

Diese durch eine feste und ehrliche Regierung gegebene Erklärung wäre wohl genügend gewesen. Allerdings gestattete die Vergangenheit Zweifel an der Ausführung der Versprechungen, aber es wäre dann besser gewesen, gleich anfangs, bei der Abreise des Admirals aus Paris, offen den Krieg zu erklären, und man brauchte nicht zu unterhandeln, da man ja gar nicht die Absicht hatte, auf den Erfolg der Unterhandlungen zu warten und dieselben im Voraus für illusorisch erklärte, weil Juarez sowohl die Macht als der gute Willen abgehe.

Der Admiral hatte ehrlich gehandelt, und ein Beweis dafür ist es, daß wenige Monate nach der Desavouirung, gegen die sich auch die öffentliche Meinung erhob, das Staatsoberhaupt selbst den Admiral Jurien zu sich berief, der, abgesehen von dieser schmeichelhaften Auszeichnung, zum zweiten Mal, auf der Panzerfregatte „Normandie", nach Mexico gesandt wurde. Ein so seltener Widerspruch muß auffallen, aber wir werden die Erklärung bald in dem Briefe finden, den der General Forey 1862 empfing, als derselbe den Oberbefehl über das Armeecorps erhielt, welches die Schlappe des Generals Lorencez rächen sollte, von der wir sogleich sprechen wollen.

Der Kaiser schrieb:

Fontainebleau, 3. Juli 1862.

... Wenn dagegen Mexico seine Unabhängigkeit bewahrt und sein Gebiet intact erhält, wenn eine feste Regierung unter dem Beistande Frankreichs gebildet wird, haben wir der lateinischen Race, jenseits des Oceans, ihre Kraft und ihren Glanz wieder gegeben.

Napoleon.

Der Zweck der Expedition ist also von nun an der Sieg der lateinischen Race auf dem amerikanischen Boden, dem Umsichgreifen der Anglo-Sachsen gegenüber. In diesem kaiserlichen Document enthüllt sich zum ersten Mal deutlich der eigentliche Gedanke und Wille des Kaisers. Sie stehen in offenbarem Widerspruche mit den Instructionen, welche die französische Regierung ihrem Bevollmächtigten gab und mit der Sprache der Minister Billaut und Rouher, die selbst auf der Rednerbühne versicherten, es sei niemals von der Gründung eines Reiches für Maximilian die Rede gewesen und nur die Vertheidigung der französischen Interessen habe die Feindseligkeiten gegen Juarez hervorgerufen.

In der Wirklichkeit war der Schutz der Franzosen in Mexico bis dahin nur eine Maske, die nun abgelegt werden mußte. Der Erzherzog wird sogleich auf dem Schauplatze erscheinen. Der Admiral war desavouirt worden, weil er in gutem Glauben handelte und dadurch den Hintergedanken oder vielmehr den eigentlichen Zweck verhindert hätte, von dem man ihm keine Mittheilung gemacht hatte. Die Uebereinkunft wurde durch Frankreich verworfen, weil dasselbe nicht weiter unterhandeln wollte und konnte, da es Maximilian gegenüber gebunden war. Es handelte sich zunächst nicht um die französischen Geldforderungen; nur der Sturz des Juarez war der Zweck, und um den Präsidenten zu stürzen, mußte die französische Armee mit den Waffen in der Hand in Mexico einziehen können.

Die Intervention Frankreichs in Mexico war also von

Anfang an die Frucht einer zweideutigen Politik, die mit all ihrer Schwere auf dem Unternehmen lastete. Juarez aber unternahm diesen Krieg, den schreckliche Repressalien bezeichnet und beendigt haben, weil er gleich im Anfange wußte, daß die dreifarbige Flagge eine Kaiserfahne verhüllte, welche im Gefolge des Auslandes kam, und daß die Existenz der Republik in ihrem Princip bedroht war. Auch darf man annehmen, daß dieser nicht eingestandene Zweck viel zu der geheimen Unterstützung beitrug, welche die Vereinigten Staaten von Anfang an der republikanischen Sache gewährten, eine Unterstützung, welche hinreichte, den französischen Einfluß in America in Schach zu halten und zu untergraben. Documente, welche nach dem Kampf in dem Gepäck des Generals Comonfort in der Gießerei San Lorenzo gefunden wurden und die uns vorgelegen haben, lassen keinen Zweifel über die Mitwirkung der Vereinigten Staaten übrig, die wohl eingesehen hatten, daß Frankreich den Krieg, der sie zerfleischte, benutzen wollte, um dem angelsächsischen Einfluß ein Gegengewicht zu schaffen. Der Präsident Lincoln, dessen Loyalität man in Frankreich rühmte, schrieb an Juarez: „Wir befinden uns nicht in offenem Kriege mit Frankreich, aber rechnen Sie auf Geld, auf Kanonen und auf Freiwillige, deren Absendung wir begünstigen werden." Und er hat Wort gehalten.

Auch hier kann man sich eines peinlichen Gefühls über die Unsicherheit der französichen Regierung nicht erwehren, die es nicht wagte, ihrer Politik jenseits des Ocean einen entschiedenen Charakter zu geben und vom Beginn bis zum Ende der Expedition nur halbe Maßregeln ergriff. Der Gedanke, die lateinische Race dem Umsichgreifen der Anglosachsen entgegenzustellen, die höchst wahrscheinlich binnen jetzt und einem halben Jahrhundert die ganze Welt umfassen werden, indem sie beide Hände den Russen, ihren natürlichen Verbündeten reichen, war imposant und wohl werth, ein großes Herz und eine große Nation zu versuchen, freilich nur, wenn die Mittel im Voraus gesichert waren, welche den Erfolg verbürgten. Leicht ließ sich voraussehen, daß im Falle des Mißlingens das Ende des lateinischen (romanischen) Einflusses in America nur um so rascher herbeigeführt und sein Glanz, den die Spanier schon so sehr getrübt, auf immer verwischt werden mußte. Sollte jener Gedanke siegreich ausgeführt werden, so bedurfte man der Mitwirkung der Vereinigten Staaten selbst. Und die Gelegenheit war 1862, bei der Losreißung der Südstaaten von dem Norden, sehr günstig. Damals mußte Frankreich sich kräftig zeigen und im Lager des Feindes selbst sich Verbündete schaffen. Zwei Wege standen offen und beide konnten benutzt werden. Sie zu beurtheilen maßen wir uns hier nicht an. Man mußte sich entweder gleich im Anfange entschieden für die Sache der Union aussprechen und den Süden durch eine drohende Demonstration an der Grenze des Rio Bravo in Schach halten, oder, wenn man die Südstaaten als kriegführende Macht anerkannte, ohne Zögern bis zum Aeußersten gehen und das Werk der Trennung dadurch vollenden, daß man sich offen für die Pflanzer der Südstaaten erklärte, die nur auf ein Wort Frankreichs warteten, um zu siegen und unserm Expeditions=corps, das nach Mexico marschirte, die Hand zu reichen. In einer Inconsequenz, die man jetzt kaum begreift, verließ die kaiserliche Politik alle logische Tradition. Man erkannte die Südstaaten als kriegführende Macht zwar an, verlängerte dadurch aber nur nutzlos einen mörderischen Kampf; die französische Regierung wies schließlich die wieder=holten Eröffnungen des Südens zurück, den sie vorher er=

es laut verkünden, daß der Rückzug des Generals Lorencez durch ein überschwemmtes, für Hinterhalte sehr geeignetes, dreißig Meilen breites Gebiet zu den glänzendsten Waffenthaten gehört. Schüchterte er doch durch die männliche Haltung seiner kleinen Schaar die zahlreiche Cavalerie Carbajals, welche die Höhen besetzt hielt, dergestalt ein, daß sie den Angriff nicht wagte, und so die zahlreichen Verwundeten und das Material glücklich nach Orizaba gebracht wurden. Zwei Fehler wurden von dem Commando, welches die großen Principien des Kriegs verkannte, begangen. Vor Allem hätte der Weg genau untersucht werden müssen, ehe man sich nach Puebla begab. Man glaubte in dasselbe wie in eine befreundete Stadt einzuziehen und wurde statt dessen von einem wohlgenährten Feuer empfangen. Später war es unumgänglich nöthig, sich militärisch den Borrego zu sichern, welcher die Stadt Orizaba beherrscht, und wo man nach dem Rückzuge eine Zuflucht hätte suchen sollen.

Die Hauptursache aber der Niederlage vor Puebla war, daß Saligny, welcher in der Armee sich befand und weitgehende Vollmachten besaß, durchaus keine Kenntniß von der Stimmung der Bevölkerung hatte. Der General, den die übel berichtete Diplomatie getäuscht hatte, rückte in dem Glauben vor, die Straßen von Puebla wären mit Triumphbogen zu Ehren der „Befreier" (der französischen Truppen) geschmückt. Die Enttäuschung war grausam, aber man hätte sie voraussehen sollen. Konnten die Ausgewanderten, die fern von ihrem Vaterlande alt geworden waren, nützlichen Rath ertheilen? Ueberdies hatte man sich auf Befehl des Präsidenten Miramon mit dem General Marquez verbunden, der in Mexico wegen seiner Grausamkeiten bekannt war, sich gegen die Autorität des Juarez aufgelehnt, durch seine Soldaten das officielle Siegel und die Kasse der eng=

2*

lischen Gesandtschaft erbrechen ließ, um 7 Millionen daselbst deponirte Francs zu entwenden, und endlich auch den Befehl gegeben hatte, viele Verwundete in den Hospitälern zu Tacubaya zu erschießen! Seine Fahne bewegte sich der französischen voran, und sie wurde im Lande begrüßt wie sie es verdiente. Marquez hatte die Invasion herbeigerufen! Mußten wir uns so als Befreier den Mexicanern zeigen, die Marquez haßten, welcher wohl ein muthiger Soldat war, häufig aber als Henker auftrat? Die letzte Belagerung von Mexico, welches dieser General vertheidigte, war durch Ausschreitungen bezeichnet, die, selbst nach dem Zugeständnisse des unglücklichen Maximilian, die Sache des Kaiserthums schändeten. Aber wir erlitten eben die Folgen unserer Fehler. Der General Marquez mußte natürlich unser Verbündeter sein, da er seit 1861 die Fäden der franco-mexicanischen Verschwörung in seinen Händen gehalten hatte.

Auf Mexico lastet ein Fluch. Man kennt dort das Wort „Vaterland" nicht mehr. Die Bevölkerung ist in zwei Parteien gespalten, welche sich die Clericalen und Liberalen nennen, ungerechnet die Banden aller Farben, welche im Namen Gottes oder der Freiheit die Städte plündern und die Reisenden brandschatzen. In beiden Parteien giebt es ohne Zweifel ehrenwerthe Personen, die über den Verfall und den Bürgerkrieg seufzen; aber während fünf Millionen Indianer arbeiten und darben, wollen die Clericalen behalten, was sie auf Kosten des Allgemeinen erlangt haben, die Liberalen dagegen sich bereichern und zu Ehren gelangen. Alle tragen Schuld. Die Liberalen sind, der Constitution getreu, frei von der Schande, das Vaterland dem Auslande überliefert zu haben. Das ist, wenn man will, das einzige Verdienst des Juarez, aber auch seine Stärke. Diese Stärke hätte

muthigt hatte und den sie endlich unterliegen ließ. Die siegreichen Yankees überschritten in Menge die Grenze von Texas und zerstreuten sich raublustig juaristische Guerillas bildend in den mexicanischen Provinzen Nuevo-Leon, Sonora und Tamaulipas.

II.

Hier beginnt nun die zweite Phase der französischen Expedition. Wir verlassen das Feld der Diplomatie und Politik und betreten das Gebiet des Kriegs. Fehler wurden auch hier begangen und sie hatten traurige Folgen.

Nach dem Bruche der Uebereinkunft von La Soledad begannen die französischen Truppen, verstärkt durch 3500 Mann, die der General Lorencez gebracht hatte, die Feindseligkeiten. Die Chiquihuitlinie war nicht wieder überschritten worden, wie es die Convention von La Soledad verlangte. Diese Verletzung des gegebenen Wortes war ein trauriger Anfang, und sie brachte eine beklagenswerthe Wirkung hervor. Ein civilisirtes Volk, das einer fast barbarischen Nation die Achtung vor dem Rechte und den übernommenen Verpflichtungen beibringen wollte, trat sonach gleich im Beginn ein feierliches Versprechen mit Füßen. Dadurch verlor nicht nur unsere Stärke an Bedeutung, wir öffneten auch zuerst dem Verrath Thor und Thür. Ueberdies bildeten die Mexicaner sich ein und sie wiederholten es häufig in ihrer prahlerischen Sprache, die Franzosen hätten gefürchtet, ihnen den Besitz des Chiquihuite zu überlassen, jener „furchtbaren Position, die sie nicht zum zweitenmal zu überschreiten vermocht haben würden, wenn sie von den echten Söhnen des Cortes vertheidigt worden wäre.". Sie täuschten sich wie jeder Sachverständige wußte. Die mit einigen gegossenen Geschützen und schwer zu handhabenden alten Schanzkanonen besetzte Schlucht war ungemein leicht über die benachbarten Höhen zu umgehen, und jedenfalls würde man nicht lange haben Widerstand leisten können. In jedem Fall wäre es besser gewesen, einige Verluste zu erleiden auf die Gefahr hin, den in Orizaba zurückgelassenen Leuten etwas später Hülfe zu bringen, als den Glauben zu erregen, wir hätten unser Wort gebrochen. Das gute Recht schien so auch diesmal auf der Seite der Mexicaner zu sein, die auch nicht unterließen, unsern Wortbruch im Lande gehörig auszubeuten. Wir wollen hier die militärischen Maßregeln nicht zu beschreiben versuchen, welche unter so traurigen Auspicien begonnen wurden und die sich am 5. Mai 1862 unter den Mauern von Puebla in so grausamer Weise entwickelten, sagen aber kann man, daß die französische Regierung eine Reihe Irrthümer beging, welche von ihrer völligen Unkenntniß des Landes, in der sie den Krieg begann, und von einem seltsamen Vergessen der Gefühle zeugten, welche die Invasion der Alliirten in unserm eigenen Vaterlande hervorgerufen hatte.

Der General Lorencez hatte den Auftrag erhalten, den Feldzug an der Spitze einer lächerlich ungenügenden Truppenzahl zu beginnen. Die Verantwortlichkeit für das Mißlingen fällt mit Recht auf die Regierung, welche die gewöhnlichsten Regeln der Vorsicht verabsäumt hatte. Die in China durch einige wenige Bataillone so schnell gepflückten Lorbeeren erregten ohne Zweifel die Hoffnung auf ähnliche Erfolge in Mexico. Dem Heldenmuth einer Handvoll Leute ist es zu danken, daß die unter den Forts von Guadalupe und Loreto erlittene Schlappe sich nicht in eine vollständige Niederlage verwandelte, und die unparteiische Geschichte wird

man auch einen Remontirungsversuch, und jedes Pferd, das unsere afrikanischen Reiter nach Veracruz brachten, kam im Durchschnitt auf 25000 Frs. zu stehen. Auch kostete das Unternehmen ein Kanonenboot, La Lance, das auf der Barre des Flusses unterging. Das waren die Früchte des Zögerns. Endlich erschien die Stadt der Engel*) vor uns wie das verheißene Land und es mußte eine regelmäßige Belagerung begonnen werden. Dasselbe System, welches bisher in der Leitung der militärischen Operationen sich gezeigt hatte, wurde auch bei der Einschließung des Platzes angewendet. An eine Erstürmung dachte man gar nicht, obgleich dieselbe nach einigen Recognoscirungen gegen die Mexicaner wohl hätte versucht werden können, wenn man zuerst die Stadt angriff, um Fort Guadalupe und Loreto blos durch Hunger und Durst zu bezwingen. Später gab uns die Einnahme des Gefängnisses einen Augenblick die Schlüssel der Stadt in die Hand, denn die Belagernden waren bereits in die Quadres gedrungen, von wo man auf die Kathedrale, die dem General Ortega als Redoute diente, vordringen konnte. Die Belagerten waren heftig bedrängt, zum Wanken gebracht und lösten sich in Schrecken auf. Da wurde der Befehl zum Rückzuge und Verlassen der bereits genommenen Positionen gegeben, die zu halten zu unsicher und gefährlich erschien. Seit jenem blutigen Abend mußten die Franzosen jede Nacht nach und nach eine Häusergruppe angreifen und nehmen, die theuer erkauft, verloren und wieder genommen wurde. So verfuhr man methodisch, hielt an der voraus bestimmten Grenze an, verrieth somit dem Feinde deutlich, an welchem Punkt am andern Tage der

---

*) Puebla wird so genannt, denn es hat den Beinamen de los angelos.

Angriff erfolgen würde und ließ ihm stets 18 Stunden Zeit, um seine Linie mit Barrikaden zu decken und Schießscharten anzulegen, hinter denen er gedeckt und unsichtbar unsere Soldaten beschoß, die im Dunkel und schutzlos vorrückten.

In Folge dieses Systems, welches alle erfahrenen Sachverständigen verurtheilt haben, dauerte diese schreckliche Belagerung drei Tage länger als die von Saragossa, und ohne den glücklichen Angriff des Forts Totimehuacan, welcher den Fall der Stadt nach sich zog, hätte man die Winterregen vor den Verschanzungen Pueblas aushalten müssen. Der cerro San-Juan, wo sich das französische Hauptquartier befand, war bereits mit hölzernen Baraken und Erdhütten für die Truppen bedeckt worden. Erst während der Belagerung, nach Eröffnung der Laufgräben, bemerkte man, daß die Kanonen nicht genügend wirkten, und man mußte gezogene Geschütze von großem Caliber durch den Commandanten Bruat von der Flotte holen lassen.

Nach der Capitulation Pueblas würde, ohne die bringenden Vorstellungen der Divisionsgenerale, der Marsch auf Mexico noch verschoben worden sein und man hätte sich auf eine zweite Belagerung vorbereiten müssen, denn die Stadt Mexico war bereits mit Werken umgeben, die man mit Kanonen zu besetzen anfing. Da aber nun die Hauptstadt überrumpelt wurde, leistete sie keinen Widerstand.

Wenn der General Forey durch die Schnelligkeit seines Marsches die Belagerung von Puebla vermieden hätte, würde die Lage der Dinge in Mexico vielleicht eine andere Gestalt erhalten haben. In Folge seines Zögerns entwickelte sich der Widerstand in der Republik, welche Zeit gehabt hatte, alle Provinzen zu gewinnen, die sich dann für

Frankreich in die Berechnung ziehen müssen. Sie wird Juarez vor dem Gerichtshofe der Geschichte die Wohlthat der „mildernden Umstände" geben.

Während der General Lorencez, im Winter des Jahres 1862 in Orizaba eingeschlossen, harte Entbehrungen litt und mit seiner kleinen Schaar den Anstrengungen des Feindes widerstand, segelte der General Forey mit 30000 Mann frischer Truppen nach Veracruz. Nach der Ankunft des neuen Expeditionscorps kehrte der General Lorencez nach Frankreich zurück und ihm folgte das Bedauern seiner Soldaten, die Zeugen seiner Thätigkeit gewesen waren. Der Oberbefehlshaber verlegte in den ersten Tagen des October sein Hauptquartier nach Orizaba.

Alle hofften mit dem Feind bald zusammen zu treffen. Der Feldzug konnte schnell beendigt werden. November, December, Januar und Februar waren für die Operationen auf den Hochebenen zwischen Orizaba und Mexico am Günstigsten. Da wo die Kämpfe von 5000 Mann gescheitert waren, mußten 35,000 Kampflustige und Rachedurstige die offene Stadt Puebla nebst ihren Forts nehmen, die man noch nicht „furchtbar" hatte machen können. Die Flotte, welcher die beschwerliche und undankbare Rolle zufiel, die Truppen und das Kriegsmaterial zu transportiren, war nicht zureichend gewesen, den nöthigen Proviant mitzubringen. Das kleine Corps des Lorencez, das die Oertlichkeit bereits kannte, mußte also ohne Zögern auf das Plateau San-Andres steigen, welches reich an Mais und Vieh ist. Die neuangekommenen Regimenter wären ihm bald gefolgt und so der Einwirkung des heißen Klimas entgangen und die Verproviantirung der verschiedenen Colonnen wäre gesichert gewesen, wenn sie auf den Straßen von Tehuacan, Palmar und Perote nach Puebla zogen. Die französische Armee gelangte auf diese Weise rasch nach Mexico ohne bedeutende Verluste, ohne daß sie das Land plünderte oder plündern ließ, für das schon ein rasch geführter Krieg verderblich sein mußte.

Alle Erwartungen der Armee, welche die Operationen beginnen wollte, gingen nicht in Erfüllung. Der General Forey verfuhr mit einer Langsamkeit, welche den Juaristen gestattete, die Vertheidigung zu organisiren, Indianer in Masse auszuheben, die entferntesten Schaaren herbeizuziehen, die Haciendas auf den Hochebenen zu plündern, die Lebensmittel zu verbrennen, welche sie nicht fortschaffen konnten und endlich Puebla mit einem doppelten Gürtel von Schanzen und Kanonen zu umgeben.

So vergingen fünf lange Monate im mühseligen Hin- und Hermarschiren. Bis zum April 1863 rückte die französische Armee nur langsam vor, sog das Land durch langen Aufenthalt aus und stärkte das Vertrauen der Liberalen durch ihre außerordentlichen Vorsichtsmaßregeln. Als wir die Cumbres erstiegen, hatte der Feind vor unsern Colonnen auf dem Plateau Anahuac eine Einöde geschaffen. Die Gegend war verwüstet und fast unfruchtbar. In den heißen Niederungen waren viele von unsern Soldaten gefallen, und man sah sich genöthigt, Getreide für die Leute und das Vieh aus den Vereinigten Staaten und der Havannah kommen zu lassen. Man wendete bedeutende Summen auf den Ankauf von Maulthieren im Auslande an, während sie kurz vorher vor unsern Vorposten sehr zahlreich gewesen waren, und eine große Menge Hafer, den man von New-York eingeführt hatte, blieb auf dem Kai in Veracruz liegen, weil es an Transportmitteln nach den Hochebenen fehlte. Als man endlich einsah, daß man keinen Gebrauch davon machen konnte, entschloß man sich, ihn wieder nach Frankreich zu schicken, wo er halb verdorben ankam. In Tampico machte

scheinen konnten. Während der Märsche unserer Colonnen hin und her, ehe sie sich vor Puebla festsetzten, hatte das Bedürfniß, Lebensmittel und Pferde herbeizuschaffen, unsere Waffen in die wohlhabendsten und volkreichsten Städte geführt. So war man nach St.-Andres in Tehuacan gekommen, so hatte man selbst in Tampico gelandet und die Bewohner, wie die benachbarten Orte aufgefordert, Getreide und Vieh zu liefern. Die Mexicaner hatten sich in jenen Städten in Geschäfte nur nach dem förmlichen Versprechen eingelassen, daß die französischen Truppen ihre Städte nicht wieder verließen, sofern eine genügende Garnison zurückbliebe, weil sie sonst der Rache der Liberalen ausgesetzt wären. Gleichwohl waren dann unsere Truppen plötzlich wieder abgezogen und die Bewohner hatten fliehen oder der Gnade und Ungnade der Juaristen, von denen sie erschossen oder gehenkt wurden, sich übergeben müssen. Wir standen also in Mexico nicht in gutem Renommée. Uebrigens waren die Haciendas der Notablen, die zerstreut in den Grenzprovinzen lagen, der Gefahr ausgesetzt, wenn ihre Besitzer sich der Untreue schuldig machten, eine Beute des Feindes zu werden, der schnelle Rache zu üben pflegte. Wir konnten sie nicht wirksam genug schützen.

Trotz alledem und obgleich sehr Viele sich fern hielten, bildete sich eine Art von Junta, welche Sitzung hielt und unter dem Donner der Kanonen, welcher die Geburt des Kaiserthums begrüßte, abstimmte. Der Licenciado Aguilar hatte einen Bericht vorgetragen, der sich für die Monarchie erklärte und vorschlug, dem Erzherzog Maximilian die Krone anzutragen. Eine Commission, zu deren Mitgliede der Verfasser des Berichts ernannt wurde, erhielt den Auftrag, sich über Paris und Rom nach Miramare zu begeben, um die feierliche Urkunde und ein Kaiserscepter zu überbringen.

Dieser Vorgang war Frankreichs wenig würdig; es hätte dem Principe der „allgemeinen Abstimmung" eine andere Huldigung bringen sollen! Man muß dieser Episode der Intervention beigewohnt haben, um den Werth derselben beurtheilen zu können. Jene denkwürdige Sitzung der Junta wird ewig ein beklagenswerthes Beispiel von Beleidigung der Wahrheit bleiben. Ein Theil der Versammelten, der sich nach Ruhe und Sicherheit sehnte, wendete sein Auge allerdings auf einen Prinzen, dessen treffliche Eigenschaften ein großes Vorbild für Mexico sein konnten; aber die Versammlung hatte weder das Mandat, noch den entsprechenden Charakter, um das ganze Land zu verpflichten. Was war aus den Erklärungen unseres Ministers gegen Lord Cowley geworden, welche lauteten: „Dem mexicanischen Volke wird keine Regierung aufgedrungen werden"?

Während die Mitglieder der Commission, durch das Cabinet der Tuilerien ermuntert, die Unentschlossenheit des Bruders des Kaisers von Oesterreich, in dem die Belagerung von Puebla und die Kälte Englands gerechte Bedenken erregt hatten, zu überwinden suchten, richtete der General Forey eine letzte Aufforderung zur Eintracht an die rebellischen Mexicaner, welche die Waffen noch nicht niedergelegt hatten. Leider erließ er gleichzeitig, unter clericalem Einflusse, ein ebenso unpolitisches als barbarisches und gehässiges Bando. Dasselbe verkündete die Confiscation der Güter aller Liberalen, welche die Waffen nicht niederlegten. Dadurch gab er Juarez das Recht, Repressalien zu üben. Der französischen Regierung gereicht es zur Ehre, daß sie dieses ungerechte Decret desavouirte. — In der Hauptstadt wurde ein Regentschaftsrath, bis zur definitiven Annahme der Krone durch den Erzherzog, eingesetzt; er bestand aus

den Präsidenten erklärten. Die Hauptstädte der Staaten, die eben so viel Heerde der Insurrection wurden, wären ruhig geblieben, weil sie sich nicht hätten verabreden können, und wenn Frankreich schon in den ersten Tagen von 1863 Herr in Mexico war, hätte es sich offen mit den Separatisten des Südens Amerikas, welche Terrain gewonnen haben würden, verbinden können.

Obgleich den Einzug des Generals Forey in Mexico Blumen und Freudenschüsse begrüßten, war die Begeisterung doch nur eine gemachte. Einem aufmerksamen Befehlshaber hätte vor allem auffallen müssen, daß Juarez von den Bewohnern der Hauptstadt keineswegs vertrieben worden war. Er hatte den Ort der Gewalt überlassen und nahm auf seinem Rückzuge die republicanische Autorität mit sich; er ließ sie keineswegs seinen Händen entschlüpfen. Er war gebeugt, dankte aber nicht ab. Sein Recht hielt ihn noch immer aufrecht. Und das war fünf Jahre lang das Geheimniß der nicht gebrochenen Macht des alten Indianers, der sich von Ort zu Ort zurückzog, ohne daß er irgendwo auf seinem Wege einen Verräther oder einen Mörder fand.

III.

Die dritte Phase der Expedition beginnt mit dem Einzuge des Expeditionscorps in die Hauptstadt Mexico (Juli 1863). Sie umfaßt zwei sehr verschiedene Perioden, in welchen die beiden französischen Oberbefehlshaber, welche einander ablösten, ein diametral entgegengesetztes Verhalten befolgten. Dieser Mangel an Einheit in dem militärischen und politischen Commando war die Folge eines von Anfang an nicht eingestandenen Programms und deshalb auch die Ursache gefährlicher, unpolitischer Maßregeln und sich widersprechender Handlungen, welche das Mißtrauen selbst der für die Intervention am günstigsten gestimmten öffentlichen Meinung erregten. Selbst der Eifer der Armee war lau geworden, denn ihr gesunder Verstand war nicht lange im Unklaren über den Werth der Menschen und Dinge geblieben, die sich in dem Maße, wie sie in das Innere des Landes vorrückte, mehr und mehr zur Beurtheilung darboten.

Der militärischen Thätigkeit, welcher Mexico als glorreiches Ziel vorgezeichnet worden war, sollte die politische Organisation der Nation folgen, deren regelmäßige Regierung vor unserer Fahne verschwunden war. Diese Aufgabe lag dem General Forey in Verbindung mit dem französischen Gesandten, Herrn Dubois v. Saligny, ob. Es war der Augenblick erschienen, in welcher der Schleier fallen sollte. Auf Einladung des Herrn v. Saligny stellten, nach einer Unterredung in der Gesandtschaft, Almonte, der General Marquez und der Licenciado Aguilar plötzlich die Candidatur des Erzherzogs Maximilian unter den Schutz der Clericalen. Der General Forey berief eine Junta von Notablen in die Hauptstadt, damit sie sich über die zu wählende Form der künftigen Regierung ausspreche. Ihre Stimmen sollten über das Geschick Mexicos entscheiden. Die Notablen sollten in Ruhe und Frieden unter dem Schutze unserer Fahne berathen.

Die hervorragendsten Personen in der Hauptstadt beeiferten sich nicht eben sehr, sich zur Junta zu begeben. Die französischen Versicherungen flößten ihnen gar wenig Vertrauen ein. Das bisherige Verhalten der Fremden war allerdings nicht sehr geeignet, sie zu veranlassen, sich öffentlich in einer Versammlung zu compromittiren, nach deren Beendigung alle ihre Namen auf einer Proscriptionsliste er-

Kirche den Pomp des Cultus zu entziehen und nicht gleich im Anfange durch ein Concordat die Lage der Geistlichen zu regeln; überdies waren bei dem Verkaufe der geistlichen Güter scandalöse Dinge vorgekommen und es lag im Interesse des Schatzes, wie in der Würde des Staates, eine Revision der Contracte vorzunehmen. Durch Versöhnlichkeit wollte der neue Oberbefehlshaber die Wohlmeinenden gewinnen; denn er hielt es für gefährlich, zu weit und zu entschieden in die Vergangenheit zurückzugreifen. Und dieses Verfahren hatte um so mehr Aussicht auf Erfolg, als dem General Bazaine, da er das Commando übernahm, ein Ruf von besonderer Tapferkeit vorausging, welcher selbst die Mexicaner, die seine freundliche Bonhomie ansprach, anzog. Sie fühlten sich geschmeichelt, als sie hörten, der französische Oberbefehlshaber verstehe die Sprache Spaniens, die er im letzten spanischen Kriege erlernt.

Einige kräftig geführte Handstreiche gegen plündernde Banden führten in Mexico und den benachbarten Ortschaften das Vertrauen bald wieder zurück und deuteten die rasche Führung der Expedition an, die vorbereitet wurde, um die Juaristen nach der Regenzeit in das Innere zu drängen, und den Mittelprovinzen die Wahl einer neuen Regierung zu ermöglichen. Leider zeigte sich bereits damals in dem Regentschaftsrathe eine traurige Uneinigkeit, welcher der General ein Ende machen zu müssen glaubte, damit er während der militärischen Operationen keine Keime des Zwistes hinter sich zurückließ. Es kam die Auflösung der Regentschaft in Frage; der General ging aber darauf nicht ein, weil er fühlte, daß eine solche Handlung den Ursprung der Gewalt Maximilian's verdächtigen könnte und daß sie sicherlich von den Juaristen ausgebeutet werden würde. Der Präsident des Regentschaftsraths, ein verständiger und uneigennütziger Mann, der sein Vaterland wahrhaft liebte, schloß sich den Ansichten des Generals Bazaine an. Das zweite Mitglied des Raths, Salas, ein harmloser Greis, folgte ihm wie sein Schatten. Der Erzbischof von Mexico aber, welcher das Vertrauen der Tuilerien sich zu gewinnen gewußt hatte, lähmte alle heilsamen Entschließungen, während er seiner systematischen Opposition den freundlichsten Anschein gab. Der General aber benutzte dieselbe Tactik im Einvernehmen mit Almonte, und gab ihm, ohne Aufsehen zu erregen, mit kluger Artigkeit zu verstehen, daß er in der Wirklichkeit dem Regentschaftsrathe nicht mehr angehöre. Mexico bemerkte dies nur an dem Verschwinden des Ehrenpostens vom erzbischöflichen Palaste. Nachdem der verderbliche Einfluß des Erzbischofs La Bastida beseitigt war, empfing die französische Armee, welche im Voraus und mit Rücksicht auf eine einschließende Bewegung vertheilt war, in den ersten Tagen des Novembers 1863 den Befehl, nach mehreren convergirenden Richtungen sich in Marsch zu setzen. Die Juaristen-Generale Uraga, Doblado, Negrete und Comonfort hatten ein neues Armeecorps zur Vertheidigung der Republik gebildet. In Folge unserer schnellen Märsche war der Feind nach sechs Wochen bereits geworfen. Die franco-mexicanische Fahne durchzog alle Hochebenen von Morelia bis San Luis, Städte, welche Marquez und Mejia mit Glanz für die künftige Krone eroberten, und von Mexico bis Guadalajara, wo der General Bazaine ohne Schwertstreich einzog. Die Lorbeeren von San Lorenzo waren noch grün. Der Feind wich überall bei Bazaine's Annäherung zurück. Es war, der allgemeinen Meinung zu Folge, ein glücklich entworfener und rasch zu Ende gebrachter Feldzug. Alle Städte des Innern, in welchen wir eine nicht freundliche Aufnahme fanden, außer in Leon, erklärten sich

drei Mexicanern, Almonte, dem General Salas und dem Erzbischof von Mexico. Almonte wurde Präsident desselben; eine glückliche Wahl, obwohl er sich früher als warm republikanisch gesinnt gezeigt hatte.

Maximilian war ein viel zu hochherziger Mann, als daß er, trotz des Drängens der französischen Regierung, einem so übereilten Rufe, wie jener der Junta war, sofort Folge geleistet hätte. Herr Drouyn de Lhuys, der im Ministerium des Auswärtigen Thouvenel gefolgt war, mußte sich entschließen, obgleich die kaiserliche Politik anfangs Mexico als Endpunkt der militärischen Operationen bezeichnet hatte, unter dem 17. August 1863 an den Oberbefehlshaber zu schreiben: „Wir werden die Stimmen der Versammlung in Mexico nur als ein vorläufiges Zeichen der Stimmung des Landes ansehen können..."

Das war das Signal zu einem neuen Feldzuge, „welcher die Stimmen der Städte im Innern sammeln sollte". Man erkannte, sich zu sehr beeilt und nicht hinlänglich dem öffentlichen Geiste Rechnung getragen zu haben, namentlich bei dem Zartgefühl des künftigen Herrschers, der eine aufrichtige Abstimmung verlangte. Man ließ sich also, trotz der von der Tribüne in Frankreich herab gegebenen Versprechungen und gegen alle Voraussicht, in neue Abenteuer ein und begann eine dritte Reihe von kostspieligen Opfern. Herr der Situation war man nicht mehr als früher; man mußte an dem Abhang hinuntergleiten, auf den man sich gewagt hatte. Und doch war es hohe Zeit, über die Lage der Dinge nachzudenken und, trotz der Abneigung Rouher's, mit dem besiegten Juarez zu unterhandeln, um siegreich sich zurückzuziehen.

Im October 1863 empfing der General Bazaine den Oberbefehl aus den Händen des Generals Forey, der zum Marschall erhoben und nach Frankreich zurückberufen wurde, wohin ihm Herr v. Saligny bald folgte; der General Bazaine übernahm die Zügel in einer kritischen Zeit. Die juaristischen Truppen sammelten sich im Innern wieder und wurden bedrohlich; Banditen machten die Straßen und die Umgegend der Hauptstadt unsicher; die clericalen Tendenzen des Marschalls Forey hatten die redlichen Liberalen zurückgescheucht, die der neuen Ordnung der Dinge sich anzuschließen bereit waren, weil sie hofften, die Flamme der Zwietracht sei durch Frankreich verlöscht worden, das Recht würde nicht mehr verkannt werden, sobald die Ehre der Waffen gewahrt sei und Jedermann, ohne Unterschied der Partei, könne nun frei seine Ansicht über die Staatsangelegenheiten aussprechen. Auf der andern Seite verkündete bereits die Geistlichkeit, Maximilian habe sich dem Papste gegenüber verpflichtet, die Güter der Todten Hand zurückzugeben und beunruhigte die zahlreichen Inhaber der verkauften Güter. Der Erzbischof von Mexico, Mitglied des Regentschaftsraths, trug durch seine Intriguen und seinen unruhigen Geist nicht wenig dazu bei, jene traurigen Gerüchte glaubhaft zu machen.

Die religiöse Frage war der wirkliche Knoten der politischen Frage, die seit sechs Jahren die Mexicaner gegen einander bewaffnet hatte. Die geistlichen Güter waren in Mexico so bedeutend, daß sie einen Werth von etwa einer Milliarde vertraten. Dieses große Capital gehörte von Rechtswegen theilweise der Kirche; aber auch Erbschleicherei und Misbrauch der Gewalt hatten zu dieser Anhäufung von Reichthümern beigetragen. Die Regierung Juarez' wollte im Geiste des Fortschrittes die Güter nicht in todter Hand lassen, beging aber das große Unrecht, nicht mit Mäßigung zu verfahren, den Wohlthätigkeits- und Erziehungsanstalten nur die zu ihrem Bestehen nöthigen Mittel zu lassen, der nach und nach für den Erzherzog, der den Meisten nicht einmal dem Namen nach bekannt war, ebenso leicht wie sie sich für einen Anderen erklärt haben würden, den wir mit gleicher Macht unterstützt hätten. Im Februar 1864 kam der General Bazaine, allein mit seiner Escorte, eines Nachts in die Hauptstadt zurück, die über eine so schnelle Rückkehr erstaunte. Seine Anwesenheit daselbst war nöthig, um den Intriguen der clericalen Partei und des Erzbischofs entgegenzuwirken, welcher es für zweckmäßig gefunden hatte, die abwesende französische Armee zu excommuniciren. Der Prälat mußte ihr dafür den Segen nun öffentlich ertheilen.

Seit 1821, der Zeit der Unabhängigkeitserklärung, hatte Mexico von der heißen Küste des Oceans bis zu jener des Stillen Meeres, keine solche Ruhe genossen, wie in den vier Monaten nach unserem Feldzug ins Innere. Es trat ein Moment der Reaction für die Ideen der Ordnung und des Wohlstandes ein, welche die französische Armee mit sich brachte. Maximilian konnte keinen glücklicheren Zeitpunkt zum Antritt seiner Regierung wählen, wenn er dem Rath seiner eigenen Familie gegenüber taub bleiben wollte. Der General Bazaine hatte viel für seine Krone gethan.

Am 28. Mai 1864 landete das neue Herrscherpaar in Vera-Cruz zur großen Freude des Tuileriencabinets, welches wegen des Widerstandes des Erzherzogs schon gefürchtet hatte, der so mühsam errichtete Bau werde zusammenbrechen. Man weiß, daß die Aufnahme keine glänzende war. Die Handelsstadt, die an großen Gewinn und an Zollverschleuderungen gewöhnt war, mußte ungern eine neue Periode eintreten sehen, welche sich als ehrliche und moralische ankündigte. Das Herrscherpaar, das man bei der Landung nicht sehr beachtet hatte, hielt seinen Einzug in Mexico, geleitet von dem ganzen Volke. Das war die eigentliche Nation, welche den Kaiser gewollt und unterstützt haben würde, wenn er sie gekannt und ihrem Werthe nach geschätzt hätte.

Auf den Ruf der Geistlichkeit, die sich schmeichelte, die Reise Maximilians nach Rom habe ihre ungerechten Ansprüche gesichert, hatten sich die Indianer, die bereits ergeben waren, in Masse erhoben, um von den kaiserlichen Lippen eine Verheißung ihrer Freiheit und der Rehabilitation zu erwarten; sie mußten enttäuscht und verzweifelnd in ihre ärmlichen Ranchos zurückkehren.

Gleich nach der Ankunft Maximilian's bildete sich von freien Stücken eine aufrichtig begeisterte kaiserliche Partei, bestochen durch den persönlichen Reiz der Majestäten. Es gab eine Zeit, in der das Kaiserreich wirklich Aussicht auf Erfolg hatte, wenn sich die Aufgabe auch ernst und schwierig darstellte. Es war eine unverhoffte Zeit für Mexico; aber weder der Prinz noch die Unterthanen verstanden sie zu nützen. Trotz der Anstrengungen eines, an später schmerzlich gebüßten Illusionen reichen Anfangs, der eine leuchtende Spur in dem unglücklichen Lande zurücklassen wird, beging Maximilian, der das nicht wagte was er wollte, zahlreiche Fehler, weil er bei seinem ritterlichen und schwankenden Charakter fortwährend auf einem europäischen Throne zu sitzen glaubte. Er erlag dem Budget, das ihn in seinem fernen Palaste Miramare geblendet hatte. Unter seinem gutmüthigen Scepter erlangten alle schlechten Leidenschaften wieder das Uebergewicht. Er vergaß, daß der Verrath den Mexicanern im Blute liegt. Mexico brauchte einen Ludwig XI. oder Cromwell, die, gerade auf ihr Ziel losgehend, eher an das Land als an die einzelnen Personen dachten. Nicht durch eine Gesetzsammlung konnte er sein Reich erobern, sondern im Sattel, mit dem Schwert an der Seite. Er hätte erst zu den Augen und dann zu den Herzen sprechen sollen. Das Kaiserreich verkam durch Mangel an Concentration, weil er Alles auf einmal unternehmen wollte. Es ist wohl möglich ein Gebiet von hundert Quadratmeilen zu civilisiren, in das die Kräfte der Arbeit, Industrie und Wohlthaten der Sicherheit gerufen werden können, nicht aber allen Winden offene Wüsten. Deshalb rieb sich auch die französische Armee in dieser Unermeßlichkeit ohne Vortheil für die Krone auf, deren Glück sie, schon aus Patriotismus, wünschte, um die ungeheuren Opfer an Menschen und Geld gerechtfertigt zu sehen, welche in dem mexicanischen Schlunde versanken. Auch Juarez — das muß man erwarten — wird mit Mexico in den Abgrund versinken, den die Intervention für immer zwischen den beiden Parteien aufgerissen hat. Vielleicht hätte das noch junge Land, sich selbst überlassen, durch den Trieb der Selbsterhaltung, in der Schule des Unglücks sich moralisch bessern und entwickeln können. Auch Frankreich ist ja nicht in einem Tage entstanden. Wie viele Jahrhunderte, von Karl dem Großen an, bedurfte es, um die Barbarei und den Fanatismus abzuschütteln, damit es sich organisire. Und unter welchen Erschütterungen geschah dies! Wir vergessen die Geschichte zu leicht.

Die öffentliche Meinung wurde durch die Zwietracht zwischen der kaiserlichen Autorität in Mexico und dem französischen Commando im letzten Jahre schmerzlich erregt, und man darf sich darüber nicht wundern, wenn es wahr ist, daß Instructionen von Paris aus, schon vor einem Jahre, vorschrieben, Maximilian fast mit Gewalt zur Abdankung zu bringen. Wir mögen einem derartigen Gerüchte nicht glauben, gestehen aber muß man, daß unsere Regierung ihren Verpflichtungen nicht nachkam, indem sie mit einem Male, nicht nach und nach, vor den Drohungen der Vereinigten Staaten zurückwich und so Maximilian plötzlich wehrlos ließ. Sie hatte den Fehler begangen, daß sie die Verlängerung ihrer Intervention versprach, die gleich nach dem Einzug in Mexico enden sollte; sie beging einen neuen als sie ihr Wort nicht hielt. Trotzdem würde der Marschall um Europa sich verdient gemacht haben, wenn er auf seine eigene Verantwortlichkeit eine strenge Maßregel ergriffen hätte, die zwar jedenfalls Geschrei erregt haben, aber durch die Vernunft und Menschlichkeit sanctionirt worden sein würde. Als Maximilian rathlos sich nach Orizaba begeben hatte, um nach Europa zurückzukehren, stürzte er sich auf das Bitten der getäuschten Kaiserin nochmals in das Gedränge, weil die Clericalen ihm trügerischer Weise Truppen und Millionen geboten hatten. In diesem gefährlichen Augenblicke, in welchem der edelsinnige Prinz durch sein Ehrgefühl sich in einen vor ihm gähnenden Abgrund drängen ließ, den alle sahen, wäre es edelmüthig gewesen, den Genossen unseres Geschicks mit Gewalt aufzuhalten und ihn gegen seinen Willen Oesterreich und der Fürstin zurückzugeben, die aller Achtung werth ist, welche ein großes Unglück verdient. Man hätte dadurch Juarez und Europa eine traurige Catastrophe erspart, die alles menschliche Gefühl erregt und selbst der Sprache des kalten Verstandes Schweigen auferlegt hat. Traurige Entwicklung des blutigen Dramas! Am 19. Juni früh um 7 Uhr fiel Maximilian auf dem cerro de la campana, der Queretaro beherrscht, unter den Kugeln der Juaristen; das gleiche Los theilten seine Generale — Miramon, der ehemalige Präsident der Republik, und Mejia, der erste General Mexico's, der seiner Partei getreu starb. Gerade vor zehn Jahren war der Oberst Mejia im Triumph in Queretaro eingezogen. Marquez, der Mexico vertheilbigte, capitulirte am 21. Juni. „Am 27. Juni", meldet der Moniteur selbst, „wurde Veracruz ohne Störung der Ordnung besetzt und die fremden Truppen konnten sich einschiffen, ohne beunruhigt zu werden." Die Liberalen haben also die Ausschweifungen nicht begangen, die man fürchtete und binnen drei Monaten befestigte sich die Autorität des Juarez, die man für machtlos erklärte, auf allen Punkten des mexicanischen Gebietes von Neuem. Heute muß man anerkennen, daß diese flüchtige Regierung über die Mehrheit der öffentlichen Meinung verfügte, weil sie eine Armee fand, sobald unsere Truppen aufgehört hatten an dem Kampfe Theil zu nehmen. Hier läge denn auch, abgesehen von allem andern, die Verurtheilung der langen Expedition, welche die freie Presse in Frankreich sicherlich beschränkt, wenn nicht ganz verhindert hätte.

Maximilian fiel unter dem Streiche des Decrets vom October 1865, das er unterzeichnet hatte und das gegen Jeden gerichtet war, welcher mit den Waffen in der Hand ergriffen wurde, jenes Decrets, das seiner edeln Natur widerstrebte, leider aber durch den Bürgerkrieg geboten wurde. Nach der Bestimmung desselben wurden die Generale Arteaga und Salazar erschossen. Gewaltthat fordert die Wiedervergeltung heraus. Es erfüllt mit tiefem Schmerz, wenn man bedenkt, daß der kaiserliche Verurtheilte nicht den Trost hatte, einen letzten Blick mit seiner Gemahlin zu tauschen, aber die letzten Augenblicke der beiden juaristischen Generale sind nicht minder ergreifend. Möge frommes Erbarmen einen Trauerschleier auf die drei Gräber breiten, in denen jedenfalls die Opfer erhabener Gesinnungen ruhen! Maximilian bezahlte mit seinem Blute sein Vertrauen auf die Unterstützung unserer Regierung und seine aufrichtige, wenn auch unfruchtbare Hingebung an sein erwähltes Volk; Arteaga und

Salazar fielen als Soldaten, die den heimathlichen Boden gegen die Invasion vertheidigten. Juarez hat sich sicherlich eine große Gelegenheit entgehen lassen, Europa durch eine Handlung der Milde, das characteristische Zeichen der Starken, zu überraschen, das ihn mit den Höfen Europas ausgesöhnt haben würde; aber jene Handlung der Milde hätte gewiß Maximilian das Leben nicht gerettet, während es Juarez dasselbe gekostet haben würde. Niemand wird einen Augenblick daran zweifeln, der das Land und seine in der letzten Zeit zum Paroxismus gesteigerten Leidenschaften kennt.

IV.

Jetzt, da wir die Documente besitzen, welche das letzte Jahr der Regierung des Kaisers von Mexico betreffen, wollen wir die Geschichte desselben entwerfen und durch sichere Thatsachen die verschiedenen Auslegungen zum Schweigen bringen. Die Disciplin drängt den Verdacht zurück, der französische Marschall, den das Vertrauen des Kaisers bis zu Ende der Räumung ehrte und dessen Handlungen in dieser letzten Periode in tausendfacher Weise beurtheilt worden sind, habe andere Befehle ausgeführt als die, welche unmittelbar von seinem Souverain ausgingen. Es liegt demnach in der Würde der französischen Regierung, in ernstern Veröffentlichungen als den Worten des Ministers Rouher nachzuweisen, daß sie den Fall Maximilians nicht absichtlich herbeigeführt hat, nachdem er von ihr auf den Thron erhoben worden war.

Die vorliegende geschichtliche Studie hat, wie man wohl bereits gesehen, vor allem den Zweck, einem jeden der Theilnehmer an dem blutigen Drama, welches „die französische

Intervention" heißt, seinen ihm zukommenden Theil der Verantwortlichkeit genau abzuwägen und zuzutheilen. Der Theil, welcher schließlich Maximilian trifft und der sich in dieser neuen Prüfung der vollendeten Ereignisse ergiebt, wird vor dem Tribunal der Geschichte die Fehler und das Unglück des bedauerlichen Souveräns darlegen. Zahlreichen Documenten von unzweifelhafter Aechtheit gegenüber werden zwei Hauptpunkte gleich im Beginn der kaiserlichen Regierung durch den Schleier, den wir zerreißen wollen, hervortreten, und am mexicanischen Horizont bis zur blutigen Entwickelung mehr und mehr sich vergrößern. Auf der einen Seite wird sich die Unentschlossenheit und die Verblendung Maximilian's enthüllen, der doch die edelsten Gesinnungen hegte und dieselben freiwillig mit seinem königlichen Blute besiegelte, nachdem er durch den plötzlichen Rücktritt unserer Regierung überrascht worden war; auf der andern wird sich die biedere Festigkeit, die ausdauernde Redlichkeit und die Hingebung des französischen Militärcommandos an den zweiten Kaiser von Mexico zeigen.

Um den Gang der Ereignisse zu verstehen, welche die letzte mexicanische Periode von 1866 bis 1867 bezeichnen, ist es gut, wenn man einen Rückblick auf die Politik der Cabinete von Frankreich und Mexico wirft.

An dem Tage, an welchem die französische Regierung den Erzherzog Maximilian einlud, den Thron zu besteigen, welchen die Junta der Notablen ihm in Mexico unter dem Schutz der französischen Fahne errichtet hatte, hielt der Kaiser Napoleon, der sich schmeichelte, seinen ersten Zweck: die Regeneration Mexicos durch den Einfluß der romanischen Rasse, erreicht zu haben, die Zeit für günstig, die Befriedigung der Interessen der Franzosen in Mexico zu verlangen. Zu diesem Zweck wurde, nach der Annahme der

Krone durch den Erzherzog, die am 10. April 1864 erfolgte, der Vertrag von Miramare geschlossen, welcher „gleichzeitig die Vergangenheit regeln und Frankreich die durch seine Waffen erworbenen Vortheile sichern sollte." Durch diesen Vertrag wurde Frankreich verpflichtet, in Mexico Truppen unter bestimmten Bedingungen zu halten. Der neue Souverän verpflichtete sich dagegen, in festgesetzten Terminen die Kosten dieser Occupation zu bezahlen und überdies unsere Auslagen bei der Expedition zu vergüten, und die Franzosen zu entschädigen, denen durch dieselbe Nachtheile erwachsen waren.

Dieses officielle Programm war also deutlich und keiner Mißdeutung fähig. Maximilian erkannte im Voraus die ganze Tragweite desselben. Er sollte in Mexico herrschen und mit der Unterstützung Frankreichs regieren, für diesen Schutz aber versprechen, den gegen letzteres übernommenen Verpflichtungen nachzukommen. Auf der andern Seite erhielt der Kaiser Napoleon für die bereits gebrachten und noch zu bringenden militärischen Opfer das Recht, auf den im Vertrage von Miramare festgesetzten Entschädigungen zu bestehen und nach Verlauf von drei Jahren die Forderungen der Franzosen ernstlich prüfen zu lassen. Er mußte also auf die Mitwirkung des jungen Fürsten rechnen, dessen gereizter und durch unsere Waffen begünstigter Ehrgeiz eine Krone geträumt und gefunden hatte.

Maximilian besaß trotz seines unruhigen Geistes eine gewisse Charakterselbständigkeit. Schon während der Regentschaft in Mexico gab er von Miramare aus den wie er glaubte nöthigen Impuls zur Vorbereitung seiner Thronbesteigung. Kaum hatte er die Krone provisorisch angenommen (3. Dec. 1863), so nahm er wirklich von ihr Besitz, wenn auch aus der Ferne; er sandte schon damals dem Präsidenten der Regentschaft, Almonte, genaue Instructionen und später, nach-

dem er den Vertrag von Miramare unterzeichnet und Al=
monte zum Reichsverweser ernannt hatte, fuhr er fort, ihm
seine Willensmeinungen mitzutheilen, die, wie man leider zu=
gestehen muß, für die französischen Interessen wenn nicht
nachtheilig, doch gewiß nicht günstig lauteten; denn in den
sechs Wochen, die zwischen der definitiven Annahme der
Krone durch Maximilian und seiner Landung in Mexico
(29. Mai 1864) vergingen, erhielt der Marquis von Mon=
tholon, der französische Gesandte in Mexico, welcher den
Regenten zur Ordnung der französischen Forderungen drän=
gen sollte, die ausweichende Antwort von Almonte: „Ich
kann nichts thun und will die Befehle Sr. Majestät in
Miramare einholen, sowie Gutierez de Estrada, der sich in
Rom befindet, zu Rathe ziehen." Es war jedenfalls selt=
sam, daß das mexicanische Cabinet, das bereits lange schon
alle seine Handlungen nach Weisungen aus Europa richtete,
über eine bringende, zwischen den beiden Souveränen reiflich
verhandelte Angelegenheit, von welcher so viel abhing, noch
gar nichts, nicht einmal vorläufig, beschlossen hatte.

Kaum hatte der Kaiser den Boden seines neuen Reiches
betreten, so zeigte er sich insofern undankbar, als er die
meisten Personen der conservativen und klerikalen Partei
beseitigte, welche die Intervention veranlaßt hatten und
ein Ministerium aus französenfeindlichen Elementen, aus
der sogenannten nationalen Partei, zusammensetzte, weil
er es für gute Politik zu halten schien, gleich von
Anfang an vor seinem Volke eine zu große Gemein=
schaft des Handelns mit der französischen Regierung
zurückzuweisen. So wurde die Partei, welche zuerst
die kaiserliche Fahne aufgepflanzt hatte, durch weit=
gehende Entsetzungen geschwächt. Der Gendarmerie=Oberst
La=Peña von Tulancingo, welcher ernste und gefähr=

liche Dienste geleistet hatte, wurde wie die Chefs Galvez und Arguelles unbeachtet gelassen, auch die ersten Generale allmählich bei Seite geschoben, nach Europa verwiesen oder mit Ungnade heimgesucht; selbst die Entfernung des treuen Mejia, der später im Unglück der einzige wirkliche Freund war, kam zur Sprache. Die Armee und die Landgarden wurden aus treulosen Menschen rekrutirt, die in der Stille den Abfall vorbereiteten und die Bemühungen unserer Truppen gleich im Beginn der Operationen neutralisirten.

Der Oberbefehlshaber Bazaine, der sich streng auf seine militärische Rolle beschränkte, hatte unterdeß keine Zeit verloren und die Maßregeln nicht vernachlässigt, welche der neuen Regierung zugut kommen sollten, für die er seit einem halben Jahre gearbeitet. Er ging auf der Bahn des Marschalls Forey weiter, der gleich nach dem Einzuge unserer Truppen in Mexico die Wiederherstellung des Arsenals und der Kanonengießerei in Chapultepec befahl, und richtete seine ganze Aufmerksamkeit auf die Vertheidigung der Hauptstadt und der Zugänge zu derselben, ja er dehnte die gleichen Vertheidigungsmaßregeln auf die Hauptstädte der Staaten des Innern aus, die von unsern und den mexicanischen Truppen besetzt waren. Die französische Armee hatte bei ihrer Ankunft in der ersten Stadt der Republik den Artilleriedienst völlig desorganisirt, das Material unbrauchbar, die Magazine der Plünderung überlassen, das Arsenal ohne Werkzeuge, die Maschinen theils auseinander genommen, theils Privatleuten als Bezahlung für Schulden der Regierung übergeben gefunden. Das Geräthe der Gießerei war verschwunden und die Zündkapselfabrik konnte nicht arbeiten. Vierhundert französische Arbeiter hatten in einigen Monaten alle Ateliers in Molino del Rey wieder eingerichtet und in Tätigkeit gesetzt, so daß sie den verschiedenen festen Plätzen, so=

wie den mit der Armee operirenden activen Colonnen Munition, Waffen und Material liefern konnten. Im Winter von 1863 zu 1864 wurden 50 Geschütze auf den Festungswerken Mexicos aufgestellt. Funfzehntausend Gewehre, die man von verschiedenen unterworfenen Punkten herbeigeschafft hatte, wurden an die mexicanischen Truppen und an die Städte vertheilt, die sich zur Vertheidigung ihrer Häuser gegen die Parteigängerbanden bewaffnen wollten. Die beiden Divisionen Mejias und Marquez waren mit pünktlich bezahlten, neu gekleideten und regelmäßig equipirten Soldaten wieder ins Feld gerückt.

Eine der ersten Handlungen Maximilian's war der Auftrag an den Oberbefehlshaber Bazaine, dem er großes Vertrauen schenkte, das Militärsystem neu zu organisiren, das nothwendig mit den wirklichen Bedürfnissen und den muthmaßlichen Mitteln des Reichs in Einklang gebracht werden mußte. Es war dies eine schwierige Aufgabe, wenn sie von dauerndem gutem Erfolge sein sollte.

Der General, welche der Aufforderung des Kaisers nachzukommen wünschte, theilte ihm noch an demselben Tage die militärischen Anordnungen mit, welche er zur Herbeiführung der Pacification des Landes zu treffen gedachte, sprach sich aber zugleich so klar und deutlich aus, daß kein Zweifel über die wirkliche Rolle der französischen Action bestehen konnte. Mehrere Städte hatten durch ihre oberen Behörden Maximilian bereits ersuchen lassen, ihnen die dauernde Unterstützung französischer Garnisonen zu gewähren. Die Pflicht gebot, den Souverän gleich im Anfang auf solche Tendenzen aufmerksam zu machen, die, wenn sie begünstigt wurden, die Trägheit der Bevölkerung und den localen Egoismus nothwendig unterstützen und steigern mußten. Waren sie der Sicherheit unter unserer Fahne gewiß, so gewöhnten sie sich an eine unglückliche Vormundschaft, welche unserer auf allen Punkten des Landes zerstreuten Armee die Mittel entziehen mußte, in compacten Massen und zu passender Zeit zu operiren. Das einzige wirksame Mittel zur Neubelebung und Erhaltung des Muthes der Bewohner bestand darin, das Land von mobilen Colonnen durchstreifen zu lassen, die, einander die Hand reichend, nach allen Richtungen sich verbreiteten, die Städte und Haciendas unterstützten und ihnen bei der Einrichtung ihrer eigenen Vertheidigungsmittel behülflich waren. Diesen Plan nahm der Oberbefehlshaber an und schrieb an den Kaiser:

Mexico, 4. Juli 1864.

Sire,

Ich habe die Ehre, Ew. Majestät mitzutheilen, daß ich die Zeit für gekommen halte, das Gebirgsland zwischen Talancingo, Zacuatilpan, Llanos de Apam, Perote und Jalapa, das sich nördlich bis nach Huexutla und östlich bis Tampico erstreckt, von mobilen Colonnen durchziehen zu lassen.

Diese Gebirgsmasse, welche in mehrere Sierras zerfällt, die schwer zugängig sind, enthält diverse wichtige Ortschaften. Zahlreiche Banden hausen in der Sierra, plündern die Bewohner, stören die Communicationen und verbreiten Unordnung und Unruhe in dem Lande, das sie in Anarchie erhalten. Meine Absicht wäre, von Mexico eine französische leichte Colonne von etwa 600 Mann aller Waffen, von Pachuca eine zweite minder starke, endlich von Jalapa und später von Perote eine dritte Colonne gemischter Truppen abgehen zu lassen.

Wenn diese mobilen Truppen die Sierra in allen Richtungen durchziehen, werden sie die Diffidenten zurückdrängen, den Einwohnern Zeit geben sich zu bewaffnen und zur Vertheidigung zu organisiren und gleichzeitig den nur zu leicht gebrochenen Muth derselben wieder aufrichten.

Stehende französische Garnisonen dagegen können nicht eingerichtet werden, und ich muß bei dieser Gelegenheit Ew. Majestät auf die traurige Gewohnheit aller dieser Leute aufmerksam machen, sich nur unter dem Schutze unserer Bajonette für sicher zu halten. Jedesmal, wenn unsere Truppen in irgend einem Orte erschienen und einige Zeit da verweilten, entweder in Folge der Kriegsnothwendigkeit oder um den Bewohnern die Mittel zu gewähren, sich zu organisiren, einige Vertheidigungswerke anzulegen, eine Redoute zu bauen u. s. w., hatte ich mich gegen die unaufhörlichen Forderungen der Civilbehörden zu wehren, die erklärten, der Abzug unserer Truppen würde das Signal zu schweren Repressalien von Seiten ihrer Feinde sein, denen die Einwohner nicht widerstehen könnten.

Ich kann nicht alle solche Forderungen bewilligen, weil ich die Armee nicht zerstreuen und ihr die Hauptstärke, den Zusammenhang, nicht nehmen darf, besonders aber weil mir es unumgänglich nöthig erschien, daß die Leute sich gewöhnen, auf sich selbst zu bauen und sich nicht in falsche Sicherheit durch die Anwesenheit unserer Truppen einschläfern zu lassen.

Ew. Maj. haben bereits zahlreiche Gesuche um Garnisonen erhalten. Selbst die Präfecten haben dem Kaiser die Nothwendigkeit vorgetragen, die oder jene militärische Operation in der oder der Gegend zu unternehmen und Jedermann hat dabei nur seinen eigenen kleinen Bezirk im Auge.

Der Oberbefehlshaber hat aber allein alle Fäden in der Hand und kann allein nicht nur den richtigen Augenblick einer Unternehmung, sondern auch das Zusammenwirken aller Bewegungen beurtheilen, um zu einem sicheren Resultate zu gelangen und nichts zu gefährden.

Ich halte es für meine Pflicht, Ew. Majestät auf jene Tendenzen aufmerksam zu machen, die nur übertriebenem Ehrgefühl und Localegoismus entspringen, wie vor der Furchtsamkeit der Bevölkerungen zu warnen, die selbst Adressen und Deputationen senden werden, um Garnisonen zu erhalten.

Die mobilen Colonnen haben die Aufgabe die Garnisonen zu ersetzen und sie werden selbst mehr wirken als diese. Da ferner der Muth der Truppen stets ihren Thaten entspricht, so werden die Disciplin und der militärische Geist in keiner Weise leiden.

Bazaine.

Der Kaiser billigte diesen ihm vorgelegten Plan, die Frucht erlangter Erfahrungen, und sofort wurden leichte Colonnen durch die rebellischen Gegenden gesandt, die sich von Tulancingo bis Huasteca, bis an die Ufer des Panuco erstreckten, ein waldiges Bergland mit Schluchten, steilen Hängen und Felsen; auch beschäftigte man sich thätig mit der Reorganisation der mexicanischen Armee, welche damals in zwei starke Divisionen getheilt war: die des Generals Marquez, welche in Michoacan, südlich von Mexico, operirte, und die des Generals Mejia, die im Norden stand, in der Stadt San Luis, welche nach einem blutigen Kampfe der liberalen Armee entrissen worden war. Mehrere Monate lang revidirten permanente Commissionen die Patente der Offiziere aller Grade. Bei den überstarken Stäben und Cadres, welche die Staatscasse beschwerten, war diese Maßregel dringend nothwendig, erregte indeß große Unzufriedenheit und war die Veranlassung zu vielen unvermeidlichen Abfällen, weil eine gute Zahl von Generälen und Obersten an der Spitze von Räuberbanden sich selbst ernannt hatte. Während dieser Zeit setzte sich die Hälfte der franco-mexicanischen Armee auch nach dem Norden in Bewegung. Der Befehl war aus dem französischen Hauptquartier gekommen, das die Autorität Maximilian's befestigen und einen ernsthaften Feldzug unternehmen wollte, um Juarez und dessen Regierung, die sich in der Hauptstadt Nuevo Leon, 200 Meilen (französische) etwa von Mexico befanden, bis an die amerikanische Grenze zu drängen. Der Präsident der mexicanischen Republik blieb indeß, obgleich verfolgt und stets besiegt, unerschütterlich und fest entschlossen, sein gesetzliches Mandat nicht aufzugeben.

Zum Lohne für ihre Dienste sahen sich manche Chefs der französischen Armee bereits bei dem Souverän verläumdet und die auf deren verdienten Einfluß eifersüchtigen Minister machten sich an höchster Stelle zu Dolmetschern leidenschaftlicher Klagen und Beschwerden, die von mehreren feindlich gesinnten Präfecten ausgingen, welche sie selbst in die Provinzen gesandt hatten, um sich eine Zuflucht in der Zukunft im voraus zu sichern. Im September 1864 verbitterten und verschärften sich die Angebereien und wurden sogar der Kaiserin Charlotte zugetragen, deren heftiger Character leicht davon ergriffen werden konnte. Der Oberbefehlshaber, welcher Kenntniß davon erhielt, wendete sich sofort an die Kaiserin selbst und legte ihr offen die Intriguen der hohen Beamten dar, welche die Interessen der Krone schädigen konnten.

Mexico, 4. September 1864.

An Ihre Majestät die Kaiserin.

Der Oberbefehlshaber kommt von Neuem auf die Klagen zurück, die er schon mehrmals Ew. Majestät über die übertriebenen, um nicht zu sagen lügenhaften Berichte der hochgestellten Verwaltungsbeamten ausgesprochen hat.

Die Commandanten handeln nur unter Leitung des Oberbefehlshabers. Die Ausnahmemaßregeln und die Geldstrafen, welche Bevölkerungen und selbst Einzelnen auferlegt wurden, erfolgten auf Befehl und nach den bestehenden Regeln.

Die durch den Parteigeist unterhaltenen Agitationen sind durch in jeder Hinsicht bedauerliche Ereignisse gerechtfertigt und die Verantwortlichkeit dafür kann nur den Agenten zugewiesen werden, deren Schwachheit und Unfähigkeit klar zu Tage gelegt werden könnte.

Die letzten Vorgänge in San Angel, wo bewaffnete Banditen mitten in der Stadt Waffen und Munition aus einem nicht bewachten Hause geholt haben, beweisen mehr als zur Genüge, daß die Civilbehörde nicht wachsam ist und in beklagenswerther Sicherheit, wenn nicht in verbrecherischer Mitschuld, die Augen schließt.

Die Einwohner selbst, deren Eifer und Hingebung von gewissen Beamten gepriesen wird, thun nichts, wenn es gilt zu handeln, was jedenfalls an dem Mangel von Energie und Initiative derjenigen liegt, die nach ihrer Stellung sie zum Widerstande auffordern, oder durch ihr Beispiel mit fortreißen sollten.

Die neuesten Nachrichten, die ich von Zacuatilpan erhalte, schildern die Stadt von den Einwohnern verlassen und mit den Banden entflohen, welche durch eine Handvoll unserer Soldaten verfolgt werden.

Das ist ein beklagenswerther Zustand, und ich kann nicht genug in Ew. Majestät bringen, daß ein Rundschreiben an die Bewohner erlassen und in Menge verbreitet werde, es möge Jeder zu Hause bleiben und seinen Herd vertheidigen oder denselben wenigstens nicht verlassen.

Mit der tiefsten Ehrfurcht u. s. w.

Bazaine.

Durch Actenstücke konnte nachgewiesen werden, daß unsere Militärcommandanten überall nur nach regelmäßig ausgeführten Befehlen gehandelt hatten und so konnte ihr Verhalten nur gebilligt werden. Leider kam die Treue der kaiserlichen Behörden der Ehrlichkeit und Geradheit der französischen Officiere nicht gleich. Waren sie nicht die Mitschuldigen der Feinde, so gaben sie sich einer wunderlichen Sicherheit hin und ließen, selbst in Mexico nahe gelegenen

Orten, wie San Angel, die Waffen und die Munition stehlen, die man ihnen anvertraut und deren Vertheilung unterblieben war.

Maximilian schien durch solche traurige Symptome nicht beunruhigt zu werden. Er kam von Miramare mit einer Masse im Voraus verfaßter Gesetze, die er „seine Statuten" nannte, und mit vorgefaßten Ideen, arbeitete und schrieb ohne Unterlaß, erließ vortreffliche Decrete, die in den Händen seiner Minister todte Buchstaben blieben, und berief zahlreiche französische Commissionen unter seinem Vorsitze, die von vornherein durch den Mangel an einheitlicher und kräftiger Leitung zur Unfruchtbarkeit verurtheilt waren. Der Kaiser, dem es an ausdauernder Energie für den Kampf fehlte, betrachtete alle Fragen vom Standpunkte der Theorie aus, ohne hartnäckig die Ausführung zu verfolgen. Er mißachtete das Temperament und die Gewohnheiten seiner Unterthanen und glaubte immer, europäische Verhältnisse vor sich zu haben. Er erkannte nicht, daß er sowohl der Kopf als der Arm der Nation sein mußte. An Rathschlägen und selbst an bringenden Vorstellungen hat es ihm nicht gefehlt.

Maximilian hatte gleich von vornherein nicht erkannt, daß die indianische Race die Regeneration seines Volkes nur fördern könne, wenn sie von der Leibeigenschaft (der Peonwirthschaft) frei werde und einen Theil des Grundes und Bodens, der durch die Sorglosigkeit des Staates unbenutzt blieb, als Eigenthum erhalte. Und doch zählte der Thron einen tapfern Helden in dem General Mejia, der Indianer war wie Juarez und wie der berühmte Porfirio Diaz, der künftige Vertheidiger Oajacas. Hätten diese Männer nicht die Aufmerksamkeit des Staatsoberhauptes erregen und fesseln sollen? Im Gegentheil sah sich das französische

Hauptquartier genöthigt, den Kaiser zur Verhinderung der Verfolgungen aufzufordern, deren Opfer von Seiten der mexicanischen Behörden mehrere des höchsten Interesses werthe Glieder jener Race waren.

Mexico, 16. November 1864.

Sire,

Ich habe gestern einen gewissen Manuel Medel, Unterpräfecten und ehemaligen Commandanten von Tepeji de la Seda, empfangen, der durch Herrn Pardo, Präfecten des Departements Puebla, abgesetzt worden ist. Ich kenne den Manuel Medel nur durch den Ruf von Redlichkeit und Energie, den er sich im Lande erworben hat. Se. Excellenz der Marschall Forey hat ihm wegen seiner kräftigen Vertheidigung gegen die Juaristen das Kreuz der Ehrenlegion zuertheilt. Medel ist ein Vollblutindianer, aber mit der etwas schlaffen Haltung dieser Race. Er betheuert seine Ergebenheit gegen den Kaiser, wie seine guten Absichten, und ruft seine Vergangenheit als Zeugniß für sich an.

Ich weiß nicht, welche Gründe Herr Pardo haben konnte, den Mann abzusetzen, und berichte die Sache Ew. Majestät, damit Sie einen Diener, den einzigen Indianer im Civildienst, welcher das Kreuz der Ehrenlegion trägt, hören, sich von der Wahrheit überzeugen und die Dinge in ihrem wahren Lichte sehen möchten...

Bazaine.

Diese im Namen des Kaisers erfolgte Handlung hatte manchen Ergebenen wieder erkaltet.

Die Finanzen mußten eine Lebensfrage für das neugegründete Reich bilden. An dem Tage schon, an welchem Maximilian den mexicanischen Boden betrat, hätte er das Ungeheuer, das ihn verschlingen sollte, genau und von allen Seiten betrachten müssen; aber er kam mit großen Illusionen über die Finanzmacht seines neuen Reiches und namentlich über die Minenergiebigkeit des Bergbaues an. Er hatte geglaubt, das Erscheinen der französischen Fahne in den vom Mittelpunkte entfernten Städten werde genügen, den Umlauf der Lebenskraft wieder herzustellen, und von seiner Residenz auf Chapultepec aus, wo er vorzeitig große Summen für die Restauration des Palastes und den Bau einer Straße, die ihn mit der Hauptstadt in Verbindung bringen sollte, zu verwenden im Begriff war, sah er nicht, daß seine Soldaten bald keine Löhnung mehr erhalten und im Angesicht des Feindes meuterisch werden würden.

Sechs Monate waren seit dem Beginne seiner Herrschaft bereits vergangen, als der Kaiser eine französische Note vom November 1864 erhielt, die ihn auf Rückstände aufmerksam machte, welche den Interessen seines Reiches nachtheilig sein konnten. Auf seinen Wunsch ging ein ganzer Finanzdienstapparat von Frankreich ab. Nach einer Conferenz, zu welcher Maximilian seinen Kriegsminister, den Staatssecretär für die Finanzen und den Marschall Bazaine eingeladen hatte, um über die nöthigen Maßregeln zu berathen, wurde jenes Personal in dem Lande vertheilt. Kaum waren diese Männer in Mexico angekommen, so hatte das französische Hauptquartier sie an ihre Bestimmungsorte abgesandt, wo sie Controle und Aufsicht führen sollten. Gleichzeitig sandte dasselbe Rundschreiben an die Militärchefs, welche sie zu unterstützen hatten. Der Finanzminister seinerseits hatte das Versprechen gegeben, ohne Verzug ähnliche Instructionen an die Directoren der öffentlichen Hacienda in den bereits unterworfenen Provinzen des Reiches zu senden. Als aber die französischen Beamten auf ihren Posten erschienen, wurden sie von den Localverwaltungen abgewiesen, denn es waren keine Anordnungen getroffen worden, wie aus dem Schreiben des Marschalls an den Kaiser hervorgeht.

Mexico, 30. September 1864.

Sire,

Ew. Majestät autorisirten mich in einer mit Ihnen gehabten Conferenz, den Minister des Kriegs und den Staatssecretär für die Finanzen zu berufen, um mit ihnen bezüglich der Instructionen übereinzukommen, die an die Obercommandanten und die Agenten der mexicanischen Regierung wegen der Sendung französischer Finanzbeamten in die Hafen- und Hauptstädte des Innern gerichtet werden sollten. Ich habe sogleich meine Anordnungen getroffen, meine Instructionen und Rundschreiben abgesandt und die französischen Beamten auf die ihnen zugewiesenen Posten abgehen lassen. Ich theilte dem Herrn Staatssecretär für die Finanzen auch mit, daß die französischen Beamten abreisen würden, sandte ihm eine Abschrift der Instructionen für diese Beamten und gleichzeitig eine solche an die commandirenden Officiere, die jene unterstützen sollten und drang darauf, daß der Herr Staatssecretär für die Finanzen auch seinerseits übereinstimmende Instructionen an die Directoren der öffentlichen Hacienda in den verschiedenen Departements des Landes sende.

Er antwortete mir, die Sache unterliege der Berathung und es sei noch kein Beschluß gefaßt worden.

Ich fürchte nun, daß die französischen Beamten sich in einer unangenehmen Lage befinden, und daß es ihnen nicht möglich sein wird, die Controle und Beaufsichtigung auszuüben, zu welcher sie berufen worden sind.

Ich habe die Ehre, Ew. Majestät diesen Umstand mitzutheilen und Sie auf die Verzögerung aufmerksam zu machen, die sicherlich den Finanzinteressen des Landes nachtheilig ist.

Bazaine.

So wurden die besten Maßregeln durch die Unthätigkeit der Räthe der Krone gelähmt und vereitelt. Während die

Befehle des so schlecht unterstützten Kaisers in der Mappe liegen blieben, verging die kostbare Zeit. Die Verschleuderungen und Unterschleife in den Zollämtern waren nicht beseitigt und die Abgaben gelangten nicht in die Staatscassen. Maximilian würde besser gethan haben, wenn er sich mit eigenen Augen von der Ausführung seiner Befehle überzeugt hätte. Konnte er sich nicht persönlich an die wichtigsten Punkte begeben, von wo ihm täglich die Hindernisse durch unsere Militärrapporte bezeichnet wurden? Die Anwesenheit eines Souveräns erwärmt immer die Massen. Durch welches andere System eroberte Alexander Asien binnen drei Jahren und gab dem ganzen Lande einen Charakter, den es seit jener großen Zeit nicht wieder verloren hat? Aber das deutsche System herrschte mit aller seiner Langsamkeit. Indeß muß man, um gerecht zu sein, zugestehen, daß das mexicanische Clima die Constitution des Kaisers bereits angegriffen hatte; in diesen Breiten reagirt der Körper sehr stark auf den Geist.

In den Departements neutralisirten die aus der Nationalpartei gewählten Präfecten die Anstrengungen der französischen mobilen Colonnen. Abgesehen von diesen traurigen Tendenzen, gegen welche der durch seine Umgebung irregeleitete Kaiser nicht kräftig auftreten konnte, gab das Ministerium, das der Leitung des Herrn Eloin, eines dem Dienste der Kaiserin Charlotte beigegebenen Belgiers, dessen Einfluß für die Regierung verderblich gewesen ist, folgte, täglich neue Beweise von seinem Uebelwollen in Allem, was die französischen Interessen betraf. Trotz des wiederholten Drängens des Marquis von Montholon sah sich die Commission, welche die Richtigkeit unserer Ansprüche und Forderungen prüfen sollte, unabläſſig durch wohlberechnete Vorgänge gehemmt. Ohne den Druck, den seine eigenen Rathgeber auf Maxi=

milian ausübten, würde er ohne Zweifel seinen Verpflichtungen nachgekommen sein; aber sein Widerstreben wurde, selbst von Paris aus, durch die Aufreizungen des Herrn Hilbalgo bestärkt, dessen Beschuldigungen, Dank einer höchsten Einwirkung, nicht ohne Einfluß auf den Hof der Tuilerien waren. Man muß allerdings auch zugeben, daß die französischen Forderungen mit gutem Rechte dem Kaiser von Mexico übertrieben und zum Theil wenig begründet erscheinen mußten, wie z. B. die des Schweizer Jecker, der am Beginn der Intervention als Franzose naturalisirt worden war.

Seit fünf Monaten gab es einen streitigen Punkt. Unser Gesandter in Mexico forderte, ohne sie zu erlangen, Zinsen für die der Revision unterliegenden Schuldforderungen. Wenn diese Revision billig war, so verlangte auch die Gerechtigkeit, durch Verzinsung die verzögerte Zahlung etwas auszugleichen, und man konnte unmöglich beanspruchen, daß unsere Landsleute schlechter gestellt würden als die gewöhnlichen Staatsgläubiger. Erst am 9. December 1864 schrieb Ramirez, Minister des Aeußern, an den Marquis von Montholon, „daß sein Souverän, wenn er auch überzeugt sei, das Recht auf seiner Seite zu haben, doch, um das gute Einvernehmen mit dem Kaiser der Franzosen nicht zu stören, dem Herrn Hibalgo, seinem Gesandten in Paris, den Befehl übermittle, anzuzeigen, daß die der Revision unterworfenen Schuldforderungen künftig eine Verzinsung erhalten würden."

Um dieselbe Zeit kam dem Hauptquartier die Nachricht zu, daß die Mittelprovinzen durch unsere Waffen unterworfen worden seien. Die militärische Lage der von der franco-mexicanischen Armee durchzogenen Gegenden schien eine vortreffliche zu sein. Im Norden rückte der General Castagny an der Spitze einer französischen Division; der

General Mejia mit seiner mexicanischen Division und die
französische Contreguerilla parallel in einer Breite von
150 Stunden in einem Frontmarsche vor und drängten den
Feind bis an die Grenze der Vereinigten Staaten. Auf
der andern Seite hatte der General Douay, im Verein mit
Marquez, einen brillanten Streifzug bis Colima, der Haupt=
stadt des Staates gleichen Namens, gemacht und der Oberst
de Pothier, der die Armee Arteaga's im Rücken faßte, dieselbe
hinter den Rio-Grande geworfen. Ueberall blieben Kriegs=
material, Feldstücke, die in die Barrancas*) geworfen worden
waren, in den Händen der Franzosen, und unsere Flotte
unterstützte die Operationen erfolgreich durch Landungen an
den beiden Küsten des Golfes und des Oceans. Aber die
sich selbst überlassenen mexicanischen Waffen zeigten sich be=
reits minder glücklich. Der General Vicario, der die Süd=
straße nach dem Stillen Meer besetzt hielt und dem der
Oberbefehlshaber vor drei Wochen angezeigt hatte, die Be=
wegungen des Generals Douay, der zu seiner Rechten
operirte, müßten nothwendig einen Theil der feindlichen
Streitkräfte auf ihn werfen, hatte keine Vertheidigungsmaß=
regeln getroffen und sich zurückziehen müssen. Um die Stadt
Cuernavaca zu schützen, die durch eine Schlappe der Kaiser=
lichen entblößt worden war, und um die bereits demorali=
sirte Gegend zu ermuthigen, sandte der Marschall Bazaine
sofort eine Colonne nach den gefährdeten Gegenden.

V.

Zu Anfang des Jahres 1865 hatte das französische
Commando die Aufgabe reichlich gelöst, welche der Kaiser
von Mexico, seit seiner Landung (29. Mai 1864) seinem

---

*) Durch Platzregen zerrissene tiefe Hohlwege.

Eifer und seiner Thätigkeit anvertraut. Dem Lande war
Frieden und Ruhe wiedergegeben und die nationale Armee
auf Grundlagen reorganisirt, die unsere Offiziere begutachtet
hatten. Das Land zerfiel in neun Militärdivisionen mit
regelrecht gebildeten Stäben. Alle darauf bezüglichen Acten=
stücke waren dem Kaiser übergeben worden und ein Ver=
zeichniß des Verwaltungspersonals, das durch unsere Co=
lonnencommandanten gewissenhaft aufgestellt worden war,
gestattete eine wirksame Controle derjenigen, welche eine
Rolle in den verschiedenen Dienstzweigen zu spielen hatten.
Am 26. Januar unterzeichnete der Kaiser das organische
Armeegesetz und zwei Monate darauf entband er un=
ser Hauptquartier durch nachstehendes Schreiben seiner
Aufgabe.

Mexico, 26. März 1865.

Mein lieber Marschall,

Am 7. Juli vergangenen Jahres habe ich Ihrer weisen Lei=
tung den Auftrag gegeben einen Organisationsentwurf für die
mexicanische Armee auszuarbeiten. Die Arbeiten, welche Ew.
Excellenz nach und nach an mich gelangen ließen, lieferten mir
sehr nützliche Documente für das organische Armeegesetz, welches
ich am 26. Jan. d. J. unterzeichnet habe.

Ich danke Ew. Excellenz für die aufopfernde Mitwirkung,
die Sie mir in diesem Falle gewährten und für die neuen
Dienste, die Sie meinem Lande dadurch leisteten.

Die Commission und die Untercommissionen, deren Vorsitzender
Sie waren, werden nunmehr aufgelöst und das neulich reorganisirte
Kriegsministerium wird im Stande sein, mittelst des in Kraft
gesetzten Reglements die letzten Fragen zu behandeln, die vielleicht
noch keine Lösung gefunden haben sollten.

Ihr wohlgeneigter

Maximilian.

Von nun an hatte der Kriegsminister persönlich die noch ungelösten Fragen zu behandeln. Maximilian, der sein Conseil für fähig hielt die Geschäfte zu leiten, welche die Minister, ausschließlich zu dem Zwecke die französische Autorität zu verringern, in ihren Händen concentrirt hatten, bemerkte sehr bald, daß die Räderwerke des Kriegsdienstes von Neuem in Unordnung geriethen. Die wichtigen Operationen waren bereits gefährdet. Die Truppen, welche nach Oajaca marschiren sollten, hatten ihre Quartiere in Mexico nicht verlassen.

Hier muß daran erinnert werden, daß der Marschall Bazaine durch eine energisch geführte Belagerung den Juaristen-General Porfirio Diaz mit seiner ganzen Armee in der Stadt Oajaca eingeschlossen und zu capituliren gezwungen hatte. Dieser liberale General, der seine Sache mit den Waffen in der Hand tapfer vertheidigte, hatte Anspruch darauf, als Kriegsgefangener und mit aller Rücksicht behandelt zu werden.

Der Marschall Forey, der im französischen Senat versichert, er habe erschossen zu werden verdient, irrte sich; denn Porfirio Diaz, Chef eines Staates, dessen Hauptstadt zu vertheidigen seine Pflicht war, da das Gebiet von der französischen oder kaiserlichen Armee noch nie betreten worden war, verdiente weiter nichts als nach den Antillen internirt oder vielmehr vorläufig verbannt zu werden. Durch gewaltthätige Maßregeln, die nicht einmal den rechtlichen Character eines Feindes achten, werden nur schreckliche Repressalien hervorgerufen.

Porfirio, der durch die französische Armee gefangen nach Puebla gebracht wurde, war in dem Fort Guadalupe eingeschlossen, aus dem kein Fortkommen möglich. — Auf Befehl des Kaisers wurde er der Bewachung der Oesterreicher

‚eben, die ihn erst in die Stadt wieder herunter führ-
unb dann entkommen ließen. Porfirio blieb Juarez
cu, rückte wieder ins Feld und stürzte später den Thron
des Kaisers; es darf jedoch auch nicht verschwiegen werden,
daß er nach den Kämpfen von Miahuatlan und Carbonera
die französischen Gefangenen gut behandelte und auch die
Auswechselung der Oesterreicher erleichterte, die in seine
Hände fielen, als Oajaca wieder in seine Gewalt gekommen war. Alles läßt glauben, daß der Kaiser selbst
edelmüthig befohlen hatte, sein Entkommen zu begünstigen.

Man bemerkte bald, daß der Kriegsminister Truppen-
stellungen änderte und seinen Generälen direct Befehle er-
theilte, ohne das Hauptquartier zu Rathe zu ziehen oder
ihm nur Mittheilung zu machen, ferner im Stillen flie-
gende Posten aufhob, die der Sicherheit der Communicationen wegen auf der Straße von Mexico nach Veracruz
aufgestellt waren und so den Räubereien, die neue Opfer
forderten, freien Lauf ließ.

Nach einmonatlicher mexicanischer Direction entschloß
sich der enttäuschte Kaiser die Ueberwachung seiner Armee
besseren Händen anzuvertrauen. Es wurde ihm ein französischer General zur Verfügung gestellt, aber der Einfluß
des Herrn Eloin überwog. Am 5. Mai 1865 berief der
Kaiser den österreichischen General Grafen Thun an seinen
Thron. Es geschah dies während seines Aufenthaltes in
der Hacienda Jalapilla. Hier stellte er selbst den Plan einer
neuen Militärorganisation und zunächst Bildung einer Brigade in Puebla fest, während ein Theil der Truppen in
Toluca, Ario, Jalapa, Morelia und Mexico stehen
sollte.

Hacienda de Jalapilla, 5. Mai 1865.

Mein lieber Marschall,

Ich theile die Ansicht Ew. Excellenz, daß die Organisation der Armee eifrig fortgesetzt werden müsse, habe aber keinen französischen oder mexicanischen General gefunden, der dieselbe übernehmen wollte und konnte, und entschloß mich, dieselbe dem General Grafen von Thun anzuvertrauen.

Das Erste muß sein, die nöthigen Streitkräfte zu sammeln, um eine Brigade zu bilden. Nach dem Beispiele Ew. Excellenz befehle ich, daß die nachbenannten Corps sich nach Puebla begeben, wo die Organisation erfolgen soll.

Das Kaiserbataillon, das in Toluca steht,

Das dritte Linienbataillon in Ario,

Die Geniecompagnie in Ario,

Die Bataillonsstücke, welche in Jalapa und Morelia stehen,

Das Cavalerieregiment der Kaiserin, das alle Detachements vereinigt, welche sich an verschiedenen Orten befinden.

Ich habe diese Truppen gewählt, weil sie für den Augenblick an den Orten, wo sie sich befinden, am wenigsten nöthig sind.

Nach dem, was mir meine Reise gezeigt hat und indem ich mich ernstlich mit den Militärangelegenheiten beschäftige, komme ich immer wieder auf die Nothwendigkeit einer raschen und guten Organisation der Gendarmerie zurück.

Wir brauchen vor Allem einen tüchtigen Chef, der die bewundernswürdige Organisation Ihrer Gendarmerie genau kennt und eine kleine Anzahl Offiziere und Unteroffiziere, die ihren Chef bei der so schwierigen und für das Land ganz neuen Einrichtung zu unterstützen vermögen.

Meiner Meinung nach müssen wir zunächst ein schwaches Corps für die Hauptstadt und die nächste Umgebung derselben, als Kern der sich dann weiter entwickelnden Einrichtung, bilden.

Maximilian.

Dieses Schreiben vom 5. Mai, durch welches Maximilian die Stadt Morelia und deren Umgegend von Truppen zu entblößen befahl, beweist, daß der Kaiser selbständig handelte und daß der Marschall, als Chef seiner Armee, nicht unabhängig war. Er bekämpfte überdies siegreich ein Militär-Exposé, das um dieselbe Zeit von Maximilian ausging und in einer kürzlich erschienenen Schrift, „der römische Hof und der Kaiser Maximilian" wieder abgedruckt worden ist.

„Die Stadt Morelia ist von Feinden umringt", heißt es in jenen kaiserlichen Bemerkungen... „und das erste Erforderniß dürfte sein, die großen Städte sicher zu stellen... Man hat die Staatscasse erschöpft; das arme Land muß die französischen Truppen bezahlen."

Man begreift diese Schilderung kaum. Die französische Armee, wie die ganze Marine, kann bezeugen, daß sie gerade zu dieser Zeit alle Städte des Staates und die Haupthäfen Mexicos besetzt hielt. Es ist uns unbekannt, daß sie jemals den siegreichen Liberalen gewichen wäre. Nur die Hauptstadt des Staates Guanajuato war den mexicanischen Waffen anvertraut worden, weil sie auf allen Seiten durch einen Cordon von befestigten Plätzen umgeben war, die wir vertheidigten und die den Feind abhielten. Auf der andern Seite war Oajaca durch den von Bazaine persönlich geleiteten Belagerungsangriff gefallen.

Was die durch den Sold der Truppen erschöpfte Staatscasse betrifft, so konnte der unglückliche Monarch über die Summen nicht klagen, die Frankreich Mexico kostete, weil er bei der unklugen Annahme der Krone den 10. Artikel des Vertrags von Miramare unterzeichnet hatte, welcher bestimmte, daß Mexico die jährliche Ausgabe für jeden französischen Soldaten zu tragen habe.

Die wahre Sachlage ist die, daß jene für einige europäischen Zeitungen bestimmten kaiserlichen Bemerkungen häufig in dem kaiserlichen Secretariat in der Absicht verfaßt wurden, die Lage schwärzer darzustellen, als sie war, um einen Druck auf die öffentliche Meinung und das französische Cabinet auszuüben, das nur zu geneigt war, seine Armee plötzlich zu vermindern, wie die Ereignisse später bewiesen haben.

Die militärischen Veränderungen, die der Kaiser Maximilian anordnete, waren wenig geeignet die Truppen zu kräftigen, die sich wunderten, immer neuen Führern gehorchen zu müssen. Ein Fehler war ferner die Vermischung der österreich-belgischen Hülfstruppen mit den Landestruppen, die jene mit Mistrauen betrachteten, weil sie zu stark an das fremde Herkommen des Souverains erinnerten. Puebla sah aus wie ein österreichisches Lager. Maximilian beging überdies das Unrecht, neben dem Kriegsministerium ein Militärcabinet zu schaffen, eine Einrichtung, die er seiner Heimath entlehnte, und die Bildung einer Kriegssection zu befehlen, welche ausschließlich die österreich-belgischen Truppen umfaßte und sich direct verwaltete. Diese Neuerungen erstrebten nichts weniger als die Einheit des Commandos zu schwächen und dem Marschall, der nach Artikel 6 des Vertrags von Miramare der alleinige Oberbefehlshaber war, einen Theil der Autorität zu entziehen, die für die Raschheit der Ausführung in einem so großen und so unruhigen Lande wie Mexico doch überaus wichtig ist. Gleichzeitig hatte, wie schon erwähnt, Maximilian den glücklichen Gedanken ein Gendarmeriecorps nach dem Muster der französischen Gendarmerie zu errichten, welches die Hauptstadt und deren Umgebung besetzen und allmälig auf die anderen Militärdivisionen sich ausdehnen sollte. Er erbat sich dazu Offiziere und Unteroffiziere des Expeditionscorps, die ihm sofort bewilligt wurden. Ein französischer Oberstlieutenant erhielt das Commando, trat dasselbe aber bald wieder an den holländischen Oberst Tindal ab, den der Souverän zu dieser Stellung berief.

Der General Thun, der in hohem Vertrauen stand, suchte sehr bald von der französischen Leitung sich frei zu machen. Dieses Bestreben war übrigens unvermeidlich bei der nationalen Empfindlichkeit, die in das Spiel kam. Auf der anderen Seite muß man anerkennen, daß jener Posten seine großen Schwierigkeiten hatte, denn der österreichische General fand keine Unterstützung bei seinen Untergebenen im Ministerium und die mexicanischen Offiziere traten seinem guten Willen mit ihrer Trägheit entgegen.

Wenn Maximilian Fehler begangen hat, die namentlich eine Folge seiner Unentschlossenheit, seiner Unbeständigkeit und Unkenntniß des mexicanischen Charakters waren, so wird die unparteiische Geschichte sagen, sein unkluger Ehrgeiz habe eine viel zu schwere Aufgabe übernommen; aber man muß wohl fragen, ob ein Anderer an seiner Stelle sich geschickter oder klüger benommen haben würde?

Zwei sehr wichtige auswärtige Fragen, welche die neue Regierung mit hatte übernehmen müssen, lasteten mit ihrer ganzen Schwere auf der inneren Lage Mexicos. Zuerst blieb die Regelung der Güter der todten Hand noch immer in der Schwebe. Der römische Hof hatte sich noch nicht ausgesprochen und schien um so weniger dazu geneigt zu sein, als der Kaiser die clericale Partei, der er seine Krone verdankte, von sich gewiesen hatte. Diese politische Umwandlung ermunterte den Papst keineswegs zu Concessionen, denn der heilige Stuhl hatte, als er einem österreichischen Erzherzoge behilflich war, den ehemaligen spanischen Thron zu besteigen, die Hoffnung gehegt, jene entlegenen Länder in den Schooß der Kirche zurückzuführen. Auf der andern

Seite erwarteten die Inhaber der ehemaligen geistlichen Güter eine ihren Interessen günstige Lösung, zumal da ihr Besitz vielfach aus Betrügerei hervorgegangen war. Sie wendeten deshalb alle Mittel an, den Kaiser zu schnellem Fortschreiten auf der Bahn zu drängen, die zu einem Bruche mit dem Papste führen mußte. Die Organe der liberalen Presse, namentlich in Puebla, erörterten mit unzeitiger Heftigkeit eine Frage, die um so schonender behandelt werden mußte, als der päpstliche Nuntius erwartet wurde, um die Unterhandlungen weiter zu führen.

Auch die amerikanische Frage war nicht minder reich an Gefahren. Die letzten Ereignisse in den Vereinigten Staaten und die drohenden Bewegungen des Juaristen=Generals Negrete an der Nordgrenze des Reichs gefährdeten die Sicherheit der Krone. Man wußte, daß die Anhänger von Juarez sich rührten und nur auf die Einstellung der Feindseligkeiten zwischen dem Norden und Süden Amerikas warteten, um Maximilian Schwierigkeiten zu schaffen. In Folge der Rührigkeit Romero's, des beglaubigten Repräsentanten der mexicanischen Republik, waren öffentliche Anwerbungen in den vorzüglichsten Städten der Union begonnen worden; die Presse rief alle Abenteurer auf und reizte sie an, die Grenze zu überschreiten.

Da entschloß sich Maximilian, ohne den französischen Commandanten zu fragen, in der Hoffnung, die Flibustier zu entwaffnen und die Anwerbung amerikanischer Freiwilliger zu beendigen, durch einen geheimen Schritt die Unterstützung oder wenigstens die Neutralität des Cabinets von Washington zu erlangen. Er sandte zu diesem Zwecke Herrn Arroyo mit dem Auftrage ab, Eröffnungen in dieser Richtung zu versuchen. Man erinnert sich vielleicht, welche Aufnahme der geheimnißvolle Gesandte fand, den das republi=

kanische Cabinet abwies. Man muß sich in der That wundern, daß Maximilian, in Folge eines verderblichen Einflusses, einer solchen Versuchung nachgeben konnte. War der status quo mit dem verhüllten Flibustierwesen, nicht hundertmal besser als ein gescheiterter Versuch, der natürlich bekannt werden und selbst diejenigen auf andere Gedanken bringen mußte, welchen die wirklichen Gesinnungen der Vereinigten Staaten noch nicht klar und deutlich waren? Der Kaiser von Mexico hatte zu bald jenes wichtige diplomatische Actenstück vergessen, welches ihm nicht unbekannt geblieben sein konnte und das der Form wie dem Inhalte nach so unfreundlich gegen das französische Cabinet war.

Seward an Dayton, Gesandten der Vereinigten Staaten in Paris.

Washington, 7. April 1864.

Ich sende Ihnen eine Abschrift der Resolution, welche am 4. dieses Monats einstimmig in dem Repräsentantenhause angenommen worden ist. Sie bestätigt die Opposition dieser Körperschaft gegen die Anerkennung einer Monarchie in Mexico.

Nach dem, was ich Ihnen bereits mit aller Offenheit zur Information Frankreichs geschrieben habe, ist kaum zu bemerken nöthig, daß jene Resolution die allgemeine Ansicht des Volkes in den Vereinigten Staaten in Bezug auf Mexico ausdrückt.

W. H. Seward.

So sprachen die Nordamerikaner in der Zeit, als Richmond die Siege des Generals Lee bejubelte und die Conföderirten für den Präsidenten Lincoln bedrohlich zu sein schienen. Die Principfrage war klar und deutlich gestellt. Noch war es damals Zeit, den Gärten von Miramare und den Wogen des adriatischen Meeres nicht auf ewig Lebewohl zu sagen. Begegnete man nicht einige Wochen darauf, in dem Augenblicke, als die Kaiserfamilie in den havanesischen Gewässern nach Veracruz zu schiffte, auf dem Meere dem Fahrzeuge, welches den von seiner Regierung abberufenen amerikanischen Repräsentanten trug.

Washington, 21. Mai 1864.

Seward an Dayton.

Wir zeigen Ihnen an, daß Herr Corwin, unser bevollmächtigter Minister in Mexico, sich in der Havannah auf dem Wege nach den Vereinigten Staaten befindet, wohin er auf Reiseurlaub zurückkommt.

W. H. Seward.

Herr Corwin war trotz der französischen Intervention in Mexico geblieben; er verließ es erst bei der Ankunft der neuen Souveräne. Welche Hoffnung auf Versöhnung konnte eine solche Haltung, namentlich nach dem Unglück der Südstaaten geben. Die gewöhnlichste Klugheit, besonders das Gefühl der eigenen Würde, mußte jeden Schritt Arroyo's im Weißen Hause verbieten.

Die französische Armee hatte bereits alle Anordnungen getroffen, um die Angriffe der Flibustier zurückzuweisen. Der Oberst Jeanningros befestigte ungesäumt Monterey und deckte das Gebiet durch Werke um Cadeyreta, um damit einem etwaigen Einbruch der Amerikaner zu begegnen. Weiterhin beobachtete der General Brincourt den obern Theil des Grenzflusses und hielt sich für alle Fälle bereit. Leider erklärte der General Cortina, der einen Theil der am untern Rio Bravo aufgestellten Truppen befehligte und als Verräther schon berüchtigt war, plötzlich sich gegen das Kaiserthum und versuchte so den wichtigen Hafen Matamoros in die Hände

Negrete's zu bringen, mit dem er sich, durch eine ansehn=
liche Geldsumme gewonnen, ins Vernehmen gesetzt hatte.
In welcher Verblendung also hatte Maximilian sechs Mo=
nate vorher, trotz wiederholter Warnungen, jenen Cortina,
den eben so feigen als frechen Räuber begnadigt, als er in
Matamoros eingeschlossen war und sich auf Gnade und
Ungnade ergeben mußte! Nicht genug damit, er er=
nannte ihn an demselben Tage zum General und über=
trug ihm ein Commando an der Grenze und in der Stadt,
die er vorher so schonungslos geplündert hatte! Maximi=
lian hatte geglaubt recht politisch zu handeln und durch
seine Milde die andern Dissidenten zu entwaffnen. Negrete
stürzte sich alsbald auf Matamoros, aber seine Truppen
mußten auseinander gehen als zum Schutze Mejia's, der
die Stadt hielt, in Bagdad Truppen landeten.

Das Zeichen zur Empörung war gegeben. Die kaiser=
liche Regierung hatte verordnet, einer ihrer Brigaden das
Departement Tamaulipas zu übergeben, das mit Anstrengung
von der französischen Contreguerilla erobert worden war.
Zwei Monate darauf war diese Provinz wieder ganz ver=
loren und die Hauptstadt von Nuevo Leon, Monterey,
welche die mexicanischen Behörden trotz der bringenden
Empfehlungen unseres Hauptquartiers nicht in Vertheidi=
gungsstand gesetzt hatten, fiel ebenfalls unter den Angriffen
der Rebellen. Im Mai mußte der Marschall befehlen, die
Offensive auf allen besetzten Punkten wieder zu ergreifen
um sich der verlornen Positionen von Neuem zu bemächtigen.

Alle diese Kämpfe im Innern hätten sich beruhigen
lassen, wenn der mexicanische Hof zu rechter Zeit gewagt
hätte, die Wurzel des Uebels zu tilgen, d. h. sich vor den
Flibustiern dadurch zu sichern, daß er sie zu seinen Unter=
thanen und Vertheidigern machte. Die Manöver Sewards

wären in dieser Weise verunglückt. Gegen Ende Mai 1865 war der General der Conföderirten, Slaughter, der in Brownsville am Ufer des Rio Bravo, Matamoros gegenüber, befehligte, nach der Niederlage der Südstaaten in Zweifel, ob er die Waffen niederlegen oder mit seinen 25,000 Mann die mexicanische Grenze überschreiten und den Kaiser um ein Asyl unter der Bedingung angehen sollte, in dem nordwestlichen Departemente Ländereien zu erhalten. Ein solches Einrücken von Ansiedlern, welches das Völkerrecht gestattet, wäre ein Glück für Mexico gewesen, denn solche Colonistengruppen, längs der Grenzflüsse als Vorposten aufgestellt, würden die Invasion der Yankees aufgehalten haben, wenn sie von Texas aus einen Ueberfall hätten versuchen wollen. Es wurden auch in der That Verhandlungen in dieser Richtung begonnen, und es war keine Zeit zu verlieren, um sich gegen drohende Möglichkeiten zu sichern.

Die Absendung eines mit Vollmacht versehenen kaiserlichen Commissars nach Matamoros konnte damals die Nordstaaten nicht verletzen, welche im Gegentheil in ihrem Wunsche, die Separatisten zu besiegen, die Einstellung der Feindseligkeiten des Generals Slaughter gern gesehen haben würden, und ebenso, wenn Lincoln die Augen wegen des Uebertrittes von 25,000 Conföderirten in den mexicanischen Unterthanenverband zugedrückt hätte. Der Marschall beeilte sich, auch die Aufmerksamkeit Maximilian's auf diese Frage zu wenden, welche für die Zukunft des Landes von so großer Wichtigkeit war.

Mexico, 29. Mai 1865.

Sire,

Die neuesten Ereignisse in den Vereinigten Staaten und die Bewegungen des Generals Negrete an der Nordgrenze des Landes machen es mir zur Pflicht, Ew. Majestät die gegenwärtige Lage darzustellen, wie ich sie ansehe, und die Aufmerksamkeit des

Kaisers auf Eventualitäten zu richten, die zwar nicht gerade eine drohende Gefahr enthalten, aber doch von hoher Wichtigkeit sind.

Es unterliegt keinem Zweifel, daß die Agenten der juaristischen Partei sich rühren und dem mexicanischen Kaiserthume Verlegenheiten und Schwierigkeiten zu schaffen suchen, welche das Aufhören der Feindseligkeiten zwischen dem Norden und Süden der Vereinigten Staaten unvermeidlich gemacht zu haben scheint.

Die Anwerbungen, die in den Hauptstädten der Union öffentlich betrieben werden und die Aufrufe der amerikanischen Presse an mexicanische Emigranten zeugen hinlänglich für die Intrigue einer Partei, welche die mexicanische Nationalität gering achtet, und beweisen, daß die Sympathien des amerikanischen Volkes, dessen Abenteuersucht nur zu bekannt ist, ganz für jene Partei sind.

Ew. Majestät haben für den Augenblick nichts zu fürchten, denn es sind alle Anstalten von mir getroffen, die Flibustierbanden zurückzuweisen, welche den Boden des Reiches zu betreten versuchen sollten.

Die Operation des Generals Negrete, die sich durch seine Hoffnung erklären läßt, von jenen bewaffneten Banden unterstützt zu werden, hat zu nichts geführt. Sie beweist nur, daß die Bekehrung mancher Männer, namentlich die Cortinas, eine erheuchelte war, und daß die gehässige Rolle, die der letztere gespielt hat, ihn für immer der Gnade Ew. Majestät unwürdig macht. Sie zeigte ferner, daß der Muth einiger andern Führer dem Vertrauen nicht entsprach, das in sie gesetzt worden war und ließ mich endlich erkennen, daß meine Befehle, die von der mexicanischen Armee occupirten Plätze in Vertheidigungszustand zu setzen, nicht ausgeführt worden sind.

Monterey fiel ohne Vertheidigung, weil nichts von dem geschehen war, was ich anempfohlen hatte.

Der Rückzug Negrete's vor dem Widerstande, den er in Matamoros fand, und der auch auf die Nachricht von der Ausschiffung französischer Truppen in Bagdab erfolgte, zeigt hinlänglich, wie wenig Vertrauen der Juaristengeneral auf seine Truppen hatte und bestätigte die Voraussetzungen, welche ich die Ehre hatte weiter oben darzulegen.

Der Marschall führt dann die Befehle an, die er gegeben, und bezeichnet im Einzelnen die Bewegungen, die er ausführen ließ, die Arbeiten, mit denen er sich beschäftigte und die Schritte, die gethan werden sollten, um die Stadt Monterey wieder zu erlangen, den Staat Tamaulipas zurückzuerobern und die Dissidenten zu zerstreuen oder einzuschließen. Dann geht er auf die Sache der Conföderirten ein:

Ich habe die Ehre Ew. Maj. alle Anordnungen zu wiederholen, die ich getroffen habe, um den ersten Eventualitäten entgegentreten zu können.

Möglicherweise legt der Conföderirtengeneral Slaughter, der in Brownsville commandirt, wenn er die Niederlage seiner Partei und die Gefangennahme des Präsidenten Jefferson Davis erfährt, die Waffen nieder, wie es die andern Generale der Südstaaten gethan haben; es ist jedoch auch nicht unwahrscheinlich, daß die Nähe des mexicanischen Gebiets ihn veranlaßt, auf das rechte Ufer des Flusses überzutreten, um eine Zuflucht für seine Armee bei uns zu suchen.

Das Völkerrecht gestattet solches Verfahren einer geschlagenen Armee gegenüber, und nach der vorgängigen Entwaffnung des Armeecorps der Südstaaten ließen sich wohl zwischen Monterey, Saltillo und auf den Staatsländereien, oder selbst auf den Landstrecken des Herrn Sanchez Navarro Colonistengruppen bilden, welche ein erstes Hinderniß für die Einfälle der Flibustier sein würden. Man müßte sich mit dem Herrn Sanchez Navarro ins Vernehmen setzen.

Der Marschall verkennt weder die Ungelegenheiten noch das Gefährliche einer solchen Maßregel, aber es war doch jedenfalls von Interesse, sich amerikanische Verbündete zu schaffen. Bei den unzähligen Verlegenheiten, welche b

allgemeine Apathie der Mexicaner veranlaßte, galt es zu
handeln. Der Marschall beurtheilte die Lage sehr richtig
und kannte auch die Vereinigten Staaten in diesem Punkt
gut genug, um zu wissen, daß der der Monarchie gegen=
über leicht zu verletzende Stolz der Yankees geschont wer=
den mußte. Denn er fährt fort:

Ich erwähne diese Eventualität, damit Ew. Maj. im Voraus
die Instructionen zu geben geruhen, welche Sie für die zweck-
mäßigsten halten.

Die Absendung eines kaiserlichen Commissars nach Matamoros erscheint mir bringend nothwendig und ich mache Ew.
Maj. darauf aufmerksam, daß ein Civilcommissar mit genügenden
Vollmachten versehen, meiner Ansicht nach geeigneter für eine
solche Mission ist als ein Militärcommissar.

Die Reizbarkeit der Yankees könnte allerdings auf die Nach=
richt, daß dem Armeecorps des General Slaughter ein Asyl ge=
währt worden ist, leicht neue und ernste Verlegenheiten schaffen.

An einen verzweifelten Widerstand der letzten Südtruppen in
Texas glaube ich weniger; der Ausgang würde nicht zweifelhaft sein.

Dieser Widerstand indessen für möglich gehalten, würde die
größte Gefahr für die mexicanische Nordgrenze bilden. Würden
nämlich die Americaner in Texas einfallen, so erwüchse dadurch
dem Kaiserreiche eine bedrohliche Nachbarschaft; um so nothwen=
diger erscheut dann die Gegenwart eines Agenten, auf den Ew.
Majestät in allen Beziehungen rechnen können.

Schließlich betheuert der Marschall, daß er sicher sei,
allen Ereignissen entgegenzutreten zu können; er ersuchte aber
den Kaiser, keine für die Zukunft heilsame Maßregel zu
versäumen; denn wenn auch die französische Armee zur Zeit
alle Positionen inne habe, so solle sie doch die mexicanische
nach und nach ersetzen. Er verschwieg auch die Möglichkeit
des Abfalls der Kaiserlichen nicht.

„Es ist keine Zeit zu verlieren, überall und vollkommen sich

in den Stand zu setzen, um den Eventualitäten begegnen zu können, und ich wage Ew. Maj. zu bitten, mein Drängen der Gründe wegen zu verzeihen, die dasselbe veranlassen.
                                                                Bazaine."

Die künftigen Einwanderer wollten als Bürger aufgenommen werden, indem sie sich allen gesetzlich bestehenden Lasten unterwarfen; sie verpflichteten sich vor ihrem Eintritt ins Land sich aufzulösen, und die Waffen sollten ihnen erst später zur Vertheidigung ihrer Häuser gegen die Einfälle der freien Indianer zurückgegeben werden. Ihr geheimer Agent, den wir hier nicht nennen wollen, um ihn nicht zu compromittiren, begab sich nach Mexico und schickte sich, nach einem Beschlusse des Kaisers, an, über ihren Eintritt in das Kaiserreich zu unterhandeln, oder ihre Rückkehr in die Vereinigten Staaten zu verkünden. Das Cabinet von Mexico schlug eine halbe Maßregel vor: man wollte die 25000 Conföderirten anfangs als Gefangene behandeln. Das erregte eine tiefe Unzufriedenheit und die Unterhandlungen wurden durch die Gefangennehmung von Jefferson Davis plötzlich unterbrochen. Von den siegreichen Nordstaaten war nun nichts mehr zu hoffen und noch einmal schwand eine glückliche Möglichkeit. Mochte der entscheidende Sieg sich nun auch auf die eine oder die andere Seite der Vereinigten Staaten neigen, so war es dem Kaiser Maximilian nicht unbekannt, daß es gefährlich für seine Politik sein würde, jenes Armeecorps der Conföderirten nicht ohne Verzug für sich zu gewinnen; denn es war ihm gemeldet worden, daß in den ersten Tagen des Februar eine Conferenz zwischen den Bevollmächtigten der Rebellen und dem Präsidenten Lincoln in Hampton Roads am Jamesflusse stattgefunden hatte. In dieser Unterredung, die sehr freundlich begonnen, hatte Stephens im Namen des bereits hart bedrängten Präsidenten Jefferson Davis verlangt, daß temporär ein Südbund anerkannt werde, bis die günstige Zeit für die Neubildung der Union komme. In dieser Zwischenzeit sollte ferner der mit dem Norden verbündete Süden die Monroë-Doctrin zum Siege führen, indem man Mexico von der französischen Occupation und Canada von der Herrschaft Englands befreien wollte. So gedachten die Conföderirten für die Vernichtung ihrer geheimen Hoffnungen sich zu rächen, die im Anfange des Kampfes durch das Cabinet der Tuilerien, welches sie erst als kriegführende Macht anerkannt und dann im Stiche gelassen hatte, begünstigt worden waren. Es mußte also sehr im Interesse der mexicanischen Dynastie liegen, diese feindselige Wendung durch eine schnelle Verständigung mit den Soldaten Slaughter's zu neutralisiren.

Diese Schlappe empfand man stark in unserm Hauptquartier, das sich der Ankunft einer bedeutenden für die gefährdete Pacification so nöthigen Verstärkung gefreut hatte. Alles verdarb damals in den mexicanischen Händen und der Marschall zögerte nicht, den Kaiser offen auf die Nothwendigkeit großer Commandos hinzuweisen, die zuerst französischen Generalen übertragen werden müßten. So auch machte er ihn schriftlich auf den Ernst der Lage aufmerksam. Er bat ihn, keine Vorsichtsmaßregel zu versäumen. Eine Telegraphenlinie von Veracruz nach Mexico hatten wir bereits angelegt, es war aber auch dringend nothwendig, den Norden mit der Hauptstadt durch einen Telegraphen zu verbinden, der mindestens bis San-Luis reiche, und um die Herstellung nicht zu verzögern, erhielten die französischen Offiziere und Soldaten den Auftrag, ihn im Marsche einzurichten. Ungeachtet der großen Entfernung leistete die Telegraphenlinie bald Dienste.

Trotz der merklichen Un- und Abfälle, trotz der zahlreichen Streitigkeiten in der österreichisch-belgisch-mexicanischen Armee, die bei der Zusammensetzung derselben aus so vielen heterogenen Elementen nicht ausbleiben konnten, und trotz der Palastintriguen herrschte damals völlige Eintracht zwischen den mexicanischen Majestäten und dem Marschall. Maximilian selbst, welcher die Ehrlichkeit und Kraft der Mitwirkung unseres Commando anerkannte und wohl fühlte, daß er nur durch das letztere die Macht zu begründen und zu organisiren erhalte, hatte nicht wenig zur Verbindung des Marschalls mit einer Familie des Landes beigetragen, die von spanischer Abkunft und einflußreich mehr durch ihre Verbindungen als durch ihren, jetzt überdem gefährdeten Reichthum war. Die Familie der La-Peña hatte dem Lande bereits angesehene Beamte, Generale und Advocaten gegeben. Im Jahre 1833 war der Oheim der künftigen Frau des Marschalls, der General Pedrazza, zur Würde eines Präsidenten der Republik gelangt und ihre Tante zur Ehrendame der Kaiserin Iturbide erwählt worden.

Wie der Sultan nach dem Falle Sebastopols den Herzog von Malakoff freigebig belohnt hatte, so setzte die souveräne Familie der Marschallin bei ihrer Vermählung eine glänzende Mitgift aus, um ihre Dankbarkeit gegen die französische Armee zu bezeugen, indem sie dieselbe in der Person ihres Oberfehlshabers ehrte. Das kaiserliche Schreiben, das gleichzeitig mit der Schenkungsurkunde in dem mexicanischen Archiv niedergelegt wurde, lautete also *):

---

*) Diese Besitzung, welche sich gegenwärtig in den Händen der republicanischen Gewalt befindet, ist für die Marschallin werthlos geblieben. Der Kaiser Maximilian erbot sich zwar bei der Räumung 500,000 Frcs. aus seinem Privatvermögen dafür zu zahlen, aber dieses Anerbieten wurde natürlich von dem französischen Marschall abgelehnt, der bereits den Titel „Herzog von Mexico" und die Schenkung reicher Ländereien in Zongolica zurückgewiesen hatte.

Mexico, 26. Juni 1865.

Mein lieber Marschall Bazaine,

Um Ihnen einen Beweis meiner persönlichen Freundschaft sowohl als ein Zeichen meiner Dankbarkeit für die Dienste zu geben, die Sie unserm Lande geleistet haben, schenken wir bei Gelegenheit Ihrer Verheirathung, der Frau Marschallin Bazaine den Palast Buena-Vista nebst Garten und Mobiliar, mit dem Vorbehalt, daß, wenn Sie nach Europa zurückkehren, oder aus irgend einem andern Grunde nicht länger im Besitz des Palastes bleiben wollen, die Nation die Besitzung zurücknimmt und die Regierung der Frau Marschallin die Summe von 100,000 Piaster als Entschädigung zahlt.

Ihr wohlgeneigter Maximilian.
Castillo. Almonte.

Man weiß, daß Maximilian einige Wochen nach seinem feierlichen Einzuge in Mexico an seinen Minister Velasquez de Leon ein merkwürdiges Finanz- und Administrationsprogramm richtete, das die verschiedenen Zweige dieser beiden Dienste umfaßte. Dieses Manifest enthielt im Keime alle Absichten des Souveräns, der, wie schon erwähnt, eine sehr hohe Meinung von seiner Mission mitgebracht hatte. Es waren darin die Steuern, die Zölle, die Anleihe, die Eisenbahnen, die Telegraphenlinien, die großen Arbeiten, der Postdienst, die Einheit des Maßes und Gewichtes und die Controle der Staatsgelder sehr verständig besprochen und die Niedersetzung der nöthigen Commission angeordnet. Ueber die Colonisirung sprach sich der Kaiser wie folgt aus: „Nachdem die Commission eine Grundlage für die gewöhnlichen Abgaben angenommen hat, wird sie sich mit dem Verkauf der unbenutzten Ländereien beschäftigen. Die Ausdehnung und der Werth dieser Ländereien kann nicht angegeben werden, weil es an genauen Nachweisungen darüber fehlt. Bei diesem Zustande könnte die Colonisirung des Landes durch erwerbsame Familien noch nicht unternommen und begünstigt werden. Die Commission wird uns Nachweisungen vorzulegen haben." Maximilian vergaß, als er diese Instructionen gab, daß unter seinem Scepter sich etwa 6 Millionen Indianer, mäßige und arbeitsame Menschen befanden, die, bevor sie durch die erobernde Aristokratie zur Sklaverei herabgedrückt und durch die mexicanische Geistlichkeit ausgebeutet wurden, Cortez ebenso durch ihre Civilisation wie der Hof Montezuma's durch seinen Glanz überraschten. Sandte nicht der spanische Eroberer eine ganze Schiffsladung merkwürdiger Erzeugnisse der mexicanischen Künste, die der ersten Plünderung seiner Soldaten entgangen waren, an Karl V.? "Die Gemälde von Federn, die goldenen und silbernen ciselirten Schmucksachen und die Geräthe sind bewundernswürdig", schreibt er an seinen Souverän. Allerdings kannten jene einfachen Menschen den Vortheil der Metallmünzen noch nicht, da sie bei ihrem Verkehre nur Cacaobohnen verwandten. Robertson, der die Entdeckung Amerikas nach den Handschriften des Cortez und Herrera schrieb, spricht sich sehr beredt aus: "Die Fortschritte der Unterthanen Montezuma's in der Civilisation zeigen sich nicht nur in allen jeder wohlgeordneten Gesellschaft wesentlichen Punkten, sondern auch in verschiedenen Gegenständen der innern Verwaltung, die man für weniger wichtig halten könnte. Die Einrichtung von Staatsboten (Fußgängern, da die Pferde nicht bekannt waren), welche in gewissen Entfernungen aufgestellt waren, um Nachrichten aus einem Theil des Reiches in einen andern zu bringen, war eine sinnreiche Einrichtung, welche damals kein Staat in Europa besaß. Die Lage der Hauptstadt in einem See mit sehr langen Dämmen und Straßen, die nach den verschiedenen Theilen derselben führten, hatte eine Geschicklichkeit und Arbeit erfordert, die nur bei einem civilisirten Volke zu finden ist. Dasselbe kann man von dem Bau der Wasserleitungen sagen, welche einen Strom süßen Wassers in sehr bedeutende Entfernung brachten. Längs der Straßen lagen starke Röhren. Daß Leute angestellt waren, die Straßen regelmäßig zu reinigen, sie vermittelst an gewissen Stellen angezündeter Feuer zu erleuchten und während der Nacht zu bewachen, zeigt ebenfalls von einem Grad der Fürsorge für die öffentliche Ruhe und Sicherheit, zu welchem die gebildeten Nationen erst viel später gelangten."

Mexico würde gewinnen, wenn es in sein eisernes Zeitalter zurückversetzt würde. Jedenfalls verdienten die Nachkommen jener Barbaren ein besseres Los als das ist, welches sie an die Scholle fesselt und sie zum Lastthier herabwürdigt. Sie bildeten das glänzende Gefolge des Kaisers Maximilian und der Kaiserin Charlotte auf dem Wege von Orizaba nach Mexico; sie hatten alle ihren alten Schmuck, die Reste eines hingeschwundenen Glanzes hervorgesucht, um den Nachkommen Karl's V., Maximilian, zu ehren, welchem sich Gelegenheit bot, die Schuld seines königlichen Ahnen zu sühnen, der aber den Fehler beging, die Besiegten des 16. Jahrhunderts nicht als Freie heimzusenden, als er dieselben in seiner Hauptstadt verabschiedete. Das wäre ein königlicher Beginn seiner Regierung gewesen.

Erst Ende September 1865 besann er sich, aber schon zu spät, eines andern, und erließ das Decret, welches die Emancipation der Peon-Indianer und die Ungültigkeit ihrer frühern Schulden aussprach, jener oft infamen und wucherischen Schulden, welche schon das Kind im Mutterleibe zur Leibeigenschaft verurtheilten. Diese liberale und humane Maßregel wird Maximilian stets zur Ehre gereichen, und sie allein schon hätte seine Richter in Queretaro entwaffnen sollen. Leider blieb sie unvollständig, eine nur halbe Maßregel; eine Folge der Lage, die sich der Souverän geschaffen hatte, indem er die beiden extremen Partcien schonen wollte. Die Leibeigenen (Peons) wurden durch jenes Emancipationsdecret nicht auch Eigenthümer des Bodens. Und doch, in welch bessere Hände als in die der freigelassenen Peons konnte der Staat jene unbenutzten Ländereien geben, von welchen das kaiserliche Manifest an den Minister Velasquez gesprochen hatte? Die mexicanische Commission, die vergebens seit einem Jahre bestand, hatte also nicht eingesehen, daß man ein ganzes Arbeitervolk nicht freigeben konnte, ohne ihm zugleich auch die Grundelemente der Arbeit zu gewähren. Die mexicanische Regierung verlor demnach wie bereits die 25000 Soldaten, Ackerbauer oder Handwerker des Conföderirtengeneral Slaughter, hier abermals Millionen kräftiger Ansiedler, die den Familiensinn in hohem Grade besitzen und nun so im Voraus gezwungen waren, das tägliche Brot vom Zufall zu fordern, wenn die Haciendabesitzer sie nicht zur Ernte riefen. Diese Haciendabesitzer aber, die durch jenes Decret ihre Arbeitskräfte verloren, wurden unzufrieden und wiesen die Dienste der Indianer zurück, die von ihrer gesetzlichen Freilassung Gebrauch machen wollten. So stellte sich die alte Sklaverei der Peons wieder her, welche ihre Ketten von Neuem aufnahmen, um ihre Familien nicht verhungern zu sehen.

Auf der anderen Seite war die Geistlichkeit der Krone feindlich geworden und konnte also die Unzufriedenheit der Hacenderos nur begünstigen, weil sie ihren verderblichen Einfluß auf die Peons wieder zu erlangen wünschte, deren Emancipation den Fanatismus und die Opfergaben mindern mußte. Die clericale Partei suchte übrigens das Dasein feindseliger Gesinnungen nicht zu verbergen, die sich seit der Krönung Maximilian's und seiner Zuneigung zur liberalen Partei, gesteigert hatten. Der offene Ausdruck derselben zeigt sich in einem Briefe des Erzbischofs von Mexico, La Bastiba. Dieses historische Actenstück scheint uns zu instructiv zu sein, als daß wir es nicht hier zur Entlastung Maximilian's mittheilen sollten, dessen Absichten schon vier Monate nach dem Antrag des Scepters in Miramare verläumdet worden sind.

Ein Pamphlet, welches die Regentschaftsmitglieder als die erbittertsten Feinde der Religion und Ordnung bezeichnete, war im Geheimen in Mexico verbreitet, von der Polizei aber weggenommen worden. Der Militärcommandeur des Platzes zeigte diesen Vorgang dem Erzbischof an, welcher antwortete:

Erzbischof La Bastiba an den General Baron Neigre.

Es ist eine beglaubigte Thatsache, daß wir insgesammt gegen die zwei Individuen*), welche vorgeben eine Regierung zu sein, protestirt haben, indem wir categorisch erklärten, die Kirche erleide heutzutage in ihren Rechten und Ansprüchen dieselben Angriffe, die sie während der Regierung des Juarez zu erdulden hatte, ja sie sehe sich erbitterter verfolgt.

Pelagio Antonio,
Erzbischof von Mexico.

Diese heftige Sprache ließ für die Zukunft nichts Gutes erwarten. Konnte das Staatsoberhaupt, das in den großen Städten wie in den Haciendas verkannt und angefeindet wurde, hoffen, die Leidenschaften besänftigen zu können?

---

*) Die Regentschaft bestand aus dem General Almonte und dem General Salas; den Erzbischof hatte Marschall Bazaine, wie schon erwähnt, wegen seiner Intriguen und seiner systematischen Feindseligkeit noch vor der Ankunft des Kaisers entfernen müssen.

Alle jene fruchtbarsten Ideen, die in seinem kaiserlichen Programm lagen, verdarben, weil es an Werkzeugen fehlte, sie redlich zu entwickeln, und zwar trotz der unablässigen Mitwirkung der französischen Beamten, denen der mexicanische Hof freilich vollständige Genugthuung erwies. Man erinnert sich, daß das Hauptquartier schon im November 1864 die Sorglosigkeit des Hacienbaministers dem aus Europa berufenen Finanzpersonal gegenüber bei der mexicanischen Regierung verklagt hatte. Gegen Ende des Juli 1865 bezeugte eine neue dringende Note, die Sr. Maj. selbst vorgelegt wurde, daß die öffentliche Hacienda den französischen Agenten nur Scheinvollmachten zuerkannt hatte, die ihnen keineswegs gestatteten, eine wirksame Controle über den Eingang der Staatsgelder wie über deren Verwendung durch die Localbeamten auszuüben, welche letztere ebenfalls der Einmischung der Fremden sich widersetzten, wie es in der Hauptstadt der Nachfolger Corta's, Langlais, erfahren sollte. Dieser Staatsrath war, wie man weiß, auf Bitten Maximilian's aus Frankreich gesandt worden, um den Augiasstall zu reinigen, in welchem die Zölle und Steuern von den ersten Dienern der Krone geplündert wurden.

Ein anderer Beunruhigungsvorwand hatte nicht wenig dazu beigetragen, den Erfolg des Expeditionscorps, das außerordentlich thätig war, Mühen und Verluste ertrug und sich durch keine Hindernisse abschrecken ließ, zu verzögern. Die Neugestaltung einer Nationalität gelingt nur bei schwerer Arbeit und unter tausenderlei Opfern.

Die neue Territorialtheilung, welche in Folge der Errichtung großer Militärcommandos nothwendig geworden war, hatte den Schlendrian der großen Grundbesitzer und besonders die Gewohnheiten der clericalen Partei, deren Thätigkeitsmittelpunkte verlegt waren, tief verletzt. Ein Theil der unzufriedenen Hacenderos, die zwar noch nicht offen sich gegen das Kaiserthum zu erklären wagten, unterstützte die Rebellion, nahm die Guerillas gastlich auf, gab ihnen Geld, ihren Reitern frische Pferde und ließ die verwundeten oder abgetriebenen Thiere auf ihren Besitzungen sich erholen, bis sie wieder dienstetauglich wurden.

Im Jahre 1865 waren von der französischen Armee und Marine, vom Golf bis zum Stillen Meere, so große Anstrengungen gemacht worden, daß nicht weniger als 29,000 Combattanten alle Häfen und großen Hauptstädte dieses unermeßlichen Reiches, mit Ausnahme Guerreras und Chiapas berührt und gewonnen hatten. Wir haben an einem andern Orte nachgewiesen, daß dieses Zerstreuen des Militärs, das Maximilian und die Kaiserin wünschten, eine große Unvorsichtigkeit war und Gefahren für die Zukunft schaffen mußte. Besser wäre die allmälige, mit den Hilfsmitteln wachsende Ausdehnung einer friedlichen Herrschaft gewesen, die einen fest gerüsteten Kreis nach und nach erweiterte, als daß man mit einemmale kleine Mittelpunkte in unermeßlichen Einöden schuf; es war leicht vorauszusehen, daß in naher Zukunft die Nothwendigkeit sich herausstellen werde, sie wieder aufzugeben, worauf, wie stets bei einem Rückzug, die Gräuel des Krieges folgen mußten. Unsere Colonnen waren übrigens über die Prairie bis zur Hauptstadt Chihuahua, dem letzten Zufluchtsorte des Präsidenten der Republik, vorgedrungen und es verbreitete sich das Gerücht, Juarez habe das mexicanische Gebiet verlassen. Es war etwas Wahres daran. Er hatte sich nach Paso del Norte begeben, einem Flecken, dessen Häuser sich in einer Reihe am Ufer des Rio Grande hinziehen. Ein Paar hundert Schritte vom andern Ufer des Flusses ist die Grenze der Vereinigten Staaten. Nun begreift sich leicht, daß Juarez, dessen Gefangennehmung in keiner Weise den Charakter des Widerstandes geändert haben würde, in einer solchen Gegend sich völlig sicher vor unsern Truppen fühlte. Er konnte über den Fluß hinüber und herübergehen, und so lebte Juarez in der That fast anderthalb Jahre am Rio Grande, in Uebereinstimmung mit dem Cabinet von Washington. Konnte man, um ihm die Rückkehr abzuschneiden, den ganzen Lauf des langen Flusses bewachen, der von da bis zum Golfe reicht?

In diese Zeit nun fällt das Decret vom 3. October 1865, welches so viele Thränen gekostet hat, und es dürfte von großer Wichtigkeit sein, die wirkliche Entstehung und die eigentliche Bedeutung desselben festzustellen. Vor Allem muß man schmerzlich verwundert sein, daß die Minister, welche das Decret mit unterzeichneten und die später Maximilian verließen, um in Frankreich eine sichere Zuflucht zu suchen, ihre Stimme noch nicht zur Vertheidigung des Kaisers erhoben haben, welcher diese verderbliche Bekanntmachung zwar selbst entworfen, aber in ihrer Gegenwart seine ursprünglichen Ansichten darüber ausführlich entwickelt hat.

Auf die Nachricht, daß Juarez bei Paso del Norte die Grenze überschritten habe, herrschte im Palaste des Kaisers große Freude. Die Armee hatte damals alle festen Punkte inne. Nach dem Verschwinden des republikanischen Oberhauptes ließ sich eine Abnahme der Feindseligkeiten der sogenannten liberalen Partei hoffen, die aufs Aeußerste gedrängt und ohne Führer war. Maximilian, der sich im guten Glauben für den Erwählten eines der Unruhen müden Volkes hielt und stolz auf seine Rolle als Wiederhersteller war, hielt die Juaristen für völlig geschlagen und wollte der besiegten Partei eine Ehre erzeigen, zugleich aber der Rebellion, die er nur noch durch Räuberbanden begünstigt glaubte, einen entscheidenden Schlag beibringen. Er legte also seinem Ministerrathe den Plan,

Juarez die Präsidentschaft im höchsten Gerichtshofe anzutragen, und seine redliche Absicht vor, alle berühmten Männer des Landes um sich zu sammeln.

Als ein Mittel, Unterhandlungen zu beginnen, verfaßte der Kaiser das Decret vom 3. October. Er stellte in der That an die Spitze desselben die Behauptung, daß die republikanische Sache ihre letzte Stütze verloren habe. Was nun das Decret selbst betrifft, so war es sicherlich, nach dem Willen des Kaisers, nur gegen diejenigen gerichtet, welche ihre Räubereien durch die republikanische Fahne decken wollten. Das verderbliche Decret war durchgängig von der Hand des Kaisers geschrieben, obgleich er einen Secretär bei sich hatte. Alle seine Minister setzten ihre Unterschrift darunter, nur der Marschall unterzeichnete es nicht. Ehe es aber den offiziellen Charakter erhielt, glaubte Maximilian, den Marschall um seinen Rath fragen zu müssen. Er erhielt aus dem Hauptquartier die Antwort, daß die so schmeichelhaften Rücksichten auf den Präsidenten, der doch als Feind von Frankreich bekämpft worden sei, gegen die Intervention gerichtet zu sein schienen und daß das Actenstück, abgesehen von dieser Auslegung, nutzlos sei, weil die Kriegsgerichte functionirten, welche das Gewissen der französischen Offiziere zur Garantie hätten, daß es aber auch unpolitisch sei, wenn er die Mexicaner durch Mexicaner richten lasse und daß alle Verdrießlichkeiten auf den Souverän zurückfallen würden, dessen schönstes Vorrecht doch das Recht der Begnadigung sei. Der Kaiser, dem seine sämmtlichen Minister zugestimmt hatten, blieb bei seiner ersten Idee, Juarez durch eine solche öffentliche Erklärung an sich zu ziehen. Im letzten Augenblicke forderte und erlangte der Marschall, welcher das Decret als Chef der beiden Armeen ausführen mußte, den Zusatz eines Artikels, welcher diejenigen Hacenderos zu Geldstrafen verurtheilte, die überwiesen wurden, die Waffen und Pferde der Rebellen aufgenommen und verborgen zu haben.

Dies Decret vom 3. October, welches den Bürgerkrieg von Neuem entzünden sollte, war der Selbstmord der Monarchie; es war die Folge chevaleresker Illusionen und der Traditionen civilisirter Länder. Juarez, der sich seines Rechtes nie begeben hatte, mußte jedes Anerbieten von Aussöhnung zurückweisen, und der Ostracismus gegen die als außer dem Gesetz stehend erklärten Republicaner brachte eine große Erbitterung in den Vereinigten Staaten hervor und erregte dort gewaltigen Zorn gegen einen Fürsten und eine Fürstin, die den Edelmuth auf das Aeußerste trieben; denn oftmals hatte die kaiserliche Familie durch ihre Weichherzigkeit den Gang der Justiz unserer Kriegsgerichte gehemmt.

Das ist die Geschichte dieses schicksalschweren Tages, der kein Flecken für das edle Opfer von Queretaro bleiben darf.

Es gab im Beginn des Kaiserthums eine Zeit, in welcher ein Theil der Bevölkerung, sowohl im Ueberdruß der Unordnung als aus Sympathie für die neuen Souveraine, im Ernst es mit der Monarchie versuchen wollte. Diese kostbare Zeit war vergangen, ohne daß die Krone, aus Mangel an Entschlossenheit, aus ihr Vortheil zu ziehen verstanden hatte, und das folgende Schreiben der Kaiserin Charlotte, einer höchst geistvollen und hochherzigen Fürstin, die großen Antheil an der Leitung der militärischen und politischen Angelegenheiten nahm, zeigt deutlich, wie wenig Werth sie auf das indianische Element legte, sowie daß die Krone entschlossen war, die mexicanische Staatscasse nicht erschöpfen zu lassen, weil sie sich überzeugt hielt, die französischen Finanzen würden für Alles stehen. Dieses Schreiben beweist ferner, daß die den französischen Officieren feindlichen Palastintriguen gleich im Beginne der Monarchie thätig waren.

Mexico, 16. September 1864.

Herr General,

Man fragt mich nach meiner Meinung bezüglich jenes Briefes; da es sich aber um Generale handelt, möchte ich vor Allem die Ihrige kennen. Ich für meinen Theil glaube, daß es eine Intrigue ist, welche das Gegentheil von dem beweist, was man darthun will.

Haben Sie die Güte, mich zu benachrichtigen und mir nach der Lecture das Papier zurückzusenden, denn Valesquez wünscht morgen eine Antwort von mir zu haben.

Er wird auch zu Ihnen kommen, um Verschiedenes mit Ihnen zu besprechen, was wir gestern im Conseil behandelt haben. Das Wichtigste ist die Pacification der Sierra. Der Präfect von Talanzingo hat einen nicht schlechten Gedanken darüber. Wenn wir einige Detachements als stehende Posten, andere zu dem Zweck abschickten, kleinere Expeditionen zu unternehmen, würden, scheint mir, gute Erfolge erreicht werden. Nur würde ich Sie bitten, in diesem Falle mir Anzeige zu machen, damit die Civilbehörden Maßregeln in Uebereinstimmung mit Ihnen treffen und das Unternehmen geeignet unterstützen können.

Wenn es anginge, gewisse Bewegungen, die man ja so geheim als möglich zu halten hätte, vorher zu erfahren, so würden sie, glaube ich, mehr Frucht bringen und man könnte dem Durchzuge der Truppen irgend eine Organisation folgen lassen.

Was die Indianer betrifft, die sich gegen die Plateados vertheidigen wollten, werden Sie mir mittheilen, ob Sie glauben, daß man ihnen Waffen geben müsse. Dies fängt an, zu häufig zu werden; Geld wird nach dem Beschluß der Regierung an Niemand gegeben werden.

Charlotte.

Hoffentlich wissen Sie alle die Armee betreffenden Arrangements für den 16., auch daß nach meiner Rückkehr in den Palast und vor dem Empfange der Behörden ein Defiliren erfolgt. Sie haben mir Sonntag nichts gemeldet.

Die Reorganisation der mexicanischen Armee, welche das französische Commando so eifrig betrieben hatte, wurde innerhalb zweier Monate durch die Regierung selbst von Neuem gefährdet. Die politische und Departemental=Direction zeigte sich jämmerlich. Durch die Langsamkeit der Minister, die sich bis auf die Personalfragen und die Beförderung von Befehlen erstreckte, verfielen die bestgesinnten Städte wiederum in Apathie. Man wußte nicht, wo man die Männer finden sollte, die Vertrauen zu erregen verstanden. Es fehlte an aller Anregung und der Patriotismus war nicht wieder erwacht. Niemand dachte daran, unter den Imperialisten das Interesse für den Staat zu betreiben, obgleich die kaiserliche Familie mit dem Beispiel persönlicher Entsagung voranging. Ueberall, wo die Franzosen etwas zahlreich erschienen, trafen sie auf gegen sie eingenommene Behörden oder solche, die keine Instructionen hatten. Mit einem Wort, alles lag unsern Officieren ob, die, im Interesse des Landes, allmälig für alle Eventualitäten sorgen mußten. Es war ihnen widerwärtig, die Beamten in schmachvoller Sorglosigkeit träumen und diejenigen ihrer Landsleute herabsetzen und entmuthigen zu sehen, welche sich dem Kaiserthum anschlossen, und so beschäftigten sie sich schließlich mit den geringsten Diensten in den Orten, in welche sie ihre Militärdienstpflicht führte, denn sie fürchteten, Alles von der Insurrectionsflut, die an der americanischen Grenze ihre Quelle hatte und sich bereits von Norden nach Süden zu wälzte, fortgerissen zu sehen.

Man darf Maximilian nicht für Alles verantwortlich machen, was die Monarchie untergrub; es fehlte ihm bereits das Geld, der Nerv des Krieges. Trug nicht die französische Regierung die eigentliche Schuld, da sie mit ungeheuern, von der öffentlichen Meinung mißbilligten Opfern in Mexico eine starke Dynastie begründen wollte und ihrem Verbündeten doch nur 40 Millionen aus zwei starken Anleihen übergeben hatte, durch die sie sich 500 Millionen, welche durch angelockte und getäuschte Unvorsichtige dargeliehen worden waren, verschafft hatte? Hieß das nicht, ein todtgeborenes Reich in die Welt setzen? Unser Minister der auswärtigen Angelegenheiten war durch die militärischen Rapporte aus dem Hauptquartier so gut unterrichtet, daß er sich keinen Illusionen über die wirkliche Lage Mexicos hingeben durfte. Dennoch ließ das Cabinet der Tuilerien, durch eine inconsequente Politik, gleich vom Anfange an seine Schöpfung zusammenbrechen, weil ihr die durchaus nöthigen Hilfsmittel versagt wurden. Zu Ende des Jahres 1865 war die mexicanische Staatscasse bereits ziemlich erschöpft, und die schlechte Finanzverwaltung steigerte das Deficit, das nur durch die strengste Controle jemals hätte gedeckt werden können; denn die Einnahmen, wenn sie auch regelmäßig erhoben worden wären, übersteigen 90 Millionen Francs nicht, während die Ausgaben, ungerechnet die Amortisationen, mindestens 150 Millionen verschlangen. Niemals noch hatte sich der Geldbedarf so bringend gezeigt.

Einige Positionen an der Küste der Südsee waren nicht mehr haltbar. Das Clima von Acapulco z. B. hatte eine so mörderische Einwirkung auf die französischen Truppen, welche jenen Hafenplatz vertheidigten, ausgeübt, daß der Commandant Assas die Formation eines Bataillons aus den an jenen heißen Himmel gewöhnten Eingebornen von Tehuantepec hatte beantragen müssen. Weiterhin verlangte Parras mit gutem Recht Verstärkungen, denn diese industrielle Stadt hatte ein so seltenes Beispiel von Energie und Opfern gegeben, daß das Reich gerettet worden wäre, wenn das Beispiel Nachahmung gefunden hätte. Die Bewohner jener Stadt hatten sich, und zwar auf Antrieb eines energischen Präfecten selbst eine Abgabe von 18,000 Piastern auferlegt, um eine Truppe von 400 Mann auszuheben. Um diese Zeit waren nun ihre Mittel erschöpft, ihre Soldaten entliefen und ließen sie den Repressalien der Liberalen preisgegeben. Der schlecht unterrichtete Kriegsminister bestritt die Aechtheit dieser beunruhigenden Nachricht, die zur Kenntniß des Kaisers gebracht worden war; man mußte aber daran glauben, als Angst- und Nothrufe von dorther nach Mexico drangen.

Der Marschall, welcher die Nothwendigkeit erkannte, diese Südseestädte, die in strategischer und financieller Hinsicht wichtig waren, zu schützen, befahl unserer Marine, deren Hingebung auf eine harte Probe in jenen Gewässern gestellt wurde, Manzanillo der Art zu versorgen, daß unsere Kriegsschiffe ihre Fahrten an der Küste von Manzanillo nach Acapulco benutzten, um der Garnison Lebensmittel, Fleisch und Arzneien zu bringen. Was Parras betrifft, dessen Einwohnern Erleichterung zu schaffen war, so ließ das Hauptquartier dort eine Freicompagnie bilden und gab seine Zustimmung, daß der Sold derselben vorschußweise durch Frankreich bestritten werde. Kurz es wurde keine Gelegenheit versäumt, energischen Bevölkerungen beizustehen, aber es gab eine Grenze, über welche unser Militärcommando nicht hinausgehen durfte, denn es mußte, neben den Wünschen der kaiserlichen Familie, auch für die Sicherheit der eigenen Truppen sorgen und darauf bedacht sein, seine Pflicht nicht zu verletzen. Der zweite Artikel des Vertrags von Miramare, den Maximilian in voller Sachkenntniß unterzeichnet hatte, bestimmte, „daß mit der Besitzergreifung des Thrones unser Expeditionscorps in dem Maße verringert würde, in dem die mexicanischen Truppen sich organisirten."

Im Widerspruch mit dieser zweifachen Clausel war die französische Armee, trotz der Rückkehr der Brigade des Generals Lheriller nach Frankreich, über 28,000 Mann stark geblieben. Auch war jene Brigade, die nur etwa 4000 Combattanten zählte, durch die 8000 Bajonette starke österreichische Legion ersetzt worden. Die Truppen waren also verstärkt, statt verringert worden. Der Marschall konnte indeß mit einer Truppenzahl, die in doppelter Stärke in Longchamps Platz gehabt haben würde, zweckentsprechend ein Gebiet von etwa 1800 französischen Meilen nicht besetzen und kleine französische Detachements allen Leiden und Entbehrungen preisgeben. Gleichwohl wünschte dies Maximilian, dessen Neigung zu Vereinzelungen der Truppen immer hervortrat. Ihr nachzugeben, hieß die Verantwortlichkeit des Befehlshabers, im Falle einer Schlappe, vergessen.

Die Stadt la Paz in Unter-Californien liegt etwa 550 Meilen von Mexico, und die Communication mit diesem entfernten Punkte unterlag sehr großen Schwierigkeiten. Trotzdem wurde sie von der Armee im Jahre 1865 besucht, die sich erst zurückzog, nachdem sie sich an der politischen und militärischen Organisation des Landes betheiligt hatte. Die Stadt erklärte sich, nach dem Abzug unserer Truppen, von Neuem für die Juaristen, und Maximilian schrieb, als er dies erfuhr, an den Oberbefehlshaber:

Mexico, 17. December 1865.

Herr Marschall,

Ich erfuhr soeben, daß in La Paz eine Contrerevolution ausgebrochen ist, und daß die kaiserliche Behörde sich zurückziehen mußte. Die Empörung wurde durch etwa hundert Mann bewirkt.

Obgleich Unter-Californien von keiner großen politischen Wichtigkeit ist, wird diese Contrerevolution doch auf die öffentliche Meinung in den Vereinigten Staaten und in Europa einen unangenehmen Eindruck machen und den Glauben erwecken, wir gäben nicht allein dem Lande den Frieden nicht, sondern wir verlören obendrein Boden.

Ich wünsche also, daß Sie mir mittheilen, ob es nicht möglich ist, nach La Paz eine französische Compagnie zu schicken, deren Anwesenheit hinreichen würde, die Ordnung wieder herzustellen und die Provinz dem Reiche zu erhalten.

Ihr wohlgeneigter
Maximilian.

Konnte man wirklich eine einzelne Compagnie in einer solchen Entfernung von dem Mittelpunkt der Action lassen, da die Franzosen an der Südsee bereits Acapulco, Guaymas, Mazatlan und an dem Golfe Matamoros, Tampico, Veracruz, Alvarado, Sisal und Campeche, jene gefährlichen und ungesunden Posten, inne hatten, wo sich nicht einmal mexicanische Truppen befanden? Man muß auch erwägen, daß, wenn die Geldmittel in beunruhigender Weise abzunehmen anfingen, der mexicanische Kriegsminister keineswegs als Entschuldigung für den Ausbruch insurrectioneller Bewegungen den Mangel an Soldaten anführen konnte, die den Dissidenten entgegengestellt werden konnten; denn er hatte die Truppen ruhen lassen oder sie nicht wirksam zu verwenden gewußt, während überall die Ruhe herrschte, wo die französischen Bajonnette blitzten. Ein Blick auf das officiell bestätigte wahre Verzeichniß der Truppen, über welche das Kaiserthum in jener bereits kritischen Zeit verfügte, wird beweisen, daß sie hinreichend waren.

Am 31. December 1865 zählte die mexicanische Armee, abgesehen von der bedeutenden und wohl versehenen Artillerie, an theils permanenten, theils mobilen und muni=

ruppen: 35,650 Mann Infanterie, Cavallerie ꝛc. /3 Pferden; an fremden Truppen 1324 Belgier, sterreicher mit 1409 Pferden, also zusammen 43,520 Mann mit 12,482 Pferden.

Eine so bedeutende Armee war, unterstützt von den Franzosen, wohl im Stande, unter energischer und tüchtiger Leitung, den Sieg des Kaiserthums zu sichern, aber, wie der französische Staatsminister sich ausdrückte, Gott wollte es nicht. Die Gewalt sollte, diesmal wenigstens, einer großen Idee, dem Abscheu vor der Invasion, unterliegen.

VI.

Wir gelangen nun zu der Zeit der Unfälle, welche rasch hinter einander das mexicanische Kaiserthum betroffen haben. Die Fehler, welche dieselben vorbereiteten, hat man bereits deutlich erkennen können. Die weitere Erzählung wird, Schritt für Schritt den einzelnen Phasen einer langen Agonie des Reiches folgend, durch den Bericht von plötzlichen Ereignissen, von mit Füßen getretenen Verpflichtungen und von unerwarteten Umwandlungen überraschen, zu Folge welcher die Politik der beiden Höfe, des mexicanischen und des französischen, die bald mit einander unzufrieden waren, an den Drohungen der anmaßenden Vereinigten Staaten zerschellen sollte.

Das Jahr 1866 begann unter traurigen Anzeichen. Von dem ersten Tage des Januars an zeigten sich auf allen Seiten, selbst im Herzen des Reiches, Beispiele von Abfällen. Der Sturm der Rebellion war über alle Hochebenen gegangen. Guerillabanden verwüsteten Tamaulipas, Nuevo=

Leon und Zacatecas, die an die Union grenzenden Staaten. Vor den Thoren der Hauptstadt stand Pachuca auf und Michoacan erhob die Fahne des Aufruhrs. „Es lebe die Intervention des Nordens!" hieß das Feldgeschrei der Insurgenten, welche die Unterstützung der großen Republik anriefen, um die Verbündeten in das Meer zu treiben; die „Verbündeten" nannte man die Oesterreicher, die Belgier, wie die Franzosen. Diese Fremden, welche von den Republikanern gehaßt wurden, hatten überdies Zwietracht um den Thron her gesäet. Es hatten sich ernste Zwistigkeiten zwischen den Fremden und den mexicanischen Officieren erhoben, welche den Erstern nicht gehorchen wollten. Im 6. Artikel des Vertrags von Miramare war bestimmt, „daß bei aus französischen und mexicanischen Truppen combinirten Expeditionen das Obercommando dieser Truppen dem französischen Commando zustehe". Die Belgier und Oesterreicher aber waren nur als Truppen im Solde der mexicanischen Staatscasse berufen und deshalb den Militäreinrichtungen des Landes unterworfen, welchem sie dienen sollten; in dieser Weise hatten sie den Charakter eigner Nationalität verloren. Bei Truppencombinationen hatten also die mexicanischen Officiere nur von Oesterreichern und Belgiern, die einen höheren Grad als sie selbst besaßen, Befehl anzunehmen. Auf der andern Seite klagten die Belgier, sie seien getäuscht worden, denn sie wären als bewaffnete Colonisten gekommen, die Ländereien bebauen und vertheidigen sollten, nicht als eigentliche Soldaten. Diese Unzufriedenheit hatte bereits zu Desertionen in ihren Reihen geführt. Diese Nordländer, welche militärische Eigenschaften sie auch haben mochten, waren jedenfalls für solche Climate nicht geeignet und ihre Operationen mußten von ihrem Charakter beeinflußt werden, der auf den Parteigängerkrieg nicht vorbereitet war. Ueberdies ist die Verwendung von Miethssoldaten stets gefährlich und unpolitisch. Folgende Bemerkung der Kaiserin Charlotte bezeichnet die Lage sehr richtig: „die Oesterreicher und Belgier sind für ruhige Zeiten sehr gut, in stürmischen taugen nur die Rothhosen." Die unglückliche Fürstin sprach damit eine gerechte Anerkennung für das französische Blut aus, dem sie selbst durch die Familie Orleans entstammte.

Fügen wir hinzu, daß Maximilian zahlreiche Beschwerden von seinen Generalen empfing, die behaupteten, es fehle ihren Leuten an Pferden und Waffen. Mejia wiederum meldete, er vermöge seine Soldaten, die keinen Sold empfängen, mit Mühe ihrer Pflicht zu erhalten. Der Kriegsminister hatte dem Kaiser, der sehr unzufrieden war, berichtet, er habe das französische Hauptquartier ersucht, durch eines seiner Bataillone die Conducta von Monterey escortiren zu lassen, welche den Sold der Division Mejia nach Matamoros bringen sollte, der Marschall aber nicht für seine Pflicht gehalten, diese Unterstützung zu gewähren. Diese Anschuldigung des französischen Commandos, das doch aus allen Kräften den Dienst begünstigte, erregte wirkliche Ueberraschung, und Maximilian konnte sich durch den ihm vorgelegten Briefwechsel überzeugen, daß von der Escorte einer Geldsendung für die Mexicaner nie die Rede gewesen war, sondern nur von einem Handelsconvoi, dessen Absendung durch die militärischen Erfordernisse sich verzögert hatte. Uebrigens gewährten Schiffe des Geschwaders, die fortwährend aus dem Hafen von Veracruz nach dem von Matamoros segelten, Transportgelegenheit in weniger als 60 Stunden, während der Landtransport Wochen und das nutzlos gefährliche Aufbieten von Truppen erforderte, da die Straßen von Queretaro, San Luis und Monterey, die nach

Tamaulipas führten, durch Guerillas unter Cortina und
Carbajal, sowie von amerikanischen Schaaren unsicher ge=
macht wurden.

Da wo die französischen Regimenter die Nordgrenze deck=
ten, wagten sich die Amerikaner noch nicht recht auf das
mexicanische Gebiet, aber die Lage war sehr gespannt und
eine agressive Demonstration durch unsere Bataillone an dem
Rio=Grande und Rio=Bravo hätte einen unmittelbaren Con=
flict mit den Vereinigten Staaten herbeiführen können, der
nach der Instruction unserer Regierung streng zu vermeiden
war. Auch hätte die Zerstreutheit des Expeditionscorps da=
mals eine solche excentrische Bewegung gar nicht gestattet.
Vor allen Dingen war die Insurrection in den Departe=
ments nahe an der Hauptstadt des Landes zu unterdrücken,
und das Hauptquartier mußte rasch neue Verstärkungen ab=
schicken, um Michoacan zu beruhigen.

Diese traurigen Ereignisse hatten den Schleier zerrissen,
durch den die Minister dem Kaiser die Wahrheit trotz der
Warnungen des Marschalls verhüllten.

Einige Tage vorher hatte der Oberbefehlshaber sich ge=
nöthigt gesehen, die Aufmerksamkeit Maximilian's auf die
zahlreichen Pronunciamientos der Soldaten zu lenken, welche
schon die Existenz der Armee bedrohten. „Das sind That=
sachen, welche Ew. Maj. sich erklären wird", sagte er in
Hinblick auf die Desertionen und Abfälle, „weil Ihnen nicht
unbekannt ist, daß viele Behörden die Regierung verrathen
haben und die Dorfgarden so eingerichtet sind, als habe man sie
hauptsächlich zu dem Zwecke geschaffen, den Dissidenten neue
Quellen zu eröffnen.

„Vor allen Dingen müssen die ungetreuen Diener
entfernt und die Truppen bezahlt werden, ehe man

an die Ausgaben im Civildienst denkt, die warten können."

Die Verschönerungen Mexicos wie die kaiserliche Residenz Chapultepec nahmen bedeutende Summen hinweg, die nach der Finanzlage des Landes nöthigere Verwendung erforderten.

Maximilian erschrak, als ihm aus dem Hauptquartier beunruhigende Meldungen zugingen. Er hatte das erste Wanken seines Thrones gefühlt und am 6. Jan. 1866 schrieb er nachstehende Zeilen, die den Zustand seines Gemüths und seine beginnende Besorgniß verrathen: „Ich weiß, daß ich eine außerordentlich schwierige Aufgabe übernommen habe, aber ich besitze den Muth, die Last zu tragen und ich werde aushalten." Welcher Abstand von der Ruhe des Briefes, den er fünf Wochen früher an den Marschall gerichtet hatte!

Mexico, 2. Dec. 1865.

Mein lieber Marschall,

Der Augenblick ist gekommen zu regieren und zu handeln. Ich habe auf Ihre Mitwirkung gerechnet, um Notizen über die Präfecten, die kaiserlichen Commissare und die mexicanischen Generale zu erhalten.

Maximilian.

Eine achtzehnmonatliche Regierung war also ganz vergeblich gewesen! In diesem Augenblick erst fühlte man die Nothwendigkeit zu handeln? Die Briefe des Kaisers enthalten zahlreiche Beispiele solch seltsamer Widersprüche. Während Maximilian die Departements sich erheben sah und an mehreren Punkten des Reichs, nach großen Unfällen, das Bedürfniß nach Truppen sich fühlbar machte, dachte er an eine neue Expedition in die Ferne, wie sein dahin lautender

Befehl beweist, und entblößte die Provinz Oajaca, in welcher Porfirio Diaz den Bürgerkrieg neu entzünden wollte, von Truppen.

... Es ist nicht zu vergessen, daß Franco 2200 Mann guter Truppen organisirt hat und daß man, werden sie unter die Befehle des Generals Thun gestellt, von ihnen wohl verlangen kann, einen großen Theil zu der künftigen Expedition nach Tabasco und Tlapacoyan beizutragen, denn in dem Staate Oajaca braucht keine so große Truppenzahl unterhalten zu werden.

Maximilian.

Dem Kaiser gefiel der Gedanke, eine neue Provinz zu erobern, während die andern von seiner Krone sich loszulösen strebten. Yucatan, ein ungesundes Land und die Zuflucht rebellischer Stämme, war fast nie der frühern Präsidentenautorität unterworfen gewesen.

Wenn Maximilian aus der achtzehnmonatlichen Erfahrung eine Lehre gezogen, hätte er einsehen müssen, daß er den Haufen gelockerter großer Provinzen, die aus Mangel an Verbindungsstraßen einander fast unbekannt waren, nie werde unter dem Kaiserscepter vereinigen können. Die Geschichte sagte ihm ja auch, daß die weit abgelegenen, durch Wüsten von der Hauptstadt getrennten Staaten nur für die vom Auslande bedrohte gemeinsame Unabhängigkeit Opfer gebracht hatten, ohne für Mexico oder Juarez sich zu interessiren, von denen sie wenig Begünstigung und Hülfe zu erwarten hatten. Jede Hauptstadt eines Staats hatte ihre eigene Verwaltung und ihre besondern Interessen. Mexico war seit dem Unabhängigkeitskriege, abgesehen von der Regierung des ersten Kaisers, Iturbide, der 1823 erschossen worden, eher ein Staatenbund als eine Republik gewesen. Wenn die militärischen Bemühungen der Krone nichts bewirkt hatten, als die Trup=

pen regelmäßig bezahlt wurden und die Vereinigten Staaten durch den Bürgerkrieg zerrissen waren, was konnte man von der Zukunft nun erwarten, da die Staatskasse, welche für die Vertheidigung eines Gebiets von 1800 Meilen sorgen mußte, erschöpft war, und die siegreichen Yankees ihre feindseligen Gesinnungen nicht mehr verheimlichten? Es blieben der wankenden Monarchie nur zwei Rettungswege. Entweder man gab es auf, über ein imaginäres Reich zu herrschen und concentrirte alle Lebenskörper in den reichsten und dichtest bevölkerten Staaten des Innern, bewahrte sich die Verbindung mit den beiden Meeren zur Ein- und Ausfuhr und wartete dann auf bessere Zeiten, um sich weiter auszubreiten. Oder man griff zur Constitution von 1817 zurück und erklärte die siebzehn Staaten für frei und unabhängig unter der Aegide eines souveränen Chefs. Diese föderalistische Organisation allein konnte die argwöhnische Empfindlichkeit der amerikanischen Union beruhigen.

In den ersten Tagen des Februar 1866 war die Lage des Kaiserthums am kritischesten. Die Staatskassen waren völlig leer und die mexicanische Armee verlangte laut ihren Sold. Wenn die französischen Offiziere zwei Monate vor den Mauern Pueblas blieben, ohne Sold zu erhalten, auch die Soldaten bisweilen auf die Ankunft der Gelder warteten und es doch im Bivuak nicht minder heiter zuging, so erklärt sich dies durch die prächtige französische Administrations-Organisation, welche für die Bedürfnisse im Felde immer sorgte. Die mexicanischen Truppen dagegen verhungerten aus Mangel an Geld, wenn sie sich nicht in marodirende Banden auflösten. Der Oberbefehlshaber kannte die Elemente der mexicanischen Armee soweit, daß er wußte, nach der Plünderung werde Verrath oder Auflösung folgen, und er hielt es für seine Pflicht, für das

Dringendste zu sorgen. Er übernahm die Verantwortlichkeit, im Interesse des wankenden Kaiserthrones den französischen Generalzahlmeister zu einem Vorschusse von fünf Millionen zu ermächtigen, die zur Unterhaltung der kaiserlichen Truppen nöthig waren.

Wir haben unter vielen Andern den nachstehenden Brief des Kaisers als mittheilungswerth ausgewählt, weil er die Art der Beziehungen genau angibt, welche damals zwischen unserm Hauptquartier und dem mexicanischen Hofe, welcher das Unglück nun bereits kennen gelernt hatte, bestanden.

Palast in Mexico, 5. Februar 1866.

Mein lieber Marschall,

Ich habe eben von dem werthvollen Dienst gehört, den Sie meiner Regierung dadurch erwiesen, daß Sie derselben in einer schweren Finanzkrisis zu Hülfe kamen.

Genehmigen Sie meinen aufrichtigsten Dank für die rücksichtsvolle Freundlichkeit, mit welcher Sie bei dieser delicaten Sache zu Werke gingen und die den Werth dieses Dienstes für mich verdoppelt.

Ihr wohlgeneigter Maximilian.

Dieser Dienst *), welcher der mexicanischen Krone erwiesen worden war, mißfiel in Paris. Das Tuileriencabinet billigte nicht, was der Marschall Bazaine gethan; er erhielt die Weisung, der mexicanischen Staatscasse keinen Vorschuß mehr zu bewilligen. Der Fall des Kaiserthums war nicht mehr zweifelhaft; es lag bereits im Sterben.

VII.

Der Marschall hatte jedoch dem Angstrufe der mexicanischen Regierung nicht taub bleiben können, deren

---

*) Die Legislative hat diese Ausgabe sanctionirt.

letztes Gesuch ergreifend gewesen war. Der Conseilpräsident von Lacunza, einer der aufgeklärtesten und seinem Vaterlande aufrichtig ergebensten Bürger, hatte die Hilfe Frankreichs in einem Briefe in Anspruch genommen, den wir unmöglich übergehen können. Auch wird dieses Actenstück, das voller Enthüllungen über die Politik des französischen Cabinets ist, eine Zeit der schmerzlichsten Zustände des Kaiserthums bezeichnen, das wir geschaffen hatten und das dem Abgrunde zuging, welchen die Intervention gegraben.

An Se. Excellenz den Marschall Bazaine.

Mexico, 28. April 1866.

Sehr geehrter Herr Marschall,

Ich habe gestern die Ehre gehabt, Ihnen meinen Besuch zu machen und Sie wissen, daß der Hauptzweck desselben darin bestand, Ew. Excellenz die unabweisliche Nothwendigkeit vorzulegen, der mexicanischen Staatscasse fernerhin Vorschüsse, wie in den letzten Monaten, zu machen. Heute wiederhole ich Ew. Excellenz meine bringendsten Vorstellungen in dieser Sache, wiederhole Ihnen aber auch, in welchen Umständen wir uns befinden und welche Folgen wir zu erwarten haben, wenn wir nicht bald aus denselben herauskommen.

Da mir erst seit einigen Tagen die Verwaltung der Finanzen übertragen worden ist, kann ich die Dinge nennen, wie sie sind, weil ich keine Verantwortlichkeit dafür trage. Auch sind dieselben nichts Neues für Ew. Excellenz, denn Sie kennen dieselben genau und die offene Darlegung derselben wird Sie zu dem Ausrufe veranlassen: „der Mann sagt die Wahrheit."

Die militärische Lage in finanzieller Beziehung ist Ew. Excellenz genau bekannt. Im Norden erhält sich die Division Mejia nothdürftig durch Benutzung der schwachen Hilfsmittel der Oertlichkeit, wo sie sich befindet, indem sie fast Zwangsanleihen macht und überdies von Vera-Cruz ansehnliche Summen bezieht. Den Truppen, welche Quiroga ebenfalls im Norden commandirt, fehlt es in der That an Lebensmitteln und der Commandant sieht sich genöthigt, nicht allein die Steuern auf ein ganzes Jahr im Voraus zu erheben, sondern noch Anleihen zu machen und die dort wohnenden Bürger in die Nothwendigkeit zu versetzen, auszuwandern, um nicht Opfer der Bedrückungen zu werden.

Im Süden können die Truppen Franco's Oajaca nicht verlassen, um den sie bedrohenden Feinden entgegen zu gehen, weil der tägliche Sold der Soldaten nicht gesichert ist und weil es an Futter für die Pferde fehlte.

Im Centrum des Reiches hat aus ähnlichen Gründen Florentin Lopez *) viele Tage verloren, ehe er aus San Luis rücken konnte.

Die österreichisch-belgischen Truppen haben fast eine halbe Million Piaster Schulden und ehe Ew. Excellenz sie aus der französischen Casse bezahlen läßt, werden sie den letzten Centime ausgegeben und alle ihre Mundvorräthe verbraucht haben.

Ich brauche die traurige Schilderung unserer Noth vom militärischen Gesichtspunkte aus nicht weiter fortzusetzen; Ew. Excellenz kennen dieselbe und Ihnen sogar, als Sie verlangten, daß man gewissen Corps der mexicanischen Truppen Geld sende, mußte man antworten, man habe keines.

Wie steht es in der Hauptstaatscasse Mexicos? Es befinden sich darin verschiedene auf sie gezogene Tratten, die sich auf etwa 300,000 Piaster belaufen, nicht bezahlt worden sind und auch keine Aussicht haben, bezahlt zu werden, ferner bringende Forderungen, die man nicht befriedigen kann, abgesehen davon, daß man den Truppen in der Hauptstadt fast zwei Monate keinen Sold bezahlt hat.

Nach den Instructionen, die Sie erhalten haben, sollen Sie Mexico keine Vorschüsse mehr zahlen; aber diese Instructionen stehen im directen Widerspruch mit den freundschaftlichen Absichten und selbst mit der Politik des Kaisers.

Ist diese Lage zu ändern? Ganz gewiß, und das sage nicht

---

*) Lopez starb in Matehuala.

ich allein, das hat selbst Herr Langlais gesagt, der das ganze Vertrauen Frankreichs besaß und dasselbe sicherlich auch verdient.

Wodurch ist eine Aenderung herbeizuführen? Durch ein neues Finanzsystem, durch welches die Ausgaben verringert, die Einnahmen aber vermehrt werden. Das System ist im Entwurf festgestellt, fast ausgearbeitet und zum Theil ausgeführt.

Alle Ausgaben sind auf das niedrigste Maß herabgesetzt, voran die Civilliste des Kaisers. Se. Maj. begnügt sich mit einem Drittel der Civilliste, welche vor fast einem halben Jahrhunderte dem Kaiser Iturbide ausgesetzt war. Man arbeitet, wie Ew. Excellenz bekannt, an der neuen Anordnung der Staatseinnahmen, von welcher man eine große Steigerung derselben erwartet und bereitet neue Abgaben vor, von denen ein Theil bereits erhoben wird, z. B. in den Seezöllen.

Freilich kann der Mensch den Gang der Zeit weder aufhalten noch beschleunigen und das eben ist das Element jedes Fortschrittes und jeder Besserung. Die neuen Pläne, die, wie ich hoffe, unsere Erwartungen nicht täuschen werden, müssen eine gewisse Zeit durchgeführt sein, wenn sie ihre Wirksamkeit äußern sollen.

In der Uebergangsperiode muß man auf etwas rechnen können, und da man noch keine neuen Hilfsquellen haben kann, muß Frankreich uns mit denselben nothwendig zur Hand gehen. Diese Wahrheit erkannte Herr Langlais an und handelte darnach.

Nach seinem viel beklagten Tode wurden die materiellen Unterstützungen einen Augenblick unterbrochen und die Regierung mußte sich Vorschriften von den Capitalisten machen lassen, an die sie sich wendete. Ew. Excellenz ist bekannt, was geschah: die nach allen Seiten verderblichen Geschäfte, wie man sie unter dem Drucke der Noth machen mußte, gaben der Regierung Mittel, welche acht Tage ausdauerten, sie aber auf eine weit längere Zeit discreditirten, weil sie sich genöthigt sah, zur Auszahlung einen Theil der Gelder zu verwenden, durch die man die im Auslande gemachten Anleihen bezahlen sollte.

Das ist die Folge davon, daß die französische Unterstützung vor der bestimmten Zeit zurückgezogen wurde.

Noch einige Worte über diese Folgen. Der Umstand, daß ein großer Theil der Mexicaner die französische Intervention wie das Kaiserthum angenommen hat und dasselbe gut unterstützt, trotz der republicanischen Principien, in denen er aufgezogen ist, giebt, wie Ew. Excellenz zugestehen werden, ein mächtiges Argument; denn an die Idee der Intervention und des Kaiserthums knüpft sich die der Ehrlichkeit, der Ordnung, der Treue der Regierung und folglich auch die der Unabhängigkeit der romanischen Race in der Neuen Welt. So wenigstens wurde der große Gedanke des Kaisers Napoleon hier verstanden.

Bis zum heutigen Tage haben das Kaiserthum und die Intervention eine befriedigende Rolle gespielt. Der Mangel an Ordnung in dem Finanzdepartement (mit dem wir uns für den Augenblick beschäftigen) war verschwunden, die Zahlungen erfolgten pünktlich, die Einkünfte waren nicht mehr den Wucher-Speculationen ausgesetzt und die Anleihen in Europa hatten eine regelrechte Form. Wenn nach Erschöpfung der durch diese Anleihen gelieferten Hilfsmittel der Kaiser die Ausgaben nicht mehr zahlen kann, und der Weg der früheren Unordnung von Neuem betreten werden muß, so wird alles Gute, welches das neue System geschaffen hat, werden alle darauf gebauten Hoffnungen problematisch. Das Resultat wird schließlich erreicht werden, aber die Opfer und die neuen Ausgaben, die es erfordert, werden sich so verlängern und vermehren, wie es Niemand jetzt vorhersehen kann.

Es stehen Ew. Excellenz nun zwei Wege offen: entweder Sie legen dem französischen Staatsschatz eine leichte Belastung auf, um ein von dem Kaiser Napoleon an sich großartig angelegtes und nützliches Werk zu Ende zu führen, oder Sie unterlassen es, und nöthigen den genannten Staatsschatz zu weit größeren Ausgaben und Opfern.

Aufgegeben kann das begonnene Unternehmen nicht werden. Werden Ew. Excellenz dasselbe mit wenigen Kosten durchführen? Oder wollen Sie Ihrer Regierung die Aufgabe überlassen, es mit unermeßlichen Opfern zu Ende zu führen?

Das ist die Lage, Herr Marschall, die Ew. Excellenz vorlegt Ihr aufrichtiger und wohlgeneigter Freund

J. M. A. v. Lacunza.

Zwei Tage nach der Ueberreichung dieses Actenstückes, welches die Angst Maximilians verrieth, fand Ministerrath im kaiserlichen Palaste statt. Der Oberbefehlshaber, Herr Dano, und Herr von Maintenant, der von Frankreich nach Mexico gesandte Finanzinspector, waren dazu berufen worden. Den Kaiser umgaben alle Minister der Krone; es war ein höchst trauriger Auftritt. Herr Lacunza verlangte laut eine monatliche Anleihe von einer Million von der französischen Staatscasse. Die Vertreter der französischen Regierung erklärten sich dagegen, wie es die ihnen gesandten bestimmten Instructionen vorschrieben. Da nahm der Kaiser an der Discussion Theil und sagte:

„Die Frage läßt sich, abgesehen von allen Details, in wenige Worte zusammenfassen: Bankerott der Staatscasse oder Hoffnung sie zu retten. Wenn die Personen, welche Frankreich in dieser Versammlung vertreten, die Verantwortlichkeit für die Ausgabe einiger Millionen nicht übernehmen wollen, so werden sie sich für den Bankerott verantwortlich machen, der sicherlich nicht in den Wünschen des Kaisers Napoleon liegt, welcher sich stets als Freund Mexicos gezeigt hat."

Der Marschall bewilligte die Hälfte des von Maximilian geforderten Darlehens und man weiß, wie dieser sein Schritt in Paris aufgenommen wurde. Warum kamen vor oder nach den Briefen des Kaisers Napoleon an Maximilian, welche stets directe Verheißungen wirksamer Unterstützung enthielten, immer Befehle seiner Minister, welche den französischen Agenten Geldvorschüsse untersagten? Warum billigte man das Verfahren des Marschalls nicht? Diese letzte Handlung der französischen Politik, welche öffentlich das Ende der Periode unserer finanziellen Opfer bezeichnete, machte in Mexico, wie in beiden Erdtheilen großes Aufsehen; denn die Verweigerung von Subsidien war nur der Anfang des Abzugs unseres Expeditionscorps. Die Regierung Napoleon's III. begann die Früchte ihrer abenteuerlichen Politik zu ernten. Die Demüthigung unserer Nationaleitelkeit durch den Sturz des mexicanischen Thrones war von nun an das Ziel des Cabinets von Washington. Das Weiße Haus hatte nicht vergessen können, daß Frankreich früher die Rebellen des Südens als kriegführende Macht anerkannt hatte, jene Rebellen, welche die republikanische Regierungsform in Mexico beseitigen und eine Militärdictatur einführen wollten, deren künftiges Oberhaupt, ein berühmter General der Conföderirten, bereits Unterhandlungen in Mexico selbst angeknüpft hatte.

Nun da die Yankees über den Süden triumphirten, sollten Frankreich sowohl als Maximilian empfindlich büßen für die unkluge Intervention in der benachbarten Republik, und man muß zugeben, daß der hartnäckige amerikanische Staatssecretär Seward die Zeit sehr günstig gewählt hatte. Die öffentliche Meinung Frankreichs, die eine Zeit lang durch die von den Ministern erlassenenen pomphaften Erklärungen, welche Unterzeichner für die beiden mexicanischen Anleihen anlocken sollten*), irregeleitet worden war, hatte endlich

---

*) Es ist nicht ohne Interesse, hier mitzutheilen, daß an diesen Anleihen, obgleich sie in Mexico warm empfohlen wurden, keine Fa-

über die wirkliche militärische und politische Lage des neuen Kaiserthums Aufklärung empfangen. Wenn jede transatlantische Post die Nachricht von Siegen unserer Waffen nach St. Nazaire brachte, so wußte man auch durch Privatbriefe, daß die von den Vereinigten Staaten und die nahenden Verwickelungen in Europa begünstigten Juaristen sich durch erlittene Niederlagen nicht beugen ließen und ohne große Mühe die Gebietstheile wieder eroberten, welche allein dem Schutze der Kaiserlichen anvertraut waren.

Auf der andern Seite bereute unsere Regierung, welche durch die Möglichkeiten des deutschen Conflicts beunruhigt war, sich der Mitwirkung von 30,000 Mann kriegsgewohnter Truppen, die jenseits des Meeres beschäftigt waren, beraubt zu haben, zumal dieses Armeecorps nach den ursprünglichen Bestimmungen auf unbestimmte Zeit in Mexico verbleiben sollte. Auch sah sie sich im Innern durch die Kundgebungen von der Tribüne herab und in der Presse belästigt, welche die Beendigung eines unfruchtbaren Unternehmens dringend verlangten. Damals ließen die Vereinigten Staaten, durch Herrn Seward, dem Cabinet der Tuilerien gegenüber ihre gebieterische Stimme hören. Im Jahre 1864 hatte sich dieser Minister darauf beschränkt, dem Herrn Drouyn de Lhuys mitzutheilen, "daß die Stimme des amerikanischen Volkes einmüthig der Anerkennung einer Monarchie in Mexico sich widersetze". Jetzt war er kühner, erklärte sich direct gegen die französische Intervention und gab zu verstehen, daß die Verlängerung einer bewaffneten Occupation Gefahren bringen könne.

Am 6. December 1865 war in der That eine Note des

---

milie im Lande und kein Handelshaus sich betheiligen wollte, mit einem Worte, daß keine einzige Obligation selbst unter den Imperialisten untergebracht wurde. Die Mexicaner waren besser berathen als die Franzosen.

Staatsdepartements von Washington dem französischen Gesandten, Marquis von Montholon übergeben worden, welche die politischen Ansichten der Vereinigten Staaten über das amerikanische Festland, namentlich über Mexico, auseinandersetzte. Diese reiflich bedachte Note wurde nach Paris gesandt und erregte Sensation. Am 9. Januar 1866 bereits sandte unser Minister der auswärtigen Angelegenheiten dem Gesandten eine Antwort auf die Mittheilung des Herrn Seward. Die französische Regierung zeigte darin an, „daß sie bereit sei, die Rückberufung der Truppen aus Mexico so viel als möglich zu beeilen". Sieben Tage darauf brachte das Packetboot den Herrn Baron Saillard mit vertraulichen Instructionen nach Mexico.

Der Präsident Johnson, mit diesem ersten Siege nicht zufrieden, befahl die Uebergabe einer zweiten bringenden diplomatischen Note vom 12. Februar an die französische Gesandtschaft. Sie nahm Act von der im Princip festgesetzten Rückberufung unserer Truppen, und verlangte die genaue Festsetzung eines Datums, um die Empfindlichkeit der Amerikaner zu beruhigen. Maximilian, der plötzlich aufgegeben war, hing, wie man sieht, von der Laune der Union ab, welche die französische Politik auf dem amerikanischen Festlande beherrschte. Dieses zweite diplomatische Actenstück, in welchem Seward auf fünfzehn Seiten alle die dilatorischen Argumente des französischen Ministers einer unerbittlichen Logik unterzog, ließ weiter berechneten oder unvorhergesehenen Verzögerungen keine Hinterthür offen und die Form sowohl wie der Inhalt der Note sind des Studiums, in Hinsicht auf die nachfolgenden Ereignisse, zu sehr werth, als daß wir hier nicht einige instructive Stellen mittheilen sollten. Das daraus hervorgehende Licht wird den ganzen Schauplatz hell beleuchten.

Note des Herrn Seward an den Marquis von Montholon, Gesandten Frankreichs.

Washington, 12. Februar 1866.

Ich habe die Ehre gehabt, am 6. December Ihnen, zur Information des Kaisers, eine Mittheilung über die mexicanischen Angelegenheiten, so weit dieselben durch die Anwesenheit bewaffneter Streitkräfte Frankreichs in jenem Lande betroffen werden, zu übersenden.

. . . .

Herr Drouyn de Lhuys versichert mir, die französische Regierung sei geneigt, die Abberufung ihrer Truppen aus Mexico so sehr als möglich zu beschleunigen. Wir begrüßen diese Anzeige als eventuelles Versprechen, durch welches unserer Regierung die Befürchtungen und Besorgnisse erspart werden, welche ich in der Mittheilung an Herrn Drouyn de Lhuys hervorhob.

. . . .

Ich muß indeß dabei beharren, daß, welche Absichten und Gründe Frankreich dazu auch gehabt haben mag, die von einer gewissen Classe von Mexicanern zum Sturz der republikanischen Regierung und Erhebung eines Kaiserthrones unter französischem Einfluß angewandten Mittel in den Augen der Vereinigten Staaten als ohne die Autorisation des mexicanischen Volkes ergriffen und gegen den Willen und die Meinung desselben in Ausführung gebracht, betrachtet werden müssen.

. . . .

Den Vereinigten Staaten ist kein genügender Beweis dafür bekannt, daß das Volk Mexicos seinen Willen ausgesprochen oder daß es das vorgebliche Kaiserthum, welches in seiner Hauptstadt errichtet worden sein soll, gegründet oder angenommen habe. Die Vereinigten Staaten sind, wie ich bei andern Gelegenheiten schon ausgesprochen, der Meinung, daß eine solche Zustimmung ohne Zwang weder erhalten, noch rechtmäßig zu irgend einer Zeit zur Geltung gebracht werden konnte, so lange die französische Invasionsarmee zugegen war. Der Abzug der französischen Truppen schien ihnen nothwendig zu sein, wenn Mexico eine solche Willensäußerung kundgeben sollte. Der Kaiser der Franzosen darf mit Recht den Gesichtspunkt festhalten, unter welchen er die Lage dieses Landes versetzt sehen muß. Der, unter welchem ich sie darlege, ist jener, welchen die Union gewählt hat. Die Union erkennt also in Mexico nur die sonstige Republik an und wird dieselbe fernerhin anerkennen, und sie kann in keinem Falle einwilligen, direct oder indirect in Verbindung mit dem Prinzen Maximilian in Mexico zu treten oder diesen Prinzen anzuerkennen.

. . . .

Wir sind so auf die Frage zurückgekommen, welche den Inhalt meiner Mittheilung vom 6. December vorigen Jahres bildete, wie zweckmäßig es nämlich sei, eine Frage zu erledigen, deren Verzögerung nothwendig die Eintracht und Freundschaft stören muß, welche bisher jeder Zeit zwischen den Vereinigten Staaten und Frankreich herrschte. Die Vereinigten Staaten unterbreiten Frankreich einfach die belästigende Lage in Mexico zur Erwägung, und drücken die Hoffnung aus, daß irgend ein Mittel ausfindig gemacht werde, welches, sowohl Frankreichs Interesse und seiner Würde als auch den Principien und den Interessen der Vereinigten Staaten entsprechend, jene nachtheilige Lage ohne Verzug zu beseitigen vermag.

Wir bleiben bei unserer Behauptung stehen, daß der Krieg, um den es sich handelt, ein politischer Krieg zwischen Frankreich und der Republik Mexico, nachtheilig und gefährlich für die Vereinigten Staaten und die Sache der Republik geworden ist, und nur unter diesem Gesichtspunkte und Charakter fordern wir das Aufhören.

Wir nehmen an, daß der Kaiser uns seine Absicht angezeigt habe, die Verwendung seiner Truppen in Mexico sofort einzustellen, sie nach Frankreich zurückzurufen und, ohne irgend eine Stipulation oder Bedingung von unserer Seite, treu an dem Princip der Nichtintervention festzuhalten, über das er nunmehr mit den Vereinigten Staaten einig ist.

. . . .

.n Erklärungen füge ich hinzu, daß Frankreich, nach der
des Präsidenten, die versprochene Abberufung sei=
ruppen aus Mexico keinen Augenblick verzögern

. . . .

In Hinsicht auf den Punkt allein, auf welchen sich unsere
Aufmerksamkeit stets gerichtet hat, nämlich die mexicanischen
Verwicklungen zu regeln, ohne unsere Beziehungen zu Frank=
reich zu stören, werden wir uns höchlich freuen, wenn der
Kaiser uns, entweder durch Ihren Correspondenten oder in
irgend einer andern Weise, definitiv die Zeit angibt, in
welcher die militärischen Operationen Frankreichs in Mexico
enden werden. W. R. Seward.

Diese rücksichtslose Sprache war wohl seltsam, aber die
unvermeidliche Folge unserer Interventionspolitik. Die Rol=
len waren von nun an vertauscht: die Union befahl. Früher
hatte Frankreich stolz durch den Mund des Herrn Drouyn
de Lhuys im April 1864 Herrn Dayton, den amerika=
nischen Gesandten in Paris gefragt: „Bringen Sie uns
den Frieden oder den Krieg?" Es war dies die Folge
der Resolution des Congresses, der sich einstimmig gegen die
Errichtung einer Monarchie in Mexico ausgesprochen hatte.

Die Reihe von Demüthigungen hatte somit begonnen
und Maximilian war schon zu Ende 1865 im Stillen ge=
opfert. Der Prinz, den ein unkluger Ehrgeiz nach Vera=
cruz geführt hatte, sollte als Opfer des Zurückweichens un=
serer Regierung fallen, die ihr Verhalten durch die ameri=
kanische Anmaßung sich vorschreiben ließ. Hätte man aber in der
That diese Haltung der Vereinigten Staaten nicht vorhersehen
können, ehe man sich in ein so gefährliches Wagniß einließ?
Gehörte ein so seltener Scharfblick unserer Staatsmänner
dazu, um das Drohbild der amerikanischen Republik am

Horizont zu entdecken, das bis an die Grenze des Rio=
Bravo sich erstreckte und bereit war, zu rechter Zeit auf dem
Schauplatze zu erscheinen? Wenn man so leicht in die Rolle
des Nachgebens sich fügen zu müssen meinte, weil es in solch'
weiter Ferne vom Mutterlande die Klugheit rieth, war es
sicherlich keine edle Handlung, den Erzherzog in ein sicheres
Verderben hineinzuziehen. Auf der andern Seite mußte
(was nicht minder schwer wog) ein zu plötzlicher Abzug den
Muth und Stolz unserer eigenen Truppen verletzen, denn
man konnte nicht erwarten, daß unsere Regimenter die
Plätze, welche sie inne hatten, nacheinander räumen sollten,
ohne im Voraus vor den Repressalien zu erschrecken, denen
die compromittirten Familien des Landes von Seiten der
siegreichen Liberalen ausgesetzt wurden, und ohne über
das Zurückweichen vor den Prahlereien der Amerikaner zu
murren. Damit, sagen wir es laut, eröffneten wir unsern
Soldaten eine schlechte Kriegsschule, in welcher die hervorge=
rufene Bekrittelung der Handlungen des, einer bemüthigenden
Politik unterworfenen Commandos nothwendig die vortreff=
liche Disciplin unserer Armee, die mit Recht sofort über
alles stutzt, was ihr zweideutig erscheint, schwächen mußte.

Man wird erkennen, welche schwierige Rolle dem Ober=
befehlshaber zufiel, der einerseits an die Erfüllung der Befehle
seines Souveräns, welchen sich ein Soldat nicht ohne Schaden
an seiner Ehre zu nehmen, entziehen kann, gebunden sah, und
dem andrerseits der schmerzliche Anblick eines Thrones wurde,
der infolge eines plötzlichen, die Zerstörung des eigenen Wer=
kes beschleunigenden Umschlags der französischen Politik zu=
sammenbrach. Der Marschall verheimlichte sich nicht, daß
er einen von Hindernissen und Unannehmlichkeiten ge=
pflasterten Weg zu betreten hatte, auf welchem das Pflicht=
gefühl und die Sicherheit des Expeditionscorps, das mit

Recht über seine passive Haltung unzufrieden war, mit alle dem Beileid sich verbinden mußte, das man einem großen, hier noch durch unsern plötzlichen Abfall erhöhten Unglück, schuldig ist.

VIII.

Während Herr Seward dem französischen Gesandten die lange diplomatische Note übergab, landete in dem Hafen von Veracruz der Baron Saillard, den das französische Cabinet mit einem besondern Auftrage nach Mexico sandte. Gleichzeitig kamen zwei Depeschen des Herrn Drouyn de Lhuys an Herrn Dano an, die eine vom 14., die andere vom 15. Januar 1866. In der ersten wurde auseinandergesetzt, „daß die Lage, in welcher wir uns in Mexico befänden, nicht länger andauern könne, und daß die Umstände uns nöthigten, in Bezug darauf einen definitiven Beschluß zu fassen, welchen der Kaiser seinem Repräsentanten mittheilen lasse." Der Minister der auswärtigen Angelegenheiten beschränkte sich auf die Angabe, „der mexicanische Hof befände sich, trotz seiner guten Absichten, in der anerkannten Unmöglichkeit, ferner die Bedingungen von Miramare zu erfüllen." Solche Ausdrücke werfen die Verantwortlichkeit für unsern Abzug ungerechterweise auf Maximilian, dem man nicht mittheilte, daß die mexicanische Frage eine amerikanische geworden war. Herr Drouyn de Lhuys schloß seine erste Depesche mit folgenden Worten:

Paris, 14. Januar 1866.

An Herrn Dano, französischem Gesandten in Mexico.

. . . .

Unsere Occupation hat also ein Ende zu nehmen und wir müssen uns ohne Verzug darauf vorbereiten. Der Kaiser beauftragt Sie, im Verein mit seinem erhabenen Verbündeten den Termin zu bestimmen, nachdem eine loyale Erörterung, an welcher der Marschall Bazaine selbstverständlich theilnimmt, jene Mittel erwogen haben wird, durch welche die Interessen der mexicanischen Regierung, die Sicherheit unserer Schuldforderungen und die Ansprüche unserer Landsleute so sicher als nur möglich gestellt werden können. Se. Maj. wünscht, daß die Räumung zur Zeit des nächsten Herbstes beginnen könne.

Sie mögen diese Depesche Sr. Excellenz dem Herrn Minister der auswärtigen Angelegenheiten vorlesen, wie ihm auch eine Abschrift zurücklassen. Ich beauftrage den Herrn Baron Saillard, mündlich alle nöthigen Erklärungen hinzuzufügen und mir binnen Kurzem die Antwort zukommen zu lassen, die mir die definitiven Anordnungen mittheilt, welche getroffen worden sind.

Drouyn de Lhuys.

Die zweite Depesche, die einen vertraulicheren Character hatte, sollte darlegen, die Regierung gedenke von den Verpflichtungen sich loszumachen, welche sie in dem Vertrage von Miramare übernommen, und sie benutze dazu die Gelegenheit, die ihr die Nichtausführung eines Nebenvertrags durch Mexico biete, dessen Cassen leer wären und das also unsere Truppen in Mexico nicht weiter zu bezahlen im Stande sei. Das französische Cabinet fügte hinzu, diese Verlegenheiten wären nicht neu und wir hätten wiederholt dieselben zu beseitigen versucht, indem wir das Zustandekommen von Anleihen begünstigt, die bedeutende Summen zur Verfügung Mexicos gestellt hätten. Das hieß freilich die Wahrheit und Wirklichkeit ganz und gar vergessen; denn diese enormen Anleihen hatten Maximilian nur die kleine Summe von etwa 40 Millionen in die Hand gegeben, abgesehen von den 8 Millionen, welche der neue Souverän persönlich bei der Besitznahme des Thrones empfangen hatte. In bitterer Ironie wies diese Depesche auf die Sympathien und die Hoffnungen des Volkes für Maximilian hin, während sie die Unmöglichkeit darlegte, in welcher sich die mexicanische Krone befinde, ihren Verpflichtungen nachzukommen. Schließlich versuchte die französische Regierung selbst sich den Anschein zu geben, als glaubte sie durch den Abzug ihrer Truppen den Interessen jenes Thrones besser zu dienen, den sie zusammenbrechen ließ, ja dessen Sturz, wie wir beweisen werden, sie vielmehr beschleunigen sollte.

Paris, 15. Januar 1866.

An Herrn Dano, französischem Gesandten in Mexico.

. . . .

Diese Situation veranlaßt mich zu der Frage, ob das wohlverstandene Interesse des Kaisers Maximilian nicht mit den Nothwendigkeiten übereinstimmt, denen wir gehorchen müssen. Von allen Vorwürfen, welche die Dissidenten im Lande und die Gegner außerhalb aussprechen, ist für eine sich bildende Regierung der gefährlichste: nur durch fremde Truppen gehalten zu werden. Ohne Zweifel hat die Abstimmung der Mexicaner Antwort auf diese Beschuldigung gegeben; aber sie besteht doch noch und es begreift sich, wie vortheilhaft es für die Sache des Kaiserthums sein müßte, wenn diese Waffe seinen Gegnern entzogen würde.

Jetzt, da diese verschiedenen Betrachtungen uns nöthigen, das Ende unserer militärischen Occupation ins Auge zu fassen, mußte die Regierung des Kaisers, in ihrer Fürsorge für das glorreiche Werk, das sie unternommen hat, und in ihrer Sympathie für den Kaiser Maximilian, sich genaue Rechenschaft von der Finanzlage Mexicos ablegen. Diese Lage ist schwer, aber nicht verzweifelt. Mit Muth und Energie, mit festem und andauerndem Willen kann das mexicanische Kaiserthum die Schwierigkeiten überwinden, die es auf seinem Wege findet, aber freilich nur um diesen Preis.

Diese Ueberzeugung haben wir aus der aufmerksamen und gewissenhaften Prüfung seiner Verpflichtungen und der ihm zu Gebote stehenden Hilfsmittel geschöpft; wir bitten dieselbe auch dem Kaiser Maximilian und seiner Regierung beizubringen.
Drouyn de Lhuys.

Kann man nun noch behaupten, Herr Rouher habe die Wahrheit nicht gekannt, als er auf der Rednerbühne der gesetzgebenden Körperschaft so freundliche Bilder von Mexico entwarf, Bilder, wie sie Corta schon glänzend skizzirt hatte? Das französische Cabinet erkannte sehr spät, daß der gefährlichste Vorwurf für eine sich erst bildende Regierung der ist, nur durch fremde Truppen gehalten zu werden! Enthielt die Geschichte Frankreichs nicht alle nöthigen Lehren über diesen Punkt?

Die völlig unerwartete Sendung des Baron Saillard brachte eine unsägliche Unruhe in den kaiserlichen Palast. Maximilian sah sogleich, ohne sich Rechenschaft geben zu können, woher der Schlag komme, die traurigen Folgen, welche dieses plötzliche Zurücktreten Frankreichs haben werde, deutlich vor sich. Als er den gerechten Unwillen, welchen er empfand, nicht mehr zu beherrschen im Stande war, wies er die Anträge, die ihm im Namen des Kaisers gemacht worden waren, ohne Weiteres zurück. Es war kaum ein Monat vergangen, als neue, bestimmtere Instructionen — immer in Folge des americanischen Druckes — an Dano gesandt wurden. Nahm man in Frankreich an, daß Kaiser Maximilian, dem man nicht einmal Andeutungen darüber gegeben hatte, so leicht einwilligen werde, den Vertrag von Miramare zu zerreißen, oder war man vielmehr entschlossen, trotz dem Widerstreben des Prinzen offen vorzugehen? Das Letztere dünkt uns das Wahrscheinlichere. Die Depesche vom 16. Februar verräth deutlich die Gesinnungen des Hofes der Tuilerien, der mit Gewalt den gordischen Knoten gelöst zu sehen wünschte, welcher ihn an den neuen Continent band.

Paris, 16. Februar 1866.
An Herrn Dano, französischem Gesandten in Mexico.

In dem Augenblicke, da ich Ihnen diese Depesche schreibe, muß der Baron Saillard in Mexico angekommen sein. Die Instructionen der Regierung des Kaisers sind Ihnen also bekannt.

. . . .

Se. Maj. wünscht, wie Sie wissen, die Räumung möge gegen den nächsten Herbst beginnen und **sobald als möglich beendigt sein**. Sie wollen sich also mit dem Herrn Marschall Bazaine verständigen, um die Termine, im Einverständniß mit dem Kaiser Maximilian, zu bestimmen.

Ich kann hier die verschiedenen Rücksichten nicht auseinandersetzen, die man bei der Leitung dieser Operation ins Auge zu fassen haben wird; die rein militärischen und technischen gehören zu dem Ressort des Herrn Marschall, die andern mehr politischen sind Ihren gemeinschaftlichen Berathungen unterworfen, da Sie ja die örtlichen Umstände und was diese bedingen, genau kennen.

. . . .

Wenn diese Punkte geordnet und die französischen Interessen gesichert sind, wird die Regierung des Kaisers nicht minder fortfahren, in wirksamer Weise die Sympathien zu bethätigen, welche Se. Maj. für die Person des Souveräns von Mexico und für die hochherzige Aufgabe empfindet, der er sich gewidmet hat. **Sie werden gefälligst im Namen Sr. Majestät dem Kaiser Maximilian diese Versicherung überbringen.**

Drouyn de Lhuys.

Wie man sieht, ist eine Zurathziehung des „Gelben Buches" gar interessant. Maximilian war in eine ächte Sack=

gaſſe gebracht worden. Man muß anerkennen, daß Artikel 2 des Vertrags von Miramare, welcher beſagt, daß „die franzöſiſchen Truppen Mexico in dem Maßſtabe räumen werden, in welchem Se. Maj. der Kaiſer von Mexico ſeine zum Erſatz der franzöſiſchen beſtimmten Truppen organiſiren wird" Frankreich das Recht übertrug, ſeine Armee zu verringern, um ſo mehr, als Maximilian ſeit achtzehn Monaten Zeit und Mittel gehabt hatte, einen Theil ſeiner Armee zu organiſiren, wenn er durch ſeine Generale und ſeine Beamten nicht daran gehindert worden wäre. Wenn es aber intereſſant war, als heilſame Probe, das mexicaniſche Volk allmälig ſeiner eigenen Kraft zu überlaſſen, ſo folgert daraus doch nicht, daß die Räumung, im Herbſt begonnen, mit ſo verderblicher Ueberſtürzung zu Ende geführt werden mußte. Was beſonders die Verhandlungen gereizt machte und gereizt machen mußte, war der Umſtand, daß das Tuileriencabinet, welches den Vertrag von Miramare nach ſeiner Art anzuwenden vorgab, gleichzeitig von den durch jenen Vertrag übernommenen und beide Theile bindenden Verpflichtungen loskommen wollte. Zu Ende Februar ſegelte der Baron Saillard nach Europa ab, ohne ſeine Miſſion erfüllt zu haben.

Infolge erneuten Andringens unſerer Diplomatie erkannte der mexicaniſche Hof nun doch bald, daß ſeine Sache in Paris ſehr gefährdet ſei. Er glaubte durch die Sendung eines ergebenen Geſandten, welcher dem erhabenen Verbündeten alle Hoffnungen und Beſorgniſſe offen darzulegen vermochte, die bereits gefaßten Entſchlüſſe, wenn nicht rückgängig machen, ſo doch modificiren zu können. Almonte, der ehemalige Regent, erhielt demnach den Befehl, ein kaiſerliches Schreiben in dem Palaſt der Tuilerien zu überreichen. Während der Erfolg dieſer Sendung abgewartet wurde, richtete der Kaiſer von Mexico ſeine ganze Aufmerkſamkeit auf die Fremdenlegion und die österreichisch=belgische Brigade, die alleinigen europäischen Elemente, welche nach dem Abzug der Franzosen, die Stützen des Kaiserthumes bilden sollten. Von der Organisation dieser Truppen hing in der That die Zukunft und die Stellung der Krone in hohem Maße ab.

Der Vertrag von Miramare hatte im dritten Artikel bestimmt, „daß die 8000 Mann starke Fremdenlegion im Dienste Frankreichs, noch sechs Jahre in Mexico bleiben sollte, nachdem, dem zweiten Artikel zu Folge, die sämmtlichen andern französischen Truppen zurückgerufen sein würden. Um diesen Zeitpunkt sollte die genannte Legion in den Dienst und Sold der mexicanischen Regierung treten, welche sich die Befugniß vorbehielt, die Dauer der Verwendung dieser Fremdenlegion in Mexico abzukürzen."

In Hinsicht auf die Zukunft hatte sich das französische Hauptquartier schon 1865 mit der besonderen Formation dieser Truppe beschäftigt und namentlich die größte Sorgfalt auf die Auswahl der militärischen Elemente, aus denen dieselbe bestehen sollte, gerichtet. Die Legion machte sich auch bald gefürchtet und im Anfang 1865 zählte sie bereits sechs Bataillone, zwei Schwadronen, zwei Batterien und eine Geniecompagnie. Im Laufe des Jahres vermehrte sie sich um zwei Bataillone. Das war denn eine neue und feste Stütze, die Maximilian außer seiner Armee besaß; die Stärke der letztern hatte sich bereits auf 36,000 Mann und gegen 12,000 Pferde gehoben.

Neben der Fremdenlegion bestand die österreichisch=belgische Brigade, die bereits doppelt so viel kostete, als das französische Corps. Da aber trotzdem ihre Existenz eine Hauptsache war, und, wenn sie aus Mangel an Löhnung hätte entlassen werden müssen, dies das Signal zur allgemeinen Auflösung der mexicanischen Armee gewesen sein würde, so glaubte also diesmal die französische Regierung einwilligen zu müssen, daß der Sold der Belgier und Oesterreicher auf ihre Kosten bestritten würde. Im Interesse der Verwaltung dieser Truppen, die nur unsere Intendantur zu unterhalten und zu controliren hatte, glaubte man Maximilian vorschlagen zu sollen, die französische Fremdenlegion und die österreich-belgische Brigade zu vereinigen, damit sie unter ein und derselben Fahne gemeinsamem Glücke dienen möchten. Diese neugebildete Division sollte von einem französischen General befehligt werden. Eine solche Combination war jedenfalls eine glückliche: sie hob jede Veranlassung von Autoritätsconflicten zwischen den fremden und den mexicanischen Offizieren auf: auch mußten die europäischen Elemente, die durch ihr Zusammenleben compacter geworden, eine Cohäsionskraft erhalten, die es Maximilian in schwierigen Zeiten möglich machen konnte, Mexico's Meister zu werden. Die Wahl des französischen Generals war angezeigt: unsere erworbenen Rechte gestatteten nicht, unsere Legion unter den Befehl der Oesterreicher, die wiederum den Mexicanern zu gehorchen hatten, zu stellen.

Maximilian antwortete dem Oberbefehlshaber auf diese, den Interessen der Krone jedenfalls günstigen Anordnungen:

Mexico, 3. April 1866.

Mein lieber Marschall,

Ihren liebenswürdigen Brief vom 30. vorigen Monats beantworte ich wie folgt. Es ist mir sehr angenehm zu wissen, daß die französische Regierung während der Dauer der jetzigen Finanzzustände des Landes die Bedürfnisse meiner österreichisch-belgischen Legion bestreiten will. Ich sehe darin einen neuen Beweis des Antheils, den die Regierung an der Sache Mexicos nimmt.

Was die Vereinigung der französischen Fremdenlegion und der österreichisch-belgischen Brigade zu einer Division unter dem Commando eines französischen Generals betrifft, so willige ich in diese Maßregeln ein, so weit es der gesetzliche Boden und die speciell nationalen Verhältnisse der beiden Corps erlauben, und unter der Bedingung, daß ihre Gesammtstärke mindestens 15,000 Mann betrage. Ich wünsche also Vorbesprechungen über die Sache begonnen zu sehen. — Meine Absicht geht dahin, daß die Angelegenheit durch eine Commission untersucht werde, und ich bitte Sie, mir die Mitglieder, welche Sie zu derselben ernennen, namhaft zu machen.

Ihr wohlgeneigter

Maximilian.

Diese Antwort des Kaisers, der sich auch diesmal ein Element der Stärke für seinen Thron entgehen ließ, war nur eine verhüllte Ablehnung der seiner Würdigung vorgelegten Militärcombination. Die wohlbedachten Ausdrücke „gesetzlicher Boden" und „speciell nationale Verhältnisse der beiden Corps", eröffneten den Auslegungen und Zweideutigkeiten ein unendlich weites Feld. Nichtsdestoweniger wurde ein wegen seiner Energie bekannter General unserer Armee dem mexicanischen Hofe zur Verfügung gestellt. Die Commission trat oft zusammen, und in ihrem Schoße äußerten sich bald genug jene Einflüsse, welche bereits auf den kaiserlichen Entschluß gewirkt hatten. Die belgischen und österreichischen Commissionen nahmen eine unabhängige Disciplin für ihre Truppen in Anspruch und wollten das Commandorecht dem ihrer Führer zugesprochen haben, welcher die größte Truppenzahl unter sich vereinige. Man wollte, mit einem Worte, von der französischen Leitung sich ganz frei machen und setzte sich dadurch, wie die Ereignisse bewiesen haben, großen Gefahren aus. Endlich wurde der österreichische General von Thun, der es überdrüssig geworden war, mit der mexicanischen Armee sich zu beschäftigen und seine Gewalt niedergelegt hatte, an die Spitze der fremden Truppen berufen, und Maximilian ersuchte unser Hauptquartier von Neuem die Oberleitung seiner Armee zu übernehmen. Welch' kostbare Zeit ging in solchem nutzlosen Hin= und Hertappen verloren!

IX.

Die einzige Mitwirkung, welche der Marschall der kaiserlichen Regierung gewähren konnte, bestand in der guten Führung der Kriegsoperationen; denn der 6. Artikel des Vertrags von Miramare untersagte ihm ausdrücklich, sich in irgend einen Zweig der mexicanischen Verwaltung zu mischen. Maximilian herrschte in völliger Unabhängigkeit und, in welchem Zustande sich auch das Innere befand, die Verantwortlichkeit trugen nur die Minister der Krone, die diese allerdings schon damals von sich abzuwälzen suchten.

Das Hauptquartier, welches die Pflicht hatte, solche Bestrebungen zu bekämpfen und sich streng an seine Befugnisse zu halten, beeilte sich, infolge der Aufforderung der kaiserlichen Familie, den Grund zu einer neuen Militärschöpfung zu legen, welche die Stärke der Fremdenlegion und der österreichisch=belgischen Brigade verdoppeln konnte. Der Oberbefehlshaber übernahm es, seine Regierung um die Ermächtigung zu ersuchen, neun Bataillone mexicanischer cazadores (Jäger) zu bilden und dabei auch französische Cadres benutzen zu dürfen, weil dieselben dem mexicanischen Hofe die meisten Garantien gewährten.

Binnen wenigen Monaten befanden sich neun Bataillone Cazadores zu zehn Compagnien, jede im Durchschnitt 400 Mann stark, in den Hauptstädten, deren dauernde Vertheidigung ihnen zugewiesen war, und sie konnten sich durch Recrutirung an Ort und Stelle erneuern. Sie wurden auf Kosten Frankreichs gekleidet, equipirt und besoldet, und hatten die Aufgabe, ihre Bezirke in Patrouillen zu durch= ziehen und der Landgarde als Parteigänger=Compagnie die Hand zu reichen. Die neuen Truppen erhielten französische Instructoren und Zahlmeister, wie denn überhaupt das französische Element, das, durch aus dem Expeditionscorps genommene 66 Offiziere, 130 Unteroffiziere und 1502 Ge= meine vertreten war, in ihnen vorherrschte. Die In= dianer und die Mexicaner bildeten den Stützpunkt. Außer= dem organisirten sich zwei Gendarmerielegionen in Mexico und Guadalajara, den beiden bedeutendsten Städten des Reiches. Die Gendarmen, die hauptsächlich aus den Bel= giern und Oesterreichern genommen wurden, vertheilte man in Brigaden auf die Straßen, wo sie sich in befestigten Ca= sernen schützen konnten. Sie hatten die Aufgabe, die große Straße von Veracruz nach Mexico zu bewachen.

Gleichzeitig sandte der Marschall, den Instructionen Na= poleon's III. gemäß, seinen Plan allmäliger Räumung nach Paris. Da der Kaiser ihm eine gewisse Freiheit gelassen und er, so viel als möglich, die Interessen der neuen Mo= narchie wahren wollte, hatte er vorgeschlagen, den Abmarsch der französischen Truppen in drei bestimmten Terminen hintereinander erfolgen zu lassen, so daß derselbe im No= vember 1866 beginnend, bis zum Herbst 1867 vollendet sein könne. Er sicherte in dieser Weise dem Kaiserthume den französischen Schutz noch auf zwanzig Monate, und schätzte sich glücklich, als dieser wichtige Vorschlag von den Tuilerien günstig aufgenommen wurde; die in Paris ge= machten Versprechungen sollten jedoch von dem französischen Cabinet nicht lange beachtet werden.

Maximilian, bei dem der träumerische Dichter nur zu oft den Monarchen verdrängt hatte, ließ sich durch die Schwie= rigkeiten nicht abschrecken und ging seinerseits tapfer an das

Werk. Wieder ermuthigt durch die Bildung der Cazadores, entschloß sich der Kaiser endlich, entscheidend in die Militärfrage einzugreifen, und zwar durch die Beseitigung der gefährlichen Offiziere und die Reduction der Nationaltruppen auf allen den Punkten, wo sie der Staatscasse zur Last fielen, ohne dem Lande wirkliche Dienste zu leisten. Der Brief, den er an seinen Kriegsminister schrieb, zeigt, welchen vortrefflichen Weg er damals zu betreten versuchte.

Cuernavaca, 11. Mai 1866.

Mein lieber Minister Garcia,

Wir senden Ihnen den uns vorgelegten Entwurf über die neue Organisation der Armee zurück; seine Grundlagen scheinen im Allgemeinen gut zu sein.

Indessen werden Sie dafür sorgen, zuvor den Entwurf dem Marschall Bazaine mitzutheilen, um zu sehen, ob in demselben nicht etwa Corps aufgehoben werden, welche eine wichtige Rolle in Bazaine's militärischen Operationen bilden.

Was die delicate Aufgabe betrifft, einen Theil der organisirten Truppen zu beseitigen, so werden Sie jede Vorsicht anwenden, um nicht von vornherein die Offiziere zu entmuthigen, die sonst leicht in die Reihen der Dissidenten übertreten könnten.

Es wird auch gut sein, die Art der Reduction festzustellen, indem eine bestimmte Zeit angesetzt wird, bis zu welcher jeder Corps-, Batterie- und Compagniecommandant, durch Vermittelung der nächsten Militärbehörde, einen Etat der Mannschaft, der Kleidung und Bewaffnung aufzustellen und darin anzugeben hat, wer alles das, was den incorporirten oder entlassenen Truppen gehört, empfangen soll.

Sie werden Ihre ganze Aufmerksamkeit darauf richten, wie die Auflösung der kleinen Truppenkörper zu bewirken ist; dieselben könnten leicht wegen ihrer geringen Disciplin und der Unkenntniß ihrer Commandanten, in dem Augenblicke revoltiren, in welchem sie den Befehl erhalten, sich aufzulösen.

Ehe Sie Dispositionen bekannt werden lassen, welche existirende Truppen reduciren, wollen Sie sorgsam prüfen, in welchen Theilen des Gebietes sich Truppen befinden, deren Abzug die Orte, die sie besetzt halten, dem Feinde öffnen würde; diese müßten dann sofort durch neue Truppen gedeckt werden.

Alles, mit einem Wort, was die Unannehmlichkeiten verhindern kann, welche so wichtige Maßregeln in ihrem Gefolge haben, muß ein Gegenstand Ihrer Beachtung sein.

Nach der erfolgten Entlassung oder Entwaffnung der überflüssigen Truppen gehen die höhern Offiziere und die andern überzähligen provisorisch ins Depot, bis ihre respectiven Ansprüche auf Pension oder definitiven Abschied geprüft sind.

Ihr wohlgeneigter

Maximilian.

In diesen Instructionen fand man endlich den entschiedenen und bestimmten Stil, wie den geraden Sinn des ehemaligen Admirals der österreichischen Marine wieder, welcher zum Ruhme seines Vaterlandes den Sieg von Lissa vorbereitet hatte. Wäre er durch seine eigene Partei unterstützt worden und wäre Frankreich seinen Versprechungen treu geblieben, trotz des Drängens der Vereinigten Staaten würde Maximilian vielleicht viele Hindernisse überwunden haben. Aber das Hauptquartier war fast seine einzige Stütze; dasselbe beeiferte sich sogar, der Krone die Mitwirkung aller unserer Offiziere zu sichern, die sie für sich zu gewinnen wünschte. Vorzugsweise war es dem mexicanischen Hof um Friant, den Militärintendanten, auf dessen Dienste er großen Werth legte, zu thun.

Cuernavaca, 16. Mai 1866.

Mein lieber Marschall,

In dem Augenblicke, da Sie alle in Ihrer Macht stehenden Mittel zur Organisirung der nationalen Armee freundlich uns zur Verfügung stellen, ersuche ich Sie, zu den uns geleisteten

Diensten noch einen neuen dadurch zu fügen, daß Sie dem Intendanten Friant erlauben, uns die bedeutungsvolle Mitwirkung seiner großen administrativen Talente zu leihen, um mit deren Hülfe die Administration der mexicanischen Armee auf fester Basis zu begründen.

Das von diesem Intendanten ausgearbeitete Reglement für die Hülfsdivision zeichnet sich durch eine solche Einfachheit, in Verbindung mit der sichersten Controle, aus, daß ich mir die glücklichsten Erfolge von der Mitwirkung des Herrn Friant verspreche.

Maximilian.

Maximilian erreichte sehr leicht, daß jener hohe Beamte für den Kaiser detachirt wurde, obgleich er für die Administration des Expeditionscorps wirklich nöthig war.

Einer der charakteristischen Züge der Regierung Maximilian's war das Vertrauen auf sein eigenes Werk. Des Kaisers Energie wuchs mit den Hindernissen und Unfällen. Sobald er sich von dem ersten Schrecken über die Nachricht von dem Rückzuge der Franzosen, durch Baron Saillard empfangen, erholt, hatte er die Lage, die ihm bereitet werden würde, kaltblütiger ins Auge gefaßt, und bevor er durch die Bemühungen Almonte's eine Milderung der Instructionen seines Verbündeten, Napoleon's III., erlangte, hoffte er in seinem Adoptivvaterlande die Mittel zur glücklichen Durchführung seines Unternehmens zu finden. Er erwartete viel zur Beruhigung der Leidenschaften von der Zeit und war überzeugt, daß die Dissidenten schließlich zu seinen Fahnen zurückkehren würden. Auch nahm er, wie der nachstehende Brief zeigt, den Gedanken an einen successiven Abzug der französischen Truppen bereits leichter, und bemühte sich eifrig, seine nationalen Streitkräfte zu organisiren; nur wiegte er sich häufig in Illusionen und trug sich vorzugsweise gern, wie er selbst gesteht, mit Ideen, die an das Mittelalter erinnern. Als er seine Armee auf dem Papier einrichtete, dachte er an die Landsknechte und vergaß, daß Merico vor Allem einer eisernen Faust bedürfe, welche alle Fäden des Gewebes zusammenfasse, Nichts dem Zufall und der Indisciplin anheimgab, und daß das Land, seit etwa fünfzig Jahren, durch die Parteigängerbanden fast erdrückt worden war. Ein solcher Plan war wohl ausführbar unter energischen Yankees, die während des Secessionskrieges oft ähnlich operirt hatten; in Mexico aber hieß es, die Zahl, wie der Kaiser selbst sich ausdrückte, der Horden, jener das Land verheerenden Geißel, erhöhen.

Cuernavaca, 17. Mai 1866.

Mein lieber Marschall,

Nachdem der Kaiser Napoleon sich in die Nothwendigkeit versetzt gesehen hat, förmlich und öffentlich die allmälige Zurückziehung seiner Truppen festzusetzen, schreibt er mir in seinem letzten Briefe, er habe die bestimmtesten Befehle gegeben, meiner Regierung die zur Vollendung des von ihm so glorreich begonnenen Werkes nothwendige Mitwirkung angedeihen zu lassen und mir jede Hülfe zu gewähren, um in dauernder Weise die nationale Armee bilden, die gemischten Corps schaffen und die Freiwilligencorps reformiren zu können. Um diesen Zweck sicher zu erreichen, halte ich es für geboten, ja für eine Gewissenspflicht, mich mit Ihnen, mein lieber Marschall, der Sie Chef der beiden Armeen sind, in völlige und dauernde Verbindnng zu setzen, um die Operationspläne definitiv festzustellen, die Ausführung derselben zu sichern, die zu machenden Ausgaben zu regeln und die zu wählenden Leute zu bestimmen. Das wirksamste Mittel um die uns noch bleibende kostbare Zeit nicht zu verlieren, scheint mir vor Allem zu sein, Sie, mein lieber Marschall, zu ersuchen, mir schriftlich Ihre Ideen und Wünsche über die neue Organi=

fation und einen detaillirten Plan mitzutheilen, das Land rasch und völlig zu pacifiziren, und zwar nach den beachtungswerthen Angaben, die uns in der letzten Zeit von allen Punkten des Staates zugekommen sind; zweitens jede Woche einmal und, wenn nöthig, mehrmals mit dem Kriegsminister und dem Intendanten Friant zusammenzukommen, dessen Mitwirkung für die administrative Frage von großem Werthe sein wird.

Zu diesen Zusammenkünften, in denen man alle Hauptpunkte der Organisation, der Ausgaben- und der Personalfragen bespräche, gedenke ich auch den Commandanten Loysel zu berufen, der gleichfalls in ganz vertraulicher Weise die Protocolle führen könnte, ohne die wir die wünschenswerthe Ordnung und Schnelligkeit nicht erlangen würden. Wenn Sie es, Herr Marschall, für zweckmäßig halten, auch den General Uraga als Repräsentanten des activen Theils der mexicanischen Armee hinzuzuziehen, so werden Sie die Güte haben, mir Mittheilung zu machen.

In dem jetzigen Augenblick muß meiner Meinung nach die Militärfrage unter drei wesentlichen Gesichtspunkten betrachtet werden: die nothwendige Organisation von 20,000 Mann nationaler Truppen, die feste Formation der gemischten Corps, welche Sie mit dem Namen „mexicanische Cazadores" bezeichnet haben und die für mich die Hauptgrundlage der künftigen Armee bilden, und endlich die systematische Pacification des Landes.

Was den ersten Punkt betrifft, so muß man, wie ich glaube, die wenigen ehrenhaften Corps, welche bestehen, wie die Mejia's, Mendez, Garcia's u. s. w. benutzen, um daraus den nationalen Kern zu bilden, und sofort alles das entlassen, was nur werthlose Soldatesca ist. Diese Maßregel kann übrigens nur die Einleitung sein.

Um bei der jetzigen Lage schnell gute Infanteriebataillone und gute Reiterregimenter zu bilden, sehe ich nur ein einziges Mittel, das Ihnen vielleicht seltsam vorkommt und etwas Mittelalterliches hat; nämlich sichere Leute auszuwählen, die mein und Ihr ganzes Vertrauen haben, die zur Hälfte europäische Offiziere von langer Erfahrung sein müßten, sie zu Bataillons- und Regimentschefs zu ernennen, darauf, wenn sie in Mexico angekommen sind und klare und bestimmte Instructionen erhalten haben, ihnen zu sagen: „Sie tragen die Verantwortlichkeit, wählen Sie Ihre Offiziere; handeln Sie, Sie sollen unterstützt werden, aber das Resultat muß eine rasche und wirksame Formation Ihrer Corps sein." Ihr directes Eingreifen wie das des Kriegsministers, der ganz zu Ihren Diensten steht, müßte, dünkt mir, viel zur Ausführung dieses Planes beitragen.

Der zweite Punkt liegt vollständig in Ihren Händen; Ihre Weisheit und Ihre genaue Kenntniß des Landes müssen eine treffliche Lösung sichern.

Was den dritten Punkt anlangt, so würde es mir sehr nützlich erscheinen, von allen in meinem Secretariat zur Abschrift gekommenen Rapporten und Informationen Kenntniß zu nehmen, welche die kaiserlichen Commissare und die commandirenden Generale in der letzten Zeit erlassen haben. Durch dieses Mittel würde man sich leicht eine klare Idee verschaffen, welche Truppenmenge man in Bewegung setzen und auf welche Kosten man rechnen müßte.

Wenn die Ausführung möglich ist, würde man den Vortheil haben, alle hohen Beamten, welche die Berichte eingesandt haben, zu compromittiren; denn man zeigt ihnen, daß ihren Wünschen nachgekommen worden ist und daß sie also für die weitere Lage verantwortlich sind.

Gehen wir muthig an das Werk, so müssen wir nach wenigen Monaten ein glänzendes Resultat sehen, welches die tapfern und weisen Bemühungen krönen wird, die wir im Interesse des Landes aufgewendet haben.

Maximilian.

Die Armee war, wie man sehen kann, fortwährend im Zustande der Umänderung. Die Commissionen verbrauchten die kostbarste Zeit nur zu oft vergebens. Unterdeß drängte die Zeit und so bedeutende Umänderungen konnten nicht in einem Tage geschehen. Ueberdies unterhielt man den Zustand der Ungewißheit, in welchem die mexicanischen Regimenter lebten, die nach ihrer beweglichen Natur und nach den Pronunciamiento-Traditionen nur zu geneigt waren, von einem Führer zum andern zu gehen. Maximilian täuschte sich auch sehr, wenn er durch Compromittirung seiner hohen Beamten sich Pfänder der Treue für die Zukunft zu schaffen meinte. Er mußte wissen, abgesehen davon, daß ein solches Verfahren eines Souveräns nicht würdig ist, daß die Mexicaner sich nicht für gebunden hielten, weil sie sich compromittirt hatten. Sie pflegen bei jeder revolutionären Bewegung zu verschwinden, den Sturm vorüberziehen zu sehen, und sich dann der siegenden Partei anzuschließen, bis sich eine günstige Gelegenheit zu einem neuen Aufstande zeigt. Diese Mißachtung der politischen Treue war die Stärke des Juarez, der immer sicher sein konnte, von seinen Mitbürgern gut aufgenommen zu werden, wenn sie auch dem Kaiserthum eben erst Treue geschworen hatten. So waren unsere Truppen, wie man sich erinnern wird, bis in die Stadt Chihuahua an der äußersten Grenze des Reiches gezogen, um den Präsidenten der Republik daraus zu vertreiben. Nachdem sie einige Monate da geblieben waren und jenen abgelegenen Gegenden allerdings die Ruhe gebracht hatten, mußten die Truppen aus jener Hauptstadt wieder abziehen und sie der eigenen Garnison überlassen, um neuen Gefahren entgegenzugehen. Sogleich öffnete Chihuahua seine Thore dem Präsidenten, der von Paso del Norte zurückkam, gerade als Maximilian einen Augenblick glauben konnte, sein Gegner sei über die americanische Grenze gegangen und denke nicht mehr an die Rückkehr. Die Anwesenheit des Präsidenten auf mexicanischem Gebiete

…higte den Kaiser sehr, der sich einbildete, der Wider= ber Dissidenten rühre einzig und allein daher. Trotz Bedürfnisses, Truppen zu besitzen, das sich in den Mittelstaaten fühlbar machte, entschloß sich der mexicanische Hof daher, eine zweite Expedition nach Chihuahua zu unternehmen und er sprach diesen seinen Willen gegen den Oberbefehlshaber in Ausdrücken aus, welche beweisen, daß der Kaiser völlig frei und selbstständig herrschte und regierte.

Chapultepec, 28. Mai 1866.

Mein lieber Marschall,

Die Nachrichten, die ich aus dem Innern und von auswärts erhalte, legen mir die gebieterische Nothwendigkeit dar, Juarez von Chihuahua zu verdrängen und diese Stadt definitiv zu besetzen, um den Vereinigten Staaten den einzigen plausibeln Vorwand, einen Gesandten bei ihm zu accreditiren und die Gelegenheit zu benehmen, jeden Tag neue Forderungen zu erheben.

Offenbar liegt es eben so sehr im Interesse Ihres ruhmreichen Souveräns, meines erhabenen Verbündeten, des Kaisers Napoleon, als in dem meinigen, den Anmaßungen des Cabinets von Washington dadurch ein Ziel zu setzen, daß man Juarez aus seiner letzten Hauptstadt vertreibt; es handelt sich sogar um unsere Ehre.

Ich wiederhole, daß die Nachrichten von auswärts, die ich empfange, das Dringende dieser Maßregel stark hervortreten lassen, und Sie, als Chef meiner Armee, werden die Güte haben, sogleich auf die Ausführung bedacht zu sein.

Ich bestehe wiederholt auf der raschen Formation francomexicanischer Bataillone und auf der Nothwendigkeit, sofort die französischen Cadres derselben zu bilden, denn die Zeit drängt.

Ueber alle diese Punkte schreibe ich an den Kaiser Napoleon, dem ich meine Entschließungen mittheile.

Ihr wohlgewogener Maximilian.

Dem mexicanischen Hofe war also das ganze Verhalten des französischen Cabinets unbekannt, da er noch immer die Hoffnung hegte, den Forderungen des Cabinets in Washington ein Ende zu machen und sich schmeichelte, seinen Verbündeten auf gleichen Weg zu bringen. Zwei gewichtige Gründe standen unserer Rückkehr nach Chihuahua entgegen. Einmal mußten die Kosten einer Expedition in solcher Form die mexicanische Staatscasse, die bereits fast erschöpft war, nutzlos beschweren, sodann hatte unser Hauptquartier den Befehl von seiner Regierung erhalten, unter allen Umständen die Möglichkeit eines Conflicts an der Nordgrenze zu vermeiden, namentlich da, wo die Americaner eine directe Einwirkung ausübten. Ueberdies aber war eine solche Expedition ein Fehler; denn es ließ sich leicht vorhersehen, daß die Occupation in solcher Entfernung nicht von Dauer sein könnte. Man ermüdete nur unsere Operationscolonnen, welche auf andern Punkten viel nützlicher waren.

Der kaiserliche Befehl wurde dennoch ausgeführt. Der Commandant Billot wendete sich rasch gegen Chihuahua, von wo Juarez nur mit einigen Begleitern abermals nach Paso del Norte entfloh. Die Soldaten und Beamten der Liberalen hatten sich in alle Winde zerstreut. Sechs Wochen lang bemühten sich die französischen Truppen, eine Redoute in der Stadt anzulegen, so daß sie gegen einen Angriff geschützt sei; nach Vollendung dieser Arbeiten übergaben sie den Ort 1200 Mann kaiserlicher Truppen, die sehr bald angegriffen wurden. Die Befehlshaber unternahmen, statt sich in der Redoute zu concentriren und die Zugänge zu derselben zu vertheidigen, mit ihren Truppen einen Ausfall bis eine halbe Meile weit vor die Stadt hinaus; Abends war ihre Niederlage vollständig und Chihuahua schloß sich definitiv der Republik an.

Dieser militärische Vorgang wiederholte sich auf vielen Punkten des Landes, und Maximilian, den die französische und fremde Presse so oft als fortwährend mit unserem Hauptquartier in Zwiespalt befindlich geschildert hat, verlangte bereits die Mithülfe des Marschalls nur noch, um sein Reich vertheibigen zu können. Der Kaiser konnte ja auch den Marschall für Handlungen seiner Regierung nicht verantwortlich machen, und trotz alledem dankte er ihm für seine Bemühungen. Deutet der nachstehende Brief ein feindseliges Gefühl der mit den militärischen Operationen unzufriedenen Krone an, da sie die unbeschränkte Gewalt in die Hände des Oberbefehlshabers legen will?

Mexico, 3. Juni 1866.

Mein lieber Marschall,

Zur raschen Organisation der Armee gehört vor Allem Einheit der Handlung.

Die Ideen, welche Sie über diesen Gegenstand im Conseil ausgesprochen haben, sind völlig richtig und voll praktischen Sinnes. Sind Sie überdies bereits Oberbefehlshaber der Armee und ausschließlicher Leiter aller militärischen Bewegungen, d. h. der beste Richter in dem, was zu geschehen hat, so haben Sie auch die Stellung, das Gewollte auszuführen.

Ich übertrage Ihnen also heute die unbeschränkte Autorität zur Organisation der französisch-mexicanischen Bataillone und zur Reorganisation der nationalen Armee. . . . . . .
. . . .

Alle von Ihnen zu erlassenden und an den Kriegsminister zu sendenden Befehle sollen die Worte enthalten: „auf Befehl des Kaisers."

Diesen Plan habe ich definitiv angenommen, seit Sie mir Ihren guten Rath ertheilten, und er hat den alleinigen Zweck,

eine Organisation, die nur durch Sie und Ihre Offiziere durch=
geführt werden kann, in Ihren Händen zu concentriren.
Maximilian.

Für jeden Unparteiischen, welcher das herzliche Einver=
ständniß erkannt hat, das bis dahin zwischen dem mexica=
nischen Hofe und dem Marschall herrschte, für Jeden, der
ohne Voreingenommenheit die Aufrichtigkeit würdigt, mit
welcher das Hauptquartier an der Befestigung des kaiserlichen
Thrones, soweit es die ihm von der französischen Regierung
gegebenen beschränkten Mittel und Vollmachten gestatteten, ge=
arbeitet hat, wird es nach der Lectüre der so versöhnlichen und
freundlichen Correspondenz seltsam sein, daß der Kaiser und
die Kaiserin von Mexico insgeheim gegen den Kaiser Napoleon
über den Oberbefehlshaber sich beklagten und seine Abberufung
verlangten. Es geschah dies bereits seit mehreren Monaten
ohne Vorwissen des Marschalls, der die Wahrheit, selbst von
Paris, erst dann erfuhr, als die Kaiserin Charlotte nach
Europa reiste. Und doch that Offenheit und Aufrichtig=
keit Noth! Der Souverän mußte seine Beschwerden ehr=
lich und direct aussprechen, wenn er sie für begründet
hielt. Es war dies um so mehr Pflicht der Krone, als sie
zu einer anderen Zeit den Oberbefehlshaber, als er zum
Marschall erhoben worden war, Gesinnungen zu erkennen gab,
die nicht wenig dazu beigetragen haben, ihn auf mexicani=
schem Boden zurückzuhalten, wo er der Monarchie Dienste
leisten zu können glaubte.

Pengamillo, 7. October 1864.

Mein lieber Marschall und Freund,
Mit der größten Freude erfahre ich soeben Ihre Erhebung
zur Marschallwürde.

Der Kaiser erfüllt dadurch, daß er Ihnen einen so großen Beweis seiner Gunst gibt, die Wünsche aller guten Mexicaner, denen sie in seinem Namen die Freiheit und den Frieden gebracht haben, und die Ihnen immerdar dankbar sein werden. Eines nur könnte die Freude verringern, die uns jenes glückliche Ereigniß bringt, nämlich wenn Sie in Folge davon unser Vaterland verlassen müßten. Hoffentlich beraubt aber der Kaiser Napoleon Mexico der Kraft nicht, der es so sehr bedarf.

Indem ich Ihnen die herzlichsten Glückwünsche wiederhole, bin ich

Ihr wohlgeneigter

Maximilian.

Lag in diesen Worten nicht mehr als gewöhnlich leere Freundlichkeit?

Das Billet der Kaiserin, die dem General zuerst dieses glückliche Ereigniß mittheilen wollte, indem sie ihm belgische Zeitungen sandte, athmete dasselbe Wohlwollen. Einige Stunden lang nur war im Anfang von 1866 das gute Vernehmen zwischen dem Hofe und dem Hauptquartier durch ein Misverständniß gestört worden. Ein französischer Offizier war, auf Befehl des Kaisers Napoleon, bei Ablauf seines Urlaubs nach Mexico zurückgekommen. Maximilian, der damals die Dienste des Offiziers nicht besonders schätzte, richtete an den Oberbefehlshaber folgendes Schreiben:

Mein lieber Marschall,

Der Telegraph meldet mir die plötzliche Rückkehr des Herrn N..., der in Vera-Cruz gelandet ist. Ich habe Ursache, durch die Rückkehr dieses Offiziers überrascht zu sein; haben Sie die Güte, mich wissen zu lassen, warum man von den Instrucionen abgewichen ist, die nach unserer speciellen Zusammenkunft in Mexico darüber gegeben wurden.

Maximilian.

Maximilian sprach, wie man sieht, ganz als Herr und Gebieter; aber der Marschall konnte natürlich eine solche Controle der Handlungen seines Souveräns, dem allein die Wahl der französischen Officiere für Mexico zustand, nicht gutheißen. Noch am selben Abend glaubte Maximilian in den Salons des Palastes, in Gegenwart des diplomatischen Corps und nach Entfernung des Oberbefehlshabers diesen Umstand in starken Ausdrücken tadeln zu dürfen. Was der Marschall darauf zu thun hatte, als er Nachricht davon erhielt, war nicht zweifelhaft; aber der Kaiser von Mexico bemühte sich, in seiner Hochherzigkeit diese erste Spur von Uneinigkeit schnell zu verwischen. Niemals haben der Kaiser oder die Kaiserin dem Marschall direct oder indirect Kenntniß von den Beschwerden gegeben, die sie dem Hofe der Tuilerien mitgetheilt, und ohne die Indiscretionen während des Aufenthalts der Kaiserin Charlotte in dem Grand-Hôtel zu Paris würde er noch lange in völliger Unkenntniß über dieselben geblieben sein.

Der Marschall hatte einen großen Fehler, der sich in den Augen des kaiserlichen Paares täglich noch vergrößerte, den nämlich, daß er vor Allem Franzose bleiben wollte. Die Instructionen des französischen Cabinets vom 6. Januar 1866, die seitdem öfters wiederholt wurden, schrieben dem Hauptquartier bereits vor, seinen Einfluß nur mit größter Zurückhaltung geltend zu machen. „Trotz der Klagen Maximilian's", schrieb man, „wollen wir keine Soldaten mehr geben." Zu Ende desselben Monats meldete man dem Marschall noch von Paris: „Sie haben weise gehandelt, als Sie unsere Trrppen zwischen San Luis, Aguas-Calientes und Matehuala concentrirten. Unsere militärische Rolle muß allmälig aufhören." Seit den letzten Tagen des Monat Mai 1866 hoffte die französische Regie=

rung „auf schon extreme Entschlüsse von Seiten Maximilians", den die Leere der Staatscasse drückte und der von der Hingebung des Marschalls erwartete, daß er noch nicht nach Europa zurückkehre, wohin er mit den ersten abziehenden Truppen sich zu wenden gedachte, sondern die Lasten des Abzuges bis zur vollständigen Räumung übernehme. Maximilian selbst hatte dem Commandanten des Expeditionscorps seine Freude über eine solche Maßregel ausgedrückt. Trotz alledem hatte sich der mexicanische Hof bereden lassen, die Zusendung noch bedeutenderer französischer Truppen und die Eröffnung von ansehnlichen Crediten zu verlangen; er war überzeugt, weil das Hauptquartier sich gegen solche Forderungen erklärte, nur der Marschall verhindere neue Opfer Frankreichs, die allein den Sieg der Sache des Hofes sichern könnten. Dieser Hof wurde leider bei dem Gedanken erhalten, Frankreich sei ganz geneigt, ihm nochmals zu Hilfe zu kommen. Der Marschall aber, welcher schon seit Ende 1865 über die Absichten des Tuileriencabinets, wie über die öffentliche Meinung in Frankreich und in den Vereinigten Staaten wohl unterrichtet war, wollte keine Vermehrung der Truppen anregen, da sie sicherlich verweigert worden wäre. Nach seiner Meinung hatte Frankreich bereits genug Menschen und Geld geopfert, und er war, wie er Maximilian oftmals vorgestellt, von der Ohnmacht des mexicanischen Elements zu sehr überzeugt, als daß er sein Vaterland in neue Abenteuer hätte verlocken können. Der Souverän von Mexico suchte ganz mit Recht bedeutendere Hilfsmittel und der Marschall würde stolz gewesen sein, ein imposanteres Armeecorps zu commandiren; aber hätte Frankreich nicht klagen müssen, wenn Einer seiner Generale noch immer Tausende seiner Soldaten mehr in die Ferne geführt hätte?

Manche haben geglaubt und glauben vielleicht noch, daß

eine Vermehrung der Truppen den Sieg der Monarchie hätte bewirken können. Aber alle diese kennen die Intriguen und Treulosigkeiten am Hofe, so wie die unaufhörlich neu entstehenden finanziellen Schwierigkeiten nicht, wie ihnen auch die französischen Instructionen unbekannt sind, welche schon in den ersten Tagen des Jahres 1866 die Räumung der Plätze vorschrieben; sie haben nicht mit der absichtlichen Trägheit der höchsten Beamten zu rechnen gehabt, welche die Thätigkeit auf dem ganzen Gebiete des Reiches hemmten. Maximilian war zu beklagen, aber der Oberbefehlshaber trug keine Schuld.

Um sich eines Besseren zu überzeugen, braucht man nur die Depesche zu lesen, die damals Herr Bigelow, der americanische Gesandte in Paris an seine Regierung richtete, von der ihm der Auftrag geworden war, das Cabinet der Tuilerien um Erklärungen über angebliche Truppenbewegungen nach Mexico anzugehen.

Paris, 4. Juni 1866.

An Herrn Seward, Unterstaatssecretär in Washington.

Ich habe mich am letzten Sonntage zu Se. Excellenz dem Minister der auswärtigen Angelegenheiten begeben, um mit ihm über den in Ihren Instructionen als „confidentiell" bezeichneten Gegenstand zu sprechen. Da er durch den französischen Gesandten in Washington bereits von dem Inhalt unterrichtet war, brauchte ich ihm denselben nicht nochmals darzulegen.

. . . .

Ich sagte ihm, der Zweck Ihrer Instructionen, wie ich sie verstehe, gehe einfach dahin, eine Erklärung über die Einschiffung bedeutender Truppenmassen für Mexico zu erhalten, nachdem doch officiell die Absicht ausgesprochen worden sei, die ganze Armee zurückzuziehen.

Se. Excellenz antwortete, er habe, seit er mich gesehen, von einem Collegen, dem Marine- und dem Kriegsminister, die Anzeige erhalten, es wären in diesem Jahre keine Truppen, die zum Expeditionscorps gehörten, abgesandt worden, außer einer Anzahl Soldaten zum Ersatz Fehlender, welche die Stärke aber in keiner Weise erhöhten. Die in den Zeitungen und in Ihrer Depesche erwähnte Truppeneinschiffung sei wahrscheinlich jene, welche auf dem Transportschiffe „Rhone" im Anfange des Jahres stattgefunden. Dieses Schiff hätte in Martinique angelegt und nicht, wie man gesagt, in St. Thomas. Es hätte 916 Soldaten und nicht 1200 an Bord gehabt, die keineswegs zum Expeditions=corps, sondern zu der Fremdenlegion gehörten.

Diese Soldaten hatten lange in Frankreich und Algier auf den Transport gewartet, um sich ihren Regimentern anzuschließen. Eine neue Anwerbung für die Fremdenlegion hat nicht statt=gefunden, seit der Kaiser die Absicht ausgesprochen, seine Fahne aus Mexico zurückzuziehen, und es handelt sich, so viel er weiß, keineswegs um neue Werbungen.

Was die Einschiffung der in Oesterreich geworbenen Truppen betrifft, so sagte mir Se. Excellenz, es sei dies eine Angelegen=heit zwischen der österreichischen Regierung und den Mexicanern, und sie gehe Frankreich nichts an. Seit ich ihn auf die Sache aufmerksam gemacht, hat sich seine eigene Ueberzeugung darüber durch eine Depesche des Ministeriums der Marine und des Kriegs bestätigt, welche versichert, daß keine Verpflichtung weder für Aufnahme noch für Transport österreichischer Truppen nach Mexico eingegangen worden sei.

Ferner erklärte er mir, die Regierung habe die Absicht, ihre ganze Armee aus Mexico spätestens zu der Zeit zurückzuziehen, welche in der Ihnen gesandten Depesche angegeben, ja früher sogar, wenn das Wetter und andere Verhältnisse es erlaubten; auch liege es keineswegs in dem Willen der Regierung, die Armee durch andere Truppen irgend einer Art zu ersetzen. Nach der langen Unter=redung, deren wichtiges Resultat ich Ihnen gemeldet, drückte ich dem Minister die Befriedigung über seine Erklärungen und zugleich meine Freude aus, dieselben meiner Regierung mit=theilen zu können.

Diese Depesche ist Herrn Drouyn de Lhuys mitgetheilt worden, und billigte er den Bericht über unsere Unterredung.

John Bigelow.

Hätte Maximilian nach dem Lesen dieser Depesche noch auf Truppenverstärkungen hoffen können? Die Vereinigten Staaten folgten demnach den Handlungen der französischen Politik Schritt für Schritt und zählten gleichsam jeden einzelnen Mann, der zur Erneuerung unserer Truppenzahl nöthig war. Selbst die Anwerbung von Oesterreichern war untersagt. Die französische Regierung sah sich schon seit langer Zeit einer solchen tyrannischen Bevormundung unterworfen, und es blieb Maximilian kein anderes Mittel zur Recrutirung übrig, als das Wiederengagement der entlassenen Franzosen, die, statt sich nach Europa einzuschiffen, Dienst unter den Cazadores nahmen.

X.

Wie man gesehen hat, legte Maximilian großen Werth auf die Verstärkung der neuen Bataillone von Cazadores; er konnte mit Recht auf den guten Willen der Franzosen zählen, die sich dafür werben ließen; denn das Herrscherpaar erregte die warmen Sympathien unserer Armee. Aber die Bemühungen des Hauptquartiers und die Hingebung der französischen Offiziere, welche die schwierige Aufgabe übernommen hatten, jene neuen Bataillone zu formiren und zu commandiren, mußten fruchtlos bleiben, wenn das Land selbst, wie die kaiserlichen Commissare und die großen Grundbesitzer, ihnen nicht offen und ehrlich durch tüchtige Recrutirung zu Hilfe kamen. Die Leva, eine Art Soldatenpresse, war von der Regentschaft in Folge eines Antrags des Gene=

ral Forey abgeschafft worden, und das Kaiserthum hatte erneut verboten, zu jenem brutalen und inhumanen System zur Verstärkung der mexicanischen Armee, zurückzugreifen. Trotz alledem bestand die Leva noch immer. Indianer, die durch die Hacenderos gepreßt waren, und der Abschaum der mexicanischen Gesellschaft aus den Gefängnissen waren die armseligen Elemente, welche die politischen Provinzpräfecten zur Verfügung der französischen Commandanten stellten, und man kann sich denken, was unsere Freiwilligen, die auf soldatische Ehre hielten, empfinden mußten, wenn sie Waffengefährten hatten, welche die Sträflingskette gegen die Flinte ausgetauscht hatten. Dennoch ließen unsere Offiziere den Muth nicht sinken. Gestützt auf die kaiserlichen Befehle, welche eine Recrutirung in den Staaten Mexico, Queretaro und San Luis anordneten, versuchten sie die Apathie der Präfecten zu beseitigen und deren Feindseligkeit aufzuheben; sie besuchten selbst die Haciendas und appellirten an den Patriotismus, wie an das eigene Interesse der großen Grundbesitzer, deren Sicherheit nur durch die gesetzliche Aushebung der Arbeiter auf ihren Gütern und durch den Eintritt von Freiwilligen unter die Fahne bewirkt werden konnte. Die ganze Bevölkerung mußte ihr Contingent zur Recrutirung liefern, wenn die kaiserlichen Commissare die Krone nicht preisgeben wollten. Auch waren ja solche Opfer nunmehr durch die Ereignisse mehr als je geboten. Der General Mejia hatte Escobedo und Cortina vor sich, welche seine Division, die disciplinirtesten, aus alten kriegsgewohnten Banden der Sierra bestehenden Truppen, zu vernichten drohten. Maximilian verlor den Muth trotz alledem nicht; er fühlte seine Kraft verdoppelt durch die Energie einer sich aufopfernden Lebensgefährtin, welche die Geschäfte in Mexico leitete, während er das Land durchreiste. Von Cuernavaca aus, wo ihn die Nachricht von einem großen Unfall traf, verlangte er ohne Zögern von dem Hauptquartier die Mittel, das Geschehene wieder gut zu machen.

Cuernavaca, 24. Juni 1866.

Mein lieber Marschall,

Ich habe mit großer Freude aus Ihrem letzten Briefe vernommen, daß die Organisation der neuen Bataillone Cazadores und der nationalen Armee ununterbrochen fortschreitet, und ich danke Ihnen herzlich dafür.

Die Nachricht von der fast gänzlichen Vernichtung der Division Mejia überraschte mich in schmerzlicher Weise. Ich baute auf diese braven Truppen, die einen Theil meiner Hoffnungen für die Zukunft bildeten. Auf der anderen Seite würde die Wiederherstellung der Verbindungen zwischen Matamoros und Monterey zur Erleichterung unserer Finanzen sehr nöthig gewesen sein; aber ich vertraue auf die Maßregeln, die Ihnen Ihre Erfahrung an die Hand geben wird und bitte Sie, mir den Feldzugsplan zu senden, durch den das uns betroffene Unglück wieder gut gemacht werden kann, und der die Ordnung in den nicht unterworfenen Provinzen wiederherstellen soll.

Maximilian.

Ein zweiter noch empfindlicherer Schlag traf den mexicanischen Hof zu Ende des Monats Juli durch die Antwort des Kaisers Napoleon auf die Mission Almonte's, auf welche der Kaiser Maximilian und die Kaiserin Charlotte so große Hoffnungen gebaut hatten. Napoleon III. schrieb seinem Verbündeten noch härtere Bedingungen als alle die bisherigen, vor. Wenn die Form der kaiserlichen Botschaft, welche die Auseinandersetzung gewisser wohlbegründeter Beschwerden enthielt, höchst verletzend für die Eigenliebe

Maximilian's war, so sprechen die Entschließungen, die sie mittheilt, das Todesurtheil über die mexicanische Monarchie aus. Seward triumphirte!

Paris, 31. Mai 1866.

Der General Almonte hat dem Kaiser die Schreiben Sr. Majestät des Kaisers Maximilian übergeben und die Mittheilungen überbracht, mit denen er für die französische Regierung betraut war. Se. Majestät bedauert hier die Ueberraschung ausdrücken zu müssen, welche ihm jene Mittheilungen bereitet haben. Seit länger als einem Jahre hatten die Instructionen an die französischen Agenten in Mexico, Instructionen, welche aus dem Gefühl der Pflichten und Verbindlichkeiten hervorgingen, die wir gegenseitig übernommen, den Zweck, der mexicanischen Regierung Rathschläge zu ertheilen, welche sowohl durch die Interessen der beiden Länder als nicht minder durch die aufrichtige Freundschaft Sr. Majestät für den Kaiser Maximilian dictirt worden sind.

Jene Rathschläge scheinen nicht verstanden worden zu sein. Die durch den Herrn General Almonte formulirten Anträge verrathen es deutlich, wie sie das vollständige Verkennen einer Lage darthun, über welche man den Hof von Mexico sobald als möglich aufklären muß.

Man braucht nicht an die Entstehung der französischen Expedition zu erinnern: ihre Rechtmäßigkeit ging aus unseren Beschwerden hervor. Da wir uns selbst Recht schaffen mußten, gebot die Erfahrung aus früherer Zeit, für die Zukunft Bürgschaften gegen die Wiederkehr von Handlungen zu suchen, die so oft strenge, aber stets nutzlose Maßregeln gegen das Land durch kostspielige Expeditionen hervorgerufen. Jene Bürgschaften mußten hauptsächlich aus der Begründung einer regelmäßigen Regierung hervorgehen, die stark genug wäre, um mit der herkömmlichen Unordnung zu brechen, welche sich von einer der ephemeren Regierungen zu der andern vererbt hatte. So wünschenswerth die

Errichtung einer solchen Regierung war, so konnten wir doch noch weniger als andere daran denken, dieselbe aufzuzwingen, und wir haben jederzeit eine solche Absicht laut desavouirt. Wir mochten indeß auch nicht glauben, daß die Elemente einer nothwendigen politischen Regeneration in dem mexicanischen Volke gänzlich fehlen sollten und nahmen uns so vor, alle Bemühungen zu unterstützen, welche von dem Lande selbst versucht, und geeignet waren, dasselbe der Anarchie zu entreißen. Eine solche Unternehmung hatte etwas Großartiges; sie bestach den Kaiser Maximilian. Auf den Ruf des mexicanischen Volkes gab er sich muthig dieser Aufgabe hin, ohne sich von den Schwierigkeiten und Gefahren derselben abhalten zu lassen. Er glaubte wie der Kaiser Napoleon, daß große Interessen der Versöhnung und des Gleichgewichtes sich an die Unabhängigkeit Mexicos knüpften, an die Integrität seines Gebietes, die durch eine feste und billige Regierung garantirt wäre; und er wußte, daß ihm unsere Unterstützung nicht fehlen werde, um ihm bei der Verwirklichung eines für die ganze Welt heilsamen Werkes behülflich zu sein.

Die Pflichten des Kaisers gegen Frankreich geboten ihm indeß, die Ausdehnung der Mitwirkung, die er Mexico bieten durfte, nach der Wichtigkeit der bei dieser Unternehmung engagirten französischen Interessen zu bemessen. Zu diesem Zwecke wurde der Vertrag von Miramare geschlossen.

. . . .

Frankreich hat die Lasten des Contractes, der unsere Rechte und Verpflichtungen festsetzte, reichlich abgetragen und empfing dafür von Mexico nur sehr unvollständig die ihm versprochenen Entschädigungen. Diese Thatsache muß festgestellt werden, weil es nicht von uns abhängt, die Folgen derselben zu beseitigen. Wir sind weit entfernt, die Hindernisse und Schwierigkeiten jeder Art zu verkennen, gegen welche Se. Majestät der Kaiser Maximilian zu kämpfen hatte. Wenn wir oft beklagt haben, daß seine loyalen Absichten nicht besser unterstützt wurden, so freuten wir uns auf

der anderen Seite stets seiner thätigen Sorgfalt und seiner hoch=
herzigen Initiative.

. . . .

Die Resultate entsprachen unseren Hoffnungen nicht trotz
der gewandten und energischen Leitung des Mar=
schalls und der Hingebung einer Armee, die durch nichts er=
müdet ward.

. . . .

Die französische Regierung erleichterte den Abschluß von An=
leihen, welche den Verlegenheiten der mexicanischen Staatscasse
zu Hülfe kamen, und dennoch wurden unsere Ausgaben nur durch
illusorische Rechnungen ausgeglichen. Es wurden freundschaft=
liche Rathschläge ertheilt, aber der systematische Widerstand der
Räthe Sr. Majestät äußerte sich in Allem, was die Interessen
Frankreichs betraf. Muß daran erinnert werden, durch welche
Anstrengungen die französische Gesandschaft endlich eine ungenü=
gende Entschädigung für unsere Landsleute erlangte, während die
englischen Reclamationen ohne Streit geregelt wurden? In einer
Zeit als man Mittel fand, ohne Verzug und mit baarem Gelde die
zweifelhaften und unrechtmäßigen Forderungen zu befriedigen, sahen
wir selbst das Princip der französischen Reclamationen bestritten,
die doch durch den Vertrag von Miramare als die nächste Ver=
anlassung unserer Expedition anerkannt waren und die auch ohne
jede Stipulation eine unabweisbare und unbestrittene
Ehrenschuld hätten ausmachen sollen.

Nachdem der mexicanischen Regierung unter allen Umständen
die Nothwendigkeit dargelegt worden war, selbst für ihre Erhal=
tung zu sorgen und nachdem man ihr zu wiederholten Malen
erklärt hatte, die Mitwirkung, die wir ihr geschenkt, könne nur
so lange fortgesetzt werden als die uns gegenüber übernommenen
entsprechenden Verpflichtungen streng erfüllt würden, ließen wir
ihr die gebieterischen Rücksichten auseinandersetzen, welche uns
nicht gestatteten, von Frankreich neue Opfer in Anspruch zu
nehmen, uns dagegen veranlaßten, unsere Truppen zurückzu=
ziehen.

Als wir diesen Entschluß faßten, befahlen wir trotzdem bei der Ausführung desselben die nöthige Zögerung und Vorsicht anzuwenden, damit die Gefahren eines zu raschen Uebergangs vermieden würden. Zu gleicher Zeit mußten wir an die Stelle werthlos gewordener Bestimmungen des Vertrages von Miramare andere Arrangements zu treffen suchen um unsere Forderungen sicher zu stellen. Der Gesandte des Kaisers in Mexico empfing demzufolge Instructionen, um einen neuen Vertrag zu diesem Zwecke abzuschließen.

Diese Instructionen gingen wie alle Handlungen des Kaisers Napoleon aus den ungekünstelten Gefühlen welche ihn an den Kaiser von Mexico fesseln und aus seinem aufrichtigen Wunsche hervor, die Interessen miteinander zu versöhnen, welche er nicht trennen will. Er würdigte die Gründe, welche seinen Repräsentanten veranlaßten, nicht auf dem unmittelbaren Abschlusse der ihm aufgetragenen Arrangements zu bestehen; aber er sah mit Bedauern, wie das mexicanische Cabinet die Nachsicht benutzte, um den Ort einer Verhandlung, die nur in Mexico mit Nutzen geführt werden konnte, nach Paris zu verlegen.

Der Kaiser Napoleon bedauerte ganz besonders in dem Vertragsentwurfe, welcher seiner Regierung durch den General Almonte vorgelegt wurde, bereits früher formulirte Anträge wieder vorgebracht zu sehen, die wir, so oft sie gemacht worden waren, durch gebieterische Gründe veranlaßt, hatten ablehnen müssen. Die Anwesenheit der Truppen sollte über die bezeichneten Termine hinaus verlängert und neue Vorschüsse von uns geleistet werden, weil die Mittel der mexicanischen Staatscasse nicht ausreichend sein würden; die Wiedererstattung wurde auf unbestimmte Zeit verschoben; auch wurde uns kein Pfand und keine Garantie für die Sicherheit unserer Forderungen geboten. Nach den aufrichtigen loyalen und vollständigen Auseinandersetzungen der französischen Regierung kann man sich das Verharren in den Illusionen kaum erklären, die bei der Abfassung dieses Entwurfes vorgeherrscht haben müssen.

Die von dem General Almonte überbrachten Anträge können unmöglich angenommen, ja nur discutirt werden. Man muß in einen neuen Vertrag willigen.

Wenn die Combination, die Sr. Majestät dem Kaiser Maximilian vorgelegt werden soll, von demselben genehmigt wird, so werden die für den allmäligen Abmarsch der französischen Truppen festgesetzten Termine innegehalten werden, und der Marschall Bazaine wird in Uebereinstimmung mit ihm die nothwendigen Maßregeln feststellen, damit die Räumung des mexicanischen Gebietes unter den für die Erhaltung der Ordnung und die Befestigung der kaiserlichen Gewalt günstigsten Bedingungen Statt finde.

Wenn dagegen unsere Vorschläge nicht angenommen werden, so darf man nicht verhehlen, daß wir uns frei von jeder Verpflichtung ansehen werden und fest entschlossen sind, die Occupation Mexicos nicht zu verlängern. Wir würden den Marschall Bazaine anweisen, mit aller möglichen Beschleunigung die Armee in die Heimat zurückzuführen, und dabei nur auf die militärische Convenienz und die technischen Fragen Rücksicht zu nehmen, über die er allein die Entscheidung hätte. Dabei wird er gleichzeitig dafür zu sorgen haben, daß die französischen Interessen die berechtigte Sicherstellung finden.

Der Kaiser Napoleon hat die Ueberzeugung, dem gemeinsamen Werke Vorschub geleistet zu haben. An Mexico ist es nun, sich zu befestigen. Die Verlängerung einer fremden Vormundschaft ist eine schlimme Schule und eine Quelle von Gefahren: im Innern gewöhnt sie daran, nicht auf sich selbst zu zählen und lähmt die nationale Thätigkeit; nach außen erregt sie Mißtrauen und reizt die Empfindlichkeit. Für Mexico ist der Augenblick gekommen, alle Zweifel zu zerstreuen, und seinen Patriotismus zu der Höhe der schwierigen Lage zu erheben, in der es sich befindet. Die Angriffe gegen die Form der Institutionen, welche es sich gegeben hat, werden im Innern und Aeußern ohne Zweifel allmälig schwinden, wenn es sie allein zu vertheidigen hat, und sie werden machtlos bleiben gegen die Vereinigung der Völker und ihres Souveräns, die durch gemeinsam muthig übernommene und ertragene Prüfungen nur gefestigt werden wird. Es wird Sr. Majestät dem Kaiser Maximilian und dem mexicanischen Volk zur Ehre gereichen, so das Civilisationswerk vollendet zu haben, das im Beginn ermuthigt und unterstützt zu haben uns stets mit Stolz erfüllen wird.

Der mexicanische Hof war wie vom Blitz getroffen; er äußerte seinen Schmerz über das Verhalten der Tuilerien um so stärker, als die Staatskasse sich zu sehr erschöpft hatte, um den Verpflichtungen gegen Frankreich nachkommen zu können. Als die obige Botschaft Napoleon's III. ankam, schuldete, so viel ist gewiß, Maximilian nichts als etwa 400,000 Francs; er hatte seit einiger Zeit sorgfältig sich bemüht, den Bedingungen des Vertrags von Miramare nachzukommen, der nun mit Füßen getreten wurde; man verlangte jetzt von ihm einen neuen Vertrag, der ihm seine letzten flüssigen Hilfsmittel, die Zolleinnahme von Tampico und Veracruz, durch die Uebertragung der Hälfte deren Ergebnisses auf Frankreich, entziehen sollte. Wenn dieser Vertrag nicht angenommen wurde, sollte der Marschall sich sofort zurückziehen und Maximilian seinen eigenen Kräften überlassen bleiben. Das empörte Gefühl der kaiserlichen Familie machte sich in bitteren Klagen Luft und wurde sogar außerhalb des Palastes bekannt. Die Zukunft wird die Worte bestätigen, welche, wir können es versichern, Maximilian im Beisein seiner Umgebung sprach: „ich bin betrogen; es bestand ein förmlicher Vertrag zwischen dem Kaiser Napoleon und mir, ohne welchen ich den Thron nie angenommen haben würde und der mir die Unterstützung der französischen Truppen bis zu Ende des Jahres 1868 absolut verbürgte."

Man weiß in London sehr wohl, daß ein solcher geheimer Vertrag existirte.

Maximilian sah ein, daß ihm nur Eines übrig blieb — die Abdankung. Am 7. Juli ergriff er in der That die Feder, um den Fall der Monarchie zu unterzeichnen, aber die Kaiserin von Mexico hielt seine Hand zurück und in einem edeln, aber unbedachten Gefühle unterzog sie sich den großen Anstrengungen der langen Reise über das Meer und setzte sich den Fiebern der heißen Länder aus. Sie hoffte ihre Sache in Paris und Rom noch zu gewinnen, d. h. die drei Fragen günstig zu lösen, von denen das Schicksal der Monarchie abhängen mußte: die Aufrechterhaltung und Vermehrung des Occupationsheeres, eine Geldbeihülfe und die Erlangung eines Concordates mit dem Clerus. Würde ihr Unternehmen nicht gelingen, so sollte der Kaiser die Gewalt in die Hände der Nation zurückgeben, und seiner muthigen und würdigen Gemahlin nach Europa folgen. Der mexicanische Hof täuschte sich selbst über seine Lage; aber die Vertrauten, welche sich nicht an den Gedanken gewöhnen konnten, ihre hohe Stellung aufzugeben, drängten die Kaiserin zur Abreise. Der General Graf Thun war bereits nach Oesterreich zurückgekehrt. Am 8. Juli meldete das amtliche Blatt Mexicos, die Kaiserin reise nach Europa, wo sie über die Angelegenheiten Mexicos verhandeln und verschiedene internationale Fragen ordnen wolle. Es wurde damit auf die Reise nach Rom angespielt, um die Geistlichkeit und die Inhaber von Nationalgütern zu beruhigen. Um die Reisekosten für die erhabene Frau zu beschaffen, mußte man, da die Staatscasse erschöpft war, 30,000 Piaster aus der Wassercasse nehmen.*)

---

*) Eine Casse, welche die, für die Arbeiten zum Schutz gegen Ueberschwemmungen Mexicos erlegten Abgaben, enthielt.

Ein in jeder Hinsicht peinlicher Vorfall bezeichnete die Abfahrt der Kaiserin aus dem Hafen von Veracruz. Das Departement der mexicanischen Marine, welcher der Marschall aus eigenem Antriebe einen Credit von 500,000 Francs eröffnet hatte, um einen Dienst von Küstenwächtern wegen der Contrebande einzurichten, welche die Zolleinnahmen sehr beeinträchtigte, besaß nicht ein Fahrzeug und hatte auch nicht daran gedacht, für seine Souveränin eins zu schaffen. Als die Kaiserin Charlotte auf dem Hafendamm ankam, fand sie nur ein französisches Boot zu ihrer Verfügung; sie weigerte sich entschieden, unter unserer Flagge bis zu dem Schiffe zu fahren, das auf der Rhede dampfte. Die Unzufriedenheit, von welcher ihre Majestät auf dem Kai die unzweideutigsten Zeichen gab, bewies klar und deutlich, daß sie den mexicanischen Boden tief erregt gegen die französische Regierung verließ.

Diese Abreise, welche als ein äußerster und letzter Versuch der mexicanischen Regierung angesehen wurde, gab das Signal zu großen juaristischen Demonstrationen. Die Symptome der Auflösung traten offen sogar in der Armee der Kaiserlichen zu Tage und die durch Desertionen bereits geschwächte belgische Legion fing an meuterisch zu werden, während der Kampf an der Nordgrenze ausbrach. Der General Douay meldete, daß das ganze Land von der republikanischen Reiterei durchzogen werde. Der General Olvera ließ sich ein von 250 Oesterreichern und 1600 Mexicanern vertheidigtes Convoi abnehmen. Ein Theil der Letztern (der Mexicaner) ging zu dem siegreichen Escobedo über. Der General Mejia verlor definitiv Matamoros und sah sich genöthigt, fast allein zur See nach Veracruz sich zu begeben. Im Süden fielen die Truppen von Parras ab. Der Oberst Medina verrieth die Kaiserlichen, indem er die

Hauptstadt Tula aufwiegelte, und die leeren Staatscassen konnten den Truppen von Lopez und Quiroga, die auseinanderliefen, den Sold nicht schaffen. Ueberdies erhielt die französische Casse den Befehl, auch nicht einen Piaster mehr an die Cazadores-Bataillone zu zahlen, welche der Marschall bisher auf seine Verantwortlichkeit hin unterhalten hatte. Bei der Anmeldung aller dieser Unfälle hielt es der Marschall für gerathen, sich in Person an die Nordgrenze zu begeben, wo das Unwetter sich aufthürmte.

Er ließ sogleich eine leichte Colonne formiren, die im Vereine mit der französischen Contreguerilla den Auftrag erhielt, in den aufständischen Gegenden zu operiren. Ehe der General Mexico verließ, war er im Palaste erschienen, um die Befehle des Kaisers in Empfang zu nehmen; er wurde aber nicht vorgelassen.

Mit welchen Augen konnte Maximilian in der That den Repräsentanten Frankreichs ansehen? Der Kaiser hatte noch keinen Entschluß über den ihm angebotenen Vertrag gefaßt, und er zog vor, sich in Schweigen zu hüllen. Kaum war der Marschall am 20. Juli in San Luis angekommen, so sandte er dem Palast in Mexico ein Resumé der Lage des Landes und meldete: „daß man die belgische Legion nicht mehr allein in der Stadt Monterey lassen könne, weil sie nicht zuverlässig sei. Der Geist der Indisciplin hatte solche Dimensionen unter diesen Truppen angenommen, daß der General Douay nicht gewagt hatte, den erhaltenen Befehl der Entlassung auszuführen, weil er eine bewaffnete Auflehnung fürchten mußte." Am Schlusse dieses Schreibens sagte der Marschall, zufolge der Instructionen, die er von dem Kaiser Napoleon empfangen hatte, zu Maximilian: „ich kann nichts unternehmen, bevor ich die Entschließung Ew. Majestät über die Note kenne, welche Frankreich Ihnen gesandt hat und deren letzter Theil die unmittelbare Concentrirung der französischen Truppen für den Fall vorschreibt, daß Se. Majestät in die Einsetzung eines neuen Vertrags an die Stelle jenes von Miramare nicht willige."

Vierzehn Tage darauf kam ein Courrier Maximilian's in Peotillos an, wo sich das Hauptquartier befand, und übergab dem Marschall ein noch traurigeres Schreiben als das Decret vom 3. October; es war sicherlich der Schwäche des Souveräns durch ein Ministerum entrissen worden, das sich vor dem Aufstande, der im Herzen des Reiches ausgebrochen war, fürchtete. Es muß bemerkt werden, daß der Kaiser ohne das lebhafteste Drängen von Seiten des Marschalls, den Oberbefehlshaber nicht mehr zu Rathe gezogen und ohne Weiteres den Belagerungszustand für das ganze Reich erklärt haben würde.

Mexico, 7. August 1866.

Mein lieber Marschall,

Durch zwei Decrete vom 1. August habe ich den Belagerungszustand in den Departements erklärt, die in diesem Augenblick die unruhigsten zu sein scheinen, nämlich die Departements Michoacan und Tancitaro auf der einen, und die Departements Tuxpan, Tulancingo und der Bezirk Zacatlan (Departement Tlaxcala) auf der andern Seite.

In Bezug darauf muß ich Ihnen mittheilen, daß mehrere Mitglieder meines Ministeriums mich auffordern, den Belagerungszustand über das ganze Reich zu verhängen. Sie behaupten, das einzige Mittel die Pacification des Landes zu erreichen und selbst Ordnung in die Verwaltung und die Finanzen zu bringen, sei, daß man die Gewalt in die Hände der obersten Militärcommandanten lege, die man überall, wo es möglich wäre, aus den französischen Offizieren wählen müsse. Diese Maßregel kann ihre gesetzliche Wirkung nur dann haben, wenn die Departements in Belagerungszustand erklärt worden sind.

Die Frage ist sehr wichtig; sie berührt die ernstesten Interessen und ich wollte keine Entscheidung treffen, bevor ich Ihre Meinung gehört. Sie haben einen großen Theil des Landes durchreist und in der Nähe den Zustand gesehen, in welchem sich die verschiedenen Departements befinden; Sie sind also mehr als irgend Jemand im Stande, mir Ihren Rath zu ertheilen und die Beobachtungen zukommen zu lassen, die Sie selbst gemacht haben.

Es würde mir deshalb angenehm sein, zu erfahren, ob Sie es für nöthig halten, daß das ganze Reich in Belagerungszustand versetzt werde, oder ob es zweckmäßig sei, diese Maßregel auf gewisse Departements zu beschränken; endlich, ob Sie geneigt sind, mir die französischen Offiziere zu bezeichnen, welche zu Oberbefehlshabern für die in Belagerungszustand erklärten Departements ernannt werden könnten. Ich zweifle nicht, daß Sie auch bei dieser Gelegenheit meiner Regierung zu Hilfe kommen werden.

Ihr wohlgeneigter

Maximilian.

Der Marschall, welchem man so gerne Träume voll persönlichen Ehrgeizes zugeschrieben und welchem sicherlich das Anerbieten einer solchen militärischen Dictatur in einer für die Krone so kritischen Zeit günstig erscheinen mußte, antwortete dem Kaiser aus seinem Bivouak:

Peotillos, 10. August 1866.

Sire,

Ich habe die Ehre, Ew. Majestät den Empfang Ihres Briefes vom 2. August b. J. anzuzeigen, worin Sie geruhen meine Ansicht darüber zu verlangen, ob es zweckmäßig sei, den Belagerungszustand über das ganze mexicanische Gebiet oder einen Theil desselben zu verhängen, indem Sie mich zugleich auffordern, Ihnen die französischen Offiziere zu nennen, welche in den in Belagerungszustand zu versetzenden Districten zu Höchstcommandirenden ernannt werden könnten.

Die Frage ist, wie Ew. Majestät auch hervorheben, eine sehr wichtige und berührt tiefernste Interessen. In der That stellt der Belagerungszustand einen vorübergehenden Zustand her, durch welchen alle Gewalten in der Hand der Militärbehörde zusammengefaßt werden, einen Zustand, der in sehr bedeutender Weise in das ganze Getriebe der administrativen und gerichtlichen Maschinerie eingreift, und die Bürger in eine unregelmäßige und gespannte Stellung bringt.

Sowohl im Interesse einer allgemeinen Maßregel, wie im Augenblick einer unvorhergesehenen großen Krisis ereignet es sich, daß die höchste Behörde zu diesem äußersten Mittel greift, um damit anzudeuten, daß die Gewalt das einzige ihr übrig gebliebene Hülfsmittel sei.

Ist heute der Fall eingetreten, eine solche Maßregel gegen das mexicanische Reich anzuwenden? Ich glaube es nicht, und bitte den Kaiser um Erlaubniß, ihm zu beweisen, daß die Maßregel nutzlos sein würde.

Giebt der Kriegszustand, welcher seit fünfzig Jahren der so zu sagen regelmäßige Zustand dieses Landes ist, nicht jede wünschenswerthe Erleichterung, um durch die Gewalt zu erlangen, was weder die Ueberredung noch die Bemühungen einer regelmäßigen Verwaltung zu bewirken vermochten?

Daß eine einzige Behörde an die Stelle aller andern trete, eine einzige Gewalt an den Platz aller derer komme, welche die bürgerliche Gesellschaft leiten, könnte nur in soweit dem Gange der Regierung größere Einheit verleihen, als die für den Augenblick suspendirten Behörden — denn der Belagerungszustand kann, ich wiederhole es, immer nur ein vorübergehender sein — zu gleicher Zeit und überall durch andere ersetzt zu werden vermöchten, auf deren Tüchtigkeit und Treue man sicher zählen könnte.

Ist es nicht natürlicher, zu handeln, als Verordnungen zu erlassen und ist bei dem unbestreitbaren Kriegszustand, in dem sich das Land befindet, der Uebergang, um zu dem Belagerungszustande zu gelangen, nicht einfach und leicht? Generale und Oberbefehlshaber sind überall oder wenigstens in größter Nähe der Punkte zu finden, an welchen ihre Thätigkeit unentbehrlich werden könnte.

Die Kriegsgerichte sind im ganzen Umfange des Reichs in Thätigkeit. Wird der Belagerungszustand den Militärbehörden mehr Thatkraft, mehr Würde und Ansehen verschaffen? Nein, Sire, er wird ganz einfach nur die unmittelbare Thätigkeit der Civilbehörden unterdrücken.

Man kann, ohne Jemand zu erschrecken, dasselbe Ziel erreichen, indem man im Kriegszustand bleibt, ohne die Gesetzlichkeit zu verlassen und indem man das Personal der Verwaltungs-, der Gerichts- und der Finanzbehörden sichtet.

Soll ich nun als Zusatz zu dem Gefühle, welches mich antreibt, die Verfügung des Belagerungszustandes zu verwerfen — außer in ganz dringenden Fällen und für ganz bestimmte Localitäten, aber allezeit in vorübergehender Weise — den allgemeinen Betrachtungen, welche ich die Ehre hatte, soeben Ew. Majestät vorzutragen, noch die aus der besonderen Lage der französischen Armee in Mexico unter den gegenwärtigen Umständen herzuleitenden hinzufügen, wo dieselbe seit zwei Jahren der mexicanischen Obergewalt alle jene Befugnisse zurückgegeben hat, welche Sie vor der Ankunft des Monarchen ausübte?

Wie groß auch mein Wunsch sei, zur Verfügung Ew. Majestät alle Offiziere zu stellen, deren Ueberlassung Sie von mir zu verlangen wünschen möchten, so giebt es doch für mich gewisse unüberschreitbare Grenzen.

In der That wäre es mir in dem Augenblicke, wo ein Theil der französischen Armee sich bereit macht, den mexicanischen Boden zu verlassen, nicht möglich, deren Ordnung zu stören und sie ihrer höhern Offiziere zu berauben, der einzigen, welche Ansehen genug haben könnten, um die Stelle von Obercommandanten in den dem Belagerungszustand unterworfenen Departements zu versehen.

Noch weniger kann ich daran denken, von ihren Corps diejenigen Oberoffiziere wegzunehmen, welche zu den Corps gehören, die in Mexico zu bleiben bestimmt sind.

Und endlich wäre es klug, da schon zwei Würdenträger der französischen Armee zwei der wichtigsten Aemter in der mexicanischen Regierung inne haben, wäre es klug, will ich mir erlauben Ew. Majestät zu fragen, das Gewicht der bereits auf uns lastenden Verantwortlichkeit noch zu vermehren, indem alle Behörden im Innern absorbirt und alle nationalen Elemente vernichtet werden, auf welche Ew. Majestät sich bis jetzt gestützt haben und die man noch nutzbar machen könnte?

Mit einem Worte, der Belagerungszustand würde die Quelle eines großen Mißvergnügens werden; er würde die Ursache zu einer allgemeinen Abneigung geben, welche sich nicht allein gegen den anscheinend an seinem Volke verzweifelnden Souverän Mexicos, sondern auch gegen die verbündete Macht geltend machen würde, deren Thätigkeit sich nur durch die ausschließlich von französischen Offizieren ausgehende Strenge bemerklich machen würde; der Belagerungszustand würde Ihrem Verbündeten das ganze Gehässige der Ausnahmemaßregeln zuschieben. Unter diesen Umständen würde derselbe die Feinde des Kaiserreichs vermehren und könnte der Verläumbung Glauben verschaffen, welche die Dissidenten verbreiten, um den Nationalgeist zu überreizen: daß Frankreich nämlich mit Eroberungsabsichten nach Mexico gekommen sei.

Die Präfecten und die Unterpräfecten zu zwingen, den Generälen und den Oberoffizieren, welcher Nationalität sie auch angehören mögen, politische Berichte über den Zustand des Landes und seine Bedürfnisse abzustatten; ihnen die Befugniß zu entziehen, über irgend einen Truppentheil ohne Zustimmung der Militärbehörde zu verfügen, an welche sie eine schriftliche Aufforderung zu richten haben würden; endlich: eine gewisse Solidarität zwischen den beiden Gewalten zu schaffen, statt sie einander gegenüber zu stellen, die Organisation einer guten Gensdarmerie thätig zu betreiben, das sind die Mittel, welche, so scheint es mir, zuvörderst versucht werden müssen.

Ew. Majestät wird mir diese lange Auseinandersetzung nachsehen, welche mir von dem aufrichtigen Wunsche eingegeben ist, Ihnen überall nützlich zu sein und von der Besorgniß, die ich haben müßte, die Frage in eine eher schädliche als nützliche Richtung geleitet zu sehen.

Mit der tiefsten Achtung, Sire,

Bazaine.

Ohne diese den Umständen angemessene Sprache würden die Härten des Belagerungszustandes ganz Mexico ruinirt haben, und die Americaner, schon bereit ein zweites Mal*) die Grenze des Rio Bravo zu überschreiten, hätten die Tricolore herausgefordert, welche unsere Armee, die weniger geduldig ist, als unsere Politik, sicherlich nicht hätte herabwürdigen lassen.

XI.

An demselben Tage (10. August 1866), an welchem Marschall Bazaine, während er durch seine Operationen im Norden Mexicos der kaiserlichen Sache aufzuhelfen suchte, dem Kaiser antwortete, daß er die Verhängung des Belagerungszustandes über das ganze Land nicht billigen könne, landete mit dem unter kaiserlicher Flagge fahrenden Dampfer der transatlantischen Gesellschaft ganz urplötzlich die Herrscherin von Mexico im Hafen von St. Nazaire. Die Ueberraschung der Ortsbehörden, welche sich beeilten das Ereig-

---

*) Amerikanische Negertruppen hatten sich vor einigen Monaten bereits des von den Kaiserlichen besetzten Bagdad bemächtigt, es geplündert und dann wieder verlassen. Bagdad war sofort von den Franzosen wiederbesetzt worden.

niß nach Paris zu melden, war jedoch noch geringer als diejenige des Hofes der Tuilerien. Unsere Regierung war weit entfernt davon einen Besuch zu erwarten, dessen Ankündigung, wie man sich erinnern wird, in Paris eine große Aufregung hervorgerufen hatte. Denn die öffentliche Meinung witterte schon allerlei geheimnißvolle Zwischenfälle in diesem mexicanischen Drama, dessen Handlung sich mehr und mehr verwickelte. Noch am Tage vor der Landung hatten das Mémorial diplomatique und andere Blätter, deren Inspirirung aus officiellen Kreisen bekannt war, dagegen Verwahrung eingelegt, „daß die Kaiserin Charlotte nach Europa unterwegs sei", indem sie sich für ermächtigt erklärten, jede derartige Unterstellung als ausgezeichnete Verläumdung zurückzuweisen. Kaum gelandet, erklärte diese Fürstin ihre Absicht, incognito zu reisen, sowie sie sich weigerte, die Gastfreundschaft des Tuilerienhofes nachsuchen zu wollen.

In der Zeit, welche ihr bis zur Abreise übrig blieb, besichtigte die hohe Reisende den Hafen. Sie war begleitet von Herrn Martin Castillo, ihrem Minister des Aeußeren, von ihrem Großkanzler, von dem Grafen v. Bombelles und anderen Offizieren, die ihr gefolgt waren. Ihr Gesichtsausdruck zeigte den Stempel quälender Sorgen; ihre Augen glänzten schon in fieberhaftem Feuer. Die junge Fürstin war von der Ueberfahrt außerordentlich angegriffen worden. Sie hatte, um ungestörter zu sein, verlangt, auf dem Hintertheil des Schiffes bleiben zu können, hatte dort aber wegen der unaufhörlichen Erschütterung durch die Schraube keine Erholung im Schlafe finden können. Anderen Tags kam die Kaiserin in Paris an und stieg im Grand Hôtel ab. Je mehr sie sich dem Ziele ihrer Reise näherte, desto mehr wuchs ihre Ueberaufregung. Da die kaiserliche Familie sich damals im

Palais von St. Cloud befand, so forderte die Fürstin, indem sie eine Hofequipage zu ihrer Verfügung verlangte, hiermit eine sofortige Zusammenkunft mit Napoleon III. Inzwischen erhielt sie den Besuch des Herrn Drouyn de Lhuys und brachte einen Theil des Tages in Unterredung mit diesem Minister zu. Der Kaiser hatte antworten lassen, daß er unwohl sei und bedaure, die Kaiserin Charlotte nicht empfangen zu können; diese kam aber, die Entschuldigung nicht beachtend, dennoch in das Schloß.

Ihre Bitten waren so bringend, daß Napoleon sich endlich dazu verstand, sie zu empfangen. Hier nun entwickelte sie die Forderungen Maximilian's, welcher von Frankreich neue finanzielle und militärische Hilfe verlangte. Die Unterredung war lang und heftig und beiderseits voller Anschuldigungen, welche schließlich den Charakter der gewechselten Erläuterungen störten und änderten. Die Kaiserin, indem sie Stein auf Stein das ganze Gebäude ihrer Hoffnungen in den Staub sinken sah, an dessen Aufbau ihre feurige Einbildungskraft seit ihrer Abreise von Chapultepec bis zur Schwelle von St. Cloud gearbeitet hatte, ließ sich, fühlend, wie ihr das Scepter in der Hand zerbrach, selbst bis zur größten Heftigkeit hinreißen. Nachdem die Tochter des Königs Leopold ihre Beschwerdepunkte hergezählt, ward sie, jedoch etwas zu spät, inne, daß sie, indem sie aus der freigebigen Hand des Kaiser der Franzosen einen Thron angenommen, vergessen gehabt, aus dem Blute der Orleans entsprossen zu sein*). Jener Auftritt im Schlosse von St. Cloud mag in Wirklichkeit den ersten Anlaß zur Geistesstörung jener interessanten Fürstin gegeben haben,

---

*) Nach der Zusammenkunft von St. Cloud hat die Kaiserin Charlotte selbst den Bericht über ihre Unterredung mit dem Kaiser Napoleon dictirt.

deren Muth bald zugleich mit ihrer Vernunft dahinschwinden sollte. Kaum blieb ihr die Kraft, sich von Paris bis nach dem Vatican zu schleppen, um dort fast wahnsinnig zu den Füßen des heiligen Vaters nieder zu sinken, von welchem sie Hilfe und Trost erwartete.

Die Vereinigten Staaten hatten inzwischen keinen Augenblick die Reise der Kaiserin Charlotte aus den Augen verloren, ebenso wenig, wie die Handlungen der französischen Politik, die von Herrn Seward, dem amerkanischen Unter-Staatssecretär in einer Bewegung unterhalten wurde, welche zugleich hinreichte die republicanischen Tendenzen des Congresses zu befriedigen und die Feinde des Präsidenten Johnson zu entwaffnen, den man der Lauheit hinsichtlich Frankreichs anklagte. Der interimistische Geschäftsträger zu Paris Herr John Hay schrieb an Herrn Seward:

Paris, 10. August 1866.

Mein Herr,

In neuester Zeit sind in den Pariser Journalen Notizen aufgetaucht, welche die bevorstehende Abreise der Gemahlin des Erzherzogs Maximilian aus Mexico melden. Diese Nachrichten haben natürlich allerlei der kaiserlichen Sache in Mexico ungünstige Vermuthungen hervorgerufen. Um diesen nachtheiligen Bemerkungen ein Ende zu machen, haben das Mémorial und das Pays diese Gerüchte ausdrücklich dementirt.

. . . .

Gestern nun, zur großen Bestürzung dieser Freunde, welche ihre Behauptungen so unumstößlich hinstellten und voller Indignation waren, ist die fragliche Dame in Paris angekommen und im Grand Hotel abgestiegen.

Besonders von solchen Leuten, die unglücklicherweise stark bei der mexicanischen Anleihe betheiligt sind, wurden aus diesem Besuche die mißlichsten Schlußfolgerungen abgeleitet. Man betrachtet denselben allgemein als eine äußerste und letzte Anstrengung, um durch persönlichen Einfluß die dem mexicanischen Reiche absolut nöthige Unterstützung zu erlangen, welche seinem beglaubigten diplomatischen Vertreter verweigert wurde. John Hay.

Die Ausdrücke dieses diplomatischen Schriftstückes lassen in Bezug auf Höflichkeit Einiges zu wünschen übrig. — Am 17. August berichtet Herr Hay seiner Regierung folgendermaßen über den Besuch der Kaiserin Charlotte im Schlosse von St. Cloud:

Paris, 17. August 1866.

Mein Herr,

Auf den Rath des Herr Bigelow, der mit seiner Familie einige Tage in Ems verweilt, habe ich mich gestern in das Ministerium des Aeußeren verfügt. Ich habe mit Sr. Excellenz über die Berichte gesprochen, welche die Pariser Journale allgemein über den Besuch der Prinzessin Charlotte in Frankreich enthielten. Diese Nachrichten behaupten, daß Maximilian's Verweilen in Mexico von einer Abänderung der von der französischen Regierung angenommenen und in den neuerlichen Mittheilungen Sr. Excellenz an den Marquis von Montholon und an Herrn Bigelow mitgetheilten Beschlüsse abhinge.

Einige Journale gaben selbst zu verstehen, daß es der Prinzessin gelungen sei, eine Aenderung in diesem Programm zu erwirken. Ich befragte den Minister, ob eine Aenderung der angedeuteten Art in der kaiserlichen Politik bezüglich Mexicos eingetreten oder zu erwarten sei. Herr Drouyn de Lhuys antwortete mir, daß bisjetzt seine Politik in dieser Richtung gar keine Aenderung erfahren habe und auch nicht erfahren wird. „Was wir als unsere Absicht angegeben haben, werden wir auch ausführen. Natürlich — setzte er hinzu — haben wir die Kaiserin mit Höflichkeit und Herzlichkeit empfangen, aber der von der Regierung des Kaisers vorher schon festgestellte Plan wird, wie bestimmt, ausgeführt werden." John Hay.

XIII.

Zur Stunde, wo ganz Europa über den Schmerz und den Wahnsinn der Kaiserin Charlotte trauerte und in schmerzlicher Aufregung den Schlag erwartete, der Maximilian treffen mußte, entwickelten sich in Mexico die Ereignisse reißend schnell. Der Kaiser, mit Blindheit geschlagen, entfesselte mit eigenen Händen die Revolution, indem er einen wirklichen Staatsstreich in Scene setzte. Er stürzte sein eigenes Ministerium, und statt die Räthe der Krone aus allen Parteien auszuwählen, um sich bei der herannahenden Räumung des Landes durch die Franzosen kluger Weise auf das ganze Land und auf die öffentliche Meinung stützen zu können, warf er sich blindlings in die Arme der ultramontanen Partei, welche ihn durch ihre Intriguen und ihre Verheißungen umgarnt hatte. Die Reactionäre Lares, Marin, Campos und Tavera traten in das Ministerium. Der Abbé Fischer wurde Chef des kaiserlichen Cabinets und die Herren Osmont und Friant, der Eine Generalstabs-Chef, der Andere General-Intendant des Expeditionscorps, welche der Marschall dem Kaiser in einem kritischen Augenblicke zur vorübergehenden Aushilfe überlassen zu müssen glaubte, wurden nun definitiv mit dem Portefeuille des Krieges und der Finanzen betraut. Die Nachricht von diesem Staatsstreich, der am 26. Juli zu Mexico ausgeführt war, erreichte erst spät das Lager des französischen Generals, wo er Erstaunen und Bedauern in gleichem Maße hervorrief. Denn die vom Kaiser getroffene Wahl einer solchen äußersten Partei verwandelte sich sofort zur Kriegserklärung gegen die große Mehrheit der Nation. Ueberdies stand die officielle Einmischung zweier französischer Offiziere in die öffentlichen

Angelegenheiten im förmlichen Widerspruch mit den Bestimmungen unserer Regierung, wonach jede Einmischung in die politische Regierung des Landes untersagt war. Andrerseits ging es im Interesse unserer Armee nur sehr schwer an, daß diese beiden hohen Beamten neben ihren Ministerportefeuilles der eine sein Amt als Generalstabs-Chef, der andre als Intendant zugleich weiter verwalteten. Nicht weniger bedauerlich war es, daß eine so bedeutsame Entscheidung ohne Vereinbarung mit dem Oberbefehlshaber getroffen und auch bereits in Mexico vollzogen worden war, namentlich gegenüber der neuen Flagge, mit welcher sich der Thron zu decken im Begriff stand.

In jeder Hinsicht bedauerlich war das Zutrauen, welches Maximilian dem Pater Fischer schenkte, welcher später eine so verhängnißvolle Rolle spielte; und sicherlich würde der Glaube des Herrschers nicht getäuscht worden sein, hätte er die Lebensgeschichte dieses zum Katholicismus übergetretenen früheren Lutheraners gekannt. Augustin Fischer, ein Deutscher von Geburt, hatte sich etwa im Jahre 1845 einer nach Texas auswandernden Colonistentruppe angeschlossen. Nachdem er ohne Erfolg den Schreiber eines Notars gespielt, war er als Goldgräber nach Californien gewandert. Der vormalige Colonist schwor sehr bald seinen protestantischen Glauben ab, erhielt in Mexico die kirchlichen Weihen und bald die Stelle als Secretär des Bischofs von Durango. Aus dem bischöflichen Palais bald wegen lüderlichen Lebenswandels verstoßen, fand er zu Parras bei Herrn Sanchez Navarro Aufnahme, welcher, durch sein Aeußeres bestochen, ihn Maximilian selbst vorgestellt hatte. Es dauerte nicht lange, so fand sich der mit seltener Einsicht begabte Pater Fischer mit einer diplomatischen Sendung an den Heiligen Vater betraut: indeß kam er nach Mexico zurück, ohne in

Rom etwas ausgerichtet zu haben. Trotz alledem wuchs sein Einfluß und von dieser Stunde an wagte der kaiserliche Secretär, dessen Ehrgeiz keine Schranken mehr kannte, seine Hand nach dem Bisthum Queretaro, der fettesten geistlichen Pfründe in Mexico, auszustrecken. Die unmittelbare Gunst des Herrschers verbürgte den Erfolg. Aber die Wahl dieses Priesters war nicht dazu angethan, die Geister zu besänftigen und die Dissidenten wieder zu sammeln.

Gedachte Maximilian auf diese Weise dem Heiligen Stuhl ein Pfand zu geben und sich durch Berufung eines reactionären Ministeriums dessen Gunst zu erwerben, einzig in der Absicht, die Schritte der Kaiserin Charlotte zu unterstützen? Dies erscheint glaublich, namentlich wenn man an seine jugendlichen Wünsche und Bestrebungen denkt, wie sie die eben jetzt in Leipzig erschienenen Bilder aus seinem Leben uns enthüllen. Der Erzherzog war von einer tiefkatholischen Gemüthsrichtung, und zwar ebenso durch angeborenen Sinn, wie durch Erziehung. Seine Glaubensrichtung als Fürst aus österreichischem Stamme zog ihn zum Mysticismus, sowie sein Stolz auf seine Abstammung von dem großen Karl V. ihn sagen ließ, daß es nichts Erhabeneres gebe, als das göttliche Recht. Nur vor diesem Rechte beugte der fürstliche Knabe sein Haupt bis die Zeit kam, wo ihm eine angebliche Volksabstimmung die geträumte Krone wirklich überlieferte. Denn Maximilian hielt sich für einen Auserwählten: hierin liegt das Geheimniß seines mexicanischen Abenteuers, welches, wie man später finden wird, noch nicht das Endziel seiner Hoffnungen bildete. In Erinnerung an diese seine religiöse Richtung, welche sein Besuch in Rom aufs Aeußerste hatte treiben und reizen müssen, hätte man es begreiflich, obwohl nach unserer Ansicht unpolitisch finden können, wenn Maximilian gleich nach seiner

Thronbesteigung sich unbedingt auf die Seite der Klerikalen gestellt und von vornherein die liberale Bewegung bekämpft hätte. Man muß allerdings glauben, daß sich daraus ein Kampf auf Leben und Tod entwickelt haben würde, ein Krieg, ebenso verderblich für die Würde des Throns, wie unverträglich mit unserer Fahne: denn wenn der französische Clerus immer der Erste war, beiden Welttheilen erhabene Beispiele aufzustellen, so ist der mexicanische dagegen, wenige Ausnahmen abgerechnet, von Mißbräuchen und Genußsucht verderbt gewesen, welche durch die Abwesenheit jeglicher Zucht in diesen Zeiten unaufhörlicher Revolutionen nur noch vermehrt wurden. In seinen Reihen konnte der neue Herrscher keine lebendige Kraft finden; von dieser Seite war weder Aufrichtigkeit, noch Uneigennützigkeit zu erwarten. Wir haben nicht vergessen können, daß, als Monsignore La Bastida, der Erzbischof von Mexico, wieder seinen Fuß in die Hauptstadt seines verwüsteten Vaterlandes setzte, welches er seit Jahren nicht wieder gesehen, es sein Erstes gewesen war, sich zu erkundigen, ob der Krieg den Olivenbäumen seiner erzbischöflichen Domäne in Tacubaya etwa geschadet habe. Die Frage nach der Kirche und der Gemeinde wurde durch die Frage nach den Einkünften verdrängt. — Maximilian hatte also einen zweiten Hauptfehler begangen. Von Anfang an, wo er seine Umgebung hätte besser wählen sollen, beging er das große Unrecht, sich auf Feinde des französischen Namens zu stützen. Und nunmehr ließ er sich von dem vollen Strom einer Reaction dahinreißen, gegen welche alle wahren Conservativen und die Mehrheit einer in republikanischen Grundsätzen erzogenen Generation ankämpfen mußten. Diese Principien, indem sie sich gegen das neue Programm des Thrones erhoben, mußten unweigerlich an allen jenen Centralpunkten die Oberhand gewinnen, welche die französische Armee auf ihrem Rückmarsch dem Schutze der kaiserlichen Truppen übergab.

Indessen hatten unsere Truppen die ganze erste Periode des Jahres 1866 dazu angewendet, die Befestigung und die Bewaffnung der Plätze des Innern zu vervollständigen, wie z. B. Monterey, San-Luis, Durango, Zacatecas, Guadalajara und Matehuala. Unsern Artilleristen war es gelungen, auf den Werken jener Städte mehr als sechshundert in gutem Stande befindliche und reichlich mit Munition versehene Geschütze aufzustellen. Aber alle diese Vertheidigungsarbeiten, wie sie allmählich den mexicanischen Truppen übergeben wurden, mußten jetzt wirkungslos bleiben gegenüber der Erhebung des Landes, welches über die Wahl der neuen Minister erbittert war, deren Namen jede Hoffnung auf ein liberales Regiment abschnitten. Nach diesem Staatsstreich stimmte die mexicanische Regierung rathlos am 30. Juli der neuen von dem französischen Gouvernement geforderten Convention bei. Nach dicsem, am 1. December in Rechts=kraft tretenden und die Convention von Miramare zu ersetzen bestimmten Contracte, sollte die Hälfte des Ertrags der Ein=gangszölle von Veracruz und von Tampico zur Deckung der französischen Schuld verwendet werden. Maximilian hatte da eine unheilvolle Uebereinkunft geschlossen, von der er wußte, daß sie zum Nationalbankerott führen mußte, wollte er sie halten. Es wäre des Kaisers würdiger ge=wesen, hier selbst seine Krone zu zerbrechen, zurückzu=treten und der französischen Regierung die ungeheure Ver=antwortlichkeit zu überlassen. Aber dieser Fürst vermochte nicht, den Verlockungen der Herrschaft zu widerstehen. Viel=leicht hoffte er auch noch auf den Erfolg der Sendung der Kaiserin an die Höfe von Paris und Rom. Dies ist seine einzige Entschuldigung.

Während dieser Zeit zog die französische Armee nach dem auf drei aufeinander folgende Termine bestimmten Räumungsplan sich zusammen. Um ihre rückgängige Bewegung zu erleichtern, blieb der Marschall zu beiden Seiten der nach dem Norden führenden Straße stehen, bereit, jedem seiner beiden Hauptoperationscorps die Hand zu reichen, falls es bedroht würde. Auf dem linken Flügel verließ die Division Castagny allmählich die weiten Landstriche Sonoras, die Ebenen von Zacatecas und Durango, und zog sich auf die Stadt Leon, ihr neues Hauptquartier, zurück. Auf dem rechten Flügel räumte der General Douay alle nördlichen, der amerikanischen Grenze benachbarten Stellungen, und nachdem sich seine Truppen zu Saltillo vereinigt, schlugen sie unter den Mauern von San Luis ein Lager auf, wo sie den Contingenten von Zebeba, Pedro Martinez und Aureliano Rivera die Spitze boten. Die französischen Contre-Guerillas endlich, welche in der Umgegend von Matehuala operirten, schickten sich an, wieder in das heiße Tiefland des Staates Veracruz hinabzusteigen. Diese umfassende Rückzugsbewegung entblößte den Gürtel der nach außen liegenden Staaten, wie Tamaulipas, Nuevo-Leon, Cohahuila, Sinaloa und Sonora. Außerdem, daß sie durch die Befehle Napoleon's III. geboten war, wäre sie von Anfang an eine weise Maßregel gewesen. Maximilian hatte Unmögliches geträumt, als er seine Herrschaft in unendlichen Einöden aufrecht erhalten wollte, und nach unserer Meinung hätte das Hauptquartier klug gehandelt, noch unbedingter sich den Einflüssen der Krone zu widersetzen: denn unsere Truppen durchzogen Mexico wie ein Schiff den Ocean, das keine Spur hinter sich zurückläßt. Die nunmehrige Bewegung war um so verständiger, als an Maximilian selbst vom Präfecten von Zacatecas geheime Mittheilungen gelangt waren, welche nachwiesen, daß die Liberalen auf dem Punkte standen, von den Vereinigten Staaten die Garantie einer Anleihe von 50 Millionen Piaster zu erhalten. Für die Gewährung dieses Anlehens erboten sich die Juaristen Nieder-Californien zu verschachern. Mit Hilfe dieser amerikanischen Unterstützung sollte Gonzalez Ortega mit 10,000 Flibustiern, 100,000 Gewehren, 40 Geschützen und beträchtlicher Munition über Piedras Negras einrücken, um auf Zacatecas zu marschiren. Cortina rüstete sich zum Angriff auf Monterey und Saltillo. Negrete hatte versprochen, in Tamaulipas zu landen und in die Huasteca einzudringen, während Corona auf Culiacan hinabsteigen würde. Diesen wohlangelegten Plan bestätigend, benachrichtigte uns unser Consul in San-Francisco, daß General Miller, Zolleinnehmer daselbst, den Transit und die Einschiffung von Waffen und Munition autorisirt habe, welche von Juaristischen Agenten an die mexicanischen Dissidenten gesendet waren, während General Vega verabschiedete amerikanische Soldaten heimlich im großen Maßstabe anwarb, um sie in kleinen Abtheilungen nach Sonora zu senden. Ueberdies war es durchaus nöthig, die Staaten des Innern mit fester Hand in Gehorsam zu halten. Fast alle mexicanischen Regimenter wurden von den Liberalen bearbeitet; selbst ihre Generale erhielten geheime Vorschläge vom Feinde. Einige gaben denselben Gehör; General Quiroga jedoch, man muß dies zu seiner Ehre anerkennen, zeigte diese Versuche dem französischen Commando an. Die Desertion war übrigens an der Tagesordnung. So hatte der zu Matehuala commandirende General Lopez volle 500 Mann unter seinem Befehl; diesen fehlte seit mehreren Tagen der Sold; die Contre-Guerillas machten mitleidig den an Lebensmitteln und Kleidung Mangel leidenden Soldaten Vorschüsse aus ihrer eigenen Kasse. Kaum bekleidet und ausbezahlt, desertirten binnen acht Tagen dreihundert dieser Mexicaner.

Man mußte erwarten, daß das neue Ministerium baldmöglichst seinen Einfluß geltend machen würde, um die bereits vor der Ankunft Maximilian's in Mexico ins Werk gesetzten liberalen Maßregeln zu unterdrücken, wonach der damalige Höchstcommandirende den Verkauf der Güter der todten Hand — ausgenommen im Falle betrügerischen Erwerbes — für gültig erklärt hatte. Unser Hauptquartier konnte seinerseits nur widerwillig sich der Politik einer so ausgesprochenen Reaction anbequemen. Auch begannen sehr bald die Zwistigkeiten zwischen einer übelberathenen Regierung und dem militärischen Bevollmächtigten der französischen Regierung. Und jetzt hatte der Marschall volles Recht, sich Glück zu wünschen, daß er Mexico die Härten eines Belagerungszustandes erspart hatte, welcher unter der Herrschaft des religiösen Fanatismus furchtbar geworden wäre.

Die Einnahme des wegen seiner Zölle so wichtigen Hafens von Tampico seitens der Dissidenten gab den Vorwand zu Angriffen des Ministeriums, welches einen Augenblick gehofft hatte, es werde unsere Fahne — compromittirt durch einen vom Zaun gebrochenen Streit mit den Vereinigten Staaten — sich so engagirt finden, daß Frankreich, weit entfernt, sich zurückziehen zu können, genöthigt sein würde, neue Verstärkungen heranzuziehen. Maximilian, man muß es zugestehen, hatte herausgefunden, daß die Politik der Tuilerien eine doppelte Sprache rede, daß die Minister den Zusicherungen seines Verbündeten widersprachen, der ihm allezeit seine wirksame Hülfe und seine moralische Unterstützung zugesagt hatte; daß in Summa der Kaiser Napoleon, indem er ihn zur Unterzeichnung der Convention vom 30. Juli genöthigt, ihn in die mißlichste Alternative gestellt hatte.

Der Kaiser von Mexico hatte seinerseits von den Lehren einer heutzutage in Europa zu Ehren gekommenen Politik Nutzen gezogen. Er zögerte also auch nicht mehr, im französischen Lager Zwietracht zu säen, indem er sich an gewisse ergebene Charaktere wendete, welche wegen völliger Unbekanntschaft mit den vom Tuileriencabinet ausgegangenen Instructionen die Härte der Räumungsmaßregeln beklagten, obwohl diese im Hauptquartier bereits erheblich gemildert waren. Indem er vergaß, daß Gehorsam das vornehmste Gesetz einer Armee sei, suchte er sich eine kleine Partei in unseren Reihen zu schaffen, in der Hoffnung, daß deren Opposition in Frankreich ein Echo finden und stark genug sein werde, unsere Rückzugsbewegung zu verzögern.

Die wiederholten Neuerungen, welche das militärische System Maximilian's auszustehen hatte, beurkundeten übrigens häufig einen wirklichen Mangel an Erfahrung seitens des Herrschers, sowie ein völliges Beiseitesetzen der Hierarchie. So hatte das nachstehende aus dem kaiserlichen Cabinet erlassene Schreiben einen Augenblick den Marschall nöthigen sollen, gleich allen Ministern der Krone mit dem Kaiser durch Vermittelung eines Capitäns des Expeditionscorps zu correspondiren.

Militär-Cabinet des Kaisers.

Mexico, 7. März 1866.

Herr Marschall!

Ich habe die Ehre Ew. Excellenz anzuzeigen, das das Cabinet des Kaisers aufgehoben und durch ein Secretariat ersetzt worden ist.

Zum Vorstand der militärischen Abtheilung dieses Secretariats ernennt Seine Majestät den Capitän X...

Durch Vermittelung dieses letztgenannten Offiziers wünscht der Kaiser nun in Zukunft mit Ew. Excellenz, dem Generals=stabs=Chef und den verschiedenen Ministern zu correspondiren. Es ist mir noch nicht möglich, Ihnen den Namen des Chefs der Civil=Abtheilung zu nennen.

Während Maximilian um diese Zeit mit Recht sich von aller Verbindlichkeit gegen die französische Regierung befreit glaubte, hatte er nur noch das Ziel vor Augen den besten Theil zu erwählen und so lange als möglich unsere Solda=ten, sowie unseren Staatsschatz zu benutzen, um sich seine Krone zu retten. Er war in seinem Rechte. Ueberdies drückte er unaufhörlich den Wunsch aus, daß die Franzosen vor Allem die nördlichen Linien und die den Vereinigten Staaten benachbarten Häfen halten möchten. In jener Gegend lag die Möglichkeit eines Zusammenstoßes mit den Amerikanern vor: allein das Hauptquartier blieb auf seiner Hut und befolgte die von Paris ausgegangenen Instructionen, wenn es auch seine ganze Mithilfe der mexicanischen Krone ließ, welche zu vertheidigen es stets die Aufgabe hatte, weil die Convention vom 30. Juli unterzeichnet worden war. Unter dem Eindrucke dieser Erwartungen und getäuscht durch unsere gänzliche Aufgabe der Nordgrenze schrieb Maximilian dem Oberbefehlshaber:

Schloß Chapultepec, 4. August 1866.
Mein lieber Marschall!
Die Einnahme der Stadt Tampico durch die Dissidenten, die Räumung von Monterey, belehren mich, daß die Ergebnisse des Feldzuges im Norden für mein Land die ernstesten Folgen haben werden.

Ich wünsche daher von dem Plane unterrichtet zu werden, den Sie sich bei Ihren Operationen zu befolgen vornehmen, da=

mit ich, wenn es möglich ist, die Anhänger des Kaiserreiches und die unglücklichen Beamten zu retten suche, die sich für unsere Sache aufgeopfert haben.

Maximilian.

Dieser Brief bezeugt eine große Aufregung, die bei einem Fürsten um so berechtigter erscheint, als er noch den Schlag der aus Paris vom 31. Mai datirten kaiserlichen Note nachempfindet und alle seine Hoffnungen verrathen fühlt. Wenn der General-en-Chef im Palaste empfangen worden wäre, wohin er sich vor seinem Abgang zu dieser Rundreise im Norden begeben hatte, so würden diese Fragen eine mehr versöhnliche Lösung erhalten haben. Je näher wir auch dem Ende dieser peinlichen Angelegenheit rücken, so wird man doch bemerken, daß in allen seinen persönlichen Beziehungen mit dem Marschall, die Correspondenz des Herrschers nicht aufhört, die Gefühle eines herzlichen Wohlwollens auszudrücken. Sobald aber durch den frühzeitigen Rückzug unserer Truppen die großen militärischen Interessen der mexicanischen Krone wieder aufs Spiel gesetzt erscheinen werden, wird natürlicherweise Maximilian in dem Marschall nur noch den Vertreter seiner Regierung vor sich sehen, gegen welche er gewichtige Beschwerden hegt und es werden folglich die beiderseitigen Beziehungen so gespannt als möglich sein, da das Hauptquartier nach mehreren von Paris erhaltenen Verweisen nicht umhin können wird, sich nach den Instructionen des französischen Cabinets zu richten. Der General-en-Chef antwortete aus seinem Lager:

Peotillos, 12. August 1866.

Sire,

Ich empfing soeben den Brief Ew. Majestät vom 4. August d. J.

Durch die Zusammenstellung der Thatsache, daß Tampico

von den Diffidenten genommen und Monterey auf meine Befehle geräumt wurde, scheinen Ew. Majestät mir die Verantwortlichkeit für diese beiden Thatsachen beimessen zu wollen. Ich glaubte Ew. Majestät durch meine zwei von San-Luis-Potosi unterm 11. Juli No. 7 und dem 20. Juli No. 46 geschriebenen Briefe genugsam die Lage von Nuevo-Leon und Cohahuila auseinandergesetzt zu haben, damit man nach der Vernichtung der Truppen des Generals Mejia und der Capitulation von Matamoros, sowie aus der moralischen Lage, in welcher sich die belgische Legion befand, die Nothwendigkeit der Räumung Monterey nicht allein vom politischen, sondern hauptsächlich vom militärischen Gesichtspunkte aus, anerkenne.

Die Uebergabe von Matamoros und die Folgen, welche daraus hervorgingen, kommen nicht auf Rechnung meiner Handlungsweise, und es war mir nicht möglich in dieser Beziehung eine Verantwortlichkeit zu übernehmen. Ich hatte den Bedürfnissen einer Lage Rechnung zu tragen, welche ich vollständig gegeben fand, und ich glaube meine Pflichten gegen den Herrscher erfüllt zu haben, indem ich ihm alle meinen vorgenannten Briefen beigefügten Urkunden zur Kenntniß brachte, von denen ich außerdem Duplicate an meine Regierung sandte.

Was die Einnahme der Stadt Tampico durch die Diffidenten betrifft, so werde ich die Ehre haben den Kaiser unterthänigst zu erinnern, daß ich vor dem Beginn dessen, was er gütigst meinen Feldzug im Norden nennt, in dem Augenblicke, wo die Trümmer der Truppen des Generals Mejia in Vera-Cruz anlangten, darum bat, daß der Herr General Olvera, mit dem, was ihm von seiner Brigade übrig geblieben, nach Tampico gesandt werden möchte. Die Bitten des Generals Mejia werden wahrscheinlich die erste Entscheidung Ew. Majestät abgeändert haben, welche der projectirten Bewegung günstig war; denn die Brigade Olvera hat sich nicht nach Tampico begeben, ja sie ist seitdem nach Mexico gezogen worden, ganz entgegengesetzt den Befehlen, welche ich zurückgelassen hatte und die mit einer mili-

tärischen Combination im Zusammenhang standen, deren mis=
lungene Wirkung ihre gegenwärtigen Folgen im Staate Quere=
taro zeigt.

Der Mangel des gleichartigen Eingreifens der Mithilfe,
welche mir Herr General von Thun zu verleihen abschlug, hat
nicht wenig zu den Misgeschicken beigetragen, welche Tamaulipas
betroffen haben. Der General Mejia beklagte sich, daß seine
Soldaten den Gefahren des gelben Fiebers in Tampico ausge=
setzt seien.

Eine schwache Abtheilung Contre=Guerillas, die einzige, über
welche ich zur Bildung einer Besatzung von Tampico verfügen
konnte, wurde alsdann in Vera=Cruz eingeschifft, ohne Rücksicht
zu nehmen auf die Schrecken des Klimas, die uns im verflossenen
Jahre ein Bataillon gekostet hatten. Ich wüßte nicht, daß diese
Abtheilung ihren Posten verlassen oder daß sie, was sie zu ver=
theidigen hatte, übergeben habe.

Ew. Majestät drückt mir den Wunsch aus, von dem Plane
unterrichtet zu werden, den ich mir bei meinen Operationen zu
verfolgen vorgenommen habe.

Wenn Ew. Majestät geruht hätten, mich am Vorabend
meiner Abreise von Mexico zu empfangen, als ich um die Ehre
bat, Abschied nehmen zu dürfen, hätte ich meine Absichten aus=
einandergesetzt, welche einfach darin bestanden, mich mit meinen
eigenen Augen davon zu überzeugen, welche Wirkungen im Norden
des Kaiserreichs durch die Ereignisse von Matamoros hervor=
gerufen worden waren; sowie mir über die Genauigkeit der mir
eingesandten Berichte, über das geringe Vertrauen, welches man
in die vornehmsten Beamten setzen müßte und über die im All=
gemeinen feindliche Gesinnung der Bevölkerung jener Gegenden
Gewißheit zu verschaffen.

Nachdem ich, gestützt auf die Berichte der Generale Douay
und Jeanningros alle diese Wahrheiten bestätigt fand, erkannte
ich die Unmöglichkeit für den Augenblick die vorgeschobenen Posten
zu halten, die nur eine Quelle von Gefahren und unaufhörlicher

Ausgaben sein konnten. Indem ich Ew. Majestät darüber Rechnung ablegte, habe ich diejenige Maßregel genommen, welche ich entschieden für die weiseste hielt, nämlich die Räumung Montereys und Saltillos zu befehlen und weiter rückwärts eine starke, leicht zu überwachende Linie aufzustellen, die von der ersten durch eine wirkliche Wüste getrennt war, in welcher die Feinde auf gar keine Hilfsquellen rechnen können. Meine Meinung war und ist noch, daß es immer vorzuziehen ist, seinen Einfluß im Innern durch Beschränkung seiner Macht auf einen bestimmten Umkreis zu entwickeln, als sich, den Grenzeinflüssen unterworfen, an den Landesenden abzunutzen.

Ew. Majestät verlangt Erklärungen, ich werde sie in der aufrichtigsten Weise geben.

Die gänzliche Hilflosigkeit, in welcher die alten Minister des Kaiserreichs den General Mejia in Matamoros gelassen haben entschied die Uebergabe dieses Platzes. Die traurige Lage, in welche der General Mantenegro in Acapulco trotz meiner zahlreichen Vorstellungen, trotz der vielfachen niemals gehaltenen Versprechungen versetzt wurde, wird zweifelsohne früher oder später entweder den Abfall dieser Truppe, welche wirkliche Beweise der Entsagung und Ergebenheit geliefert hat, oder die Ueberlieferung des Platzes herbeiführen.

Angesichts dieser Unthätigkeit, dieses bösen Willens, die ich mich nicht scheue vor Ew. Majestät nochmals aufzudecken, indem ich dadurch gewissenhaft und ergeben die Mission gegen den Kaiser von Mexico in redlicher Weise erfülle, welche mir mein Souverän anvertraut hat — soll ich mich mit den Sorgen beschäftigen, welche mir meine Pflicht, wie mein Recht als Höchstcommandirender der französischen Armee auferlegen.

Mein Brief vom 11. Juli hat Ew. Majestät meine Pflichten mit Rücksicht auf die möglichen Vorkommnisse einer demnächstigen Räumung durch einen namhaften Theil der meinem Befehle anvertrauten Armee auseinandergesetzt.

Als natürliche Folge der Ereignisse und der Besorgnisse, die mir erlaubt ist über die Rolle zu hegen, welche das mexicanische Element in diesem Lande spielt, habe ich die Ehre zur Kenntniß von Ew. Majestät zu bringen, daß es mir unmöglich sein wird, meine Truppen fernerhin in Guaymas und Mazatlan zu lassen.

Seit Langem hat die mexicanische Regierung sich damit beschäftigen können und sollen die Aufrechthaltung der kaiserlichen Macht in diesen beiden Städten zu sichern. Ich sehe mich genöthigt, Sonora und Sinaloa nur den Hilfsquellen zu überlassen, über welche die Regierung Ew. Majestät verfügt, und ich werde nicht zögern, die französischen Truppen zurückzuberufen, welche diese entfernten Gegenden besetzt halten.

Was die Beamten anbetrifft, die der Regierung Ew. Majestät ihre Dienste gewidmet haben, so halte ich sie für zu schlau, als daß sie sich entweder unnützer Weise compromittirt, oder sich den von ihnen vorausgesehenen möglichen Vorkommnissen ausgesetzt haben würden.

Sie haben es bisher verstanden und werden es auch in Zukunft alle verstehen sich in Sicherheit vor jeder Gefahr zu begeben.

Alles zusammenfassend, Sire, glaube ich nicht, daß die Räumung von Monterey und Saltillo für Ew. Majestät Land die so ernsten Folgen haben könne, welche Sie zu fürchten scheinen.

Man muß im Kriege den möglichen Vorkommnissen Rechnung zu tragen und für den Augenblick einen Theil seines Gebietes zu opfern wissen, um sich den Haupttheil zu erhalten, damit man später, wenn der Feind sich aufgerieben oder durch Desertionen abgeschwächt hat, den Angriff wieder aufnehmen und sein Uebergewicht wiederherstellen kann. Um zu diesem Zwecke zu gelangen, verfügt Ew. Majestät schon und wird — davon bin ich überzeugt — immer über die Elemente (die Fremdenlegion und die österreichische Brigade) verfügen, welche Sie nicht im Stiche lassen werden.

Mit der tiefsten Verehrung, Sire, u. s. w.

Bazaine.

Aus diesem Briefe, welcher klar die in Folge der Haltung des französischen Cabinets in den officiellen Berichten entstandene Spannung zeigt, geht hervor, daß unsere Armee noch immer die gefährlichsten Stellungen besetzt hielt, Stellungen, welche die mexicanischen Truppen mieden. Unsere französischen Häfen, in denen die Ausschiffung der Marineinfanterie-Regimenter erfolgt war, können davon erzählen, wie viel Landsleute ihnen der Aufenthalt in der heißen Küstenzone und zumal in Tampico, geraubt hat. Die französischen Contre-Guerillas sind ihrerseits reichlich erprobt worden, ebenso sehr durch das Feuer, als durch die Krankheit.

Unterdessen war Tampico nur dank dem Verrath der mexicanischen Soldaten in die Hände der Liberalen gefallen, welche einen Theil der Unsrigen im Fort Iturbide abschlachteten. Man hat die tapfere Vertheidigung des Capitäns Langlois nicht vergessen, der ungeachtet der Hungersnoth und des Vomito wochenlang mit seinen 200 Contre-Guerillas den 2000 Liberalen des Führers Pavon widerstand und das Fort Casa-Mata nur übergab, um unbelästigt, mit geladenen Waffen und fliegenden Fahnen vor dem Feinde vorbeizuziehen.

Was den Platz Monterey anbetrifft, welcher der Garde der belgischen Legion anvertraut war, so zeigt der hier abgedruckte Brief Maximilian's genugsam, welche Hilfe er von dem Brüsseler Cabinet und dem wiederum meuterischen belgischen Corps erwarten konnte. Dieser unglückliche Fürst genoß nicht einmal mehr die Unterstützung der Fremden, welche er so unpolitisch gewesen war, zur Vertheidigung seines Thrones herbeizurufen.

Mein lieber Marschall!

Der Zustand der Ueberreizung, welcher gegenwärtig in dem belgischen Regimente herrscht — wovon die letzte telegraphische

Depesche der Offiziere Zeugniß giebt — und der die Folge äußerer Ursachen ist; die Reorganisation, welcher man es nothwendigerweise unterwerfen muß und endlich die Nothwendigkeit, in der die Offiziere sich befinden, spätestens am 13. September sich einschiffen zu müssen, weil die belgische Regierung eine längere Frist zum Abgang nicht bewilligte, bringen mich zu der Ueberzeugung, daß es wünschenswerth und klug sein würde, das belgische Regiment für einige Zeit nach Mexico oder nach einer der benachbarten Städte zurückzuziehen, und ich glaube, daß es gut sein würde, in Folge dessen die bezüglichen Befehle zu ertheilen. Wollen Sie mir gütigst Ihre Ansicht über diese ebenso ernste als unangenehme Frage mittheilen.

Empfangen Sie, mein lieber Marschall, die Versicherung der Gefühle aufrichtiger Freundschaft, mit welcher ich bin Ihr ganz ergebener

Maximilian.

Chapultepec, 30. August 1866.

Es muß hier bemerkt werden, daß Maximilian erst später erfuhr, daß der König der Belgier seinen Offizieren gestattet hatte, ihren Aufenthalt in Mexico bis zum Monat April 1867 zu verlängern. Aber unglücklicherweise war die von Brüssel ausgegangene, mit dem Datum des 30. Juli 1866 versehene Depesche, die an den belgischen Geschäftsträger in Mexico gerichtet war, sechs Wochen lang verschwunden und erreichte diesen Diplomaten, nach seiner Versicherung, erst am folgenden 21. October, zu einer Zeit, wo bereits alle belgischen Officiere, mit Ausnahme von fünfen, sich eingeschifft hatten, um nach Europa zurückzukehren.

Gleichwie dieses fremde Contingent befand sich auch die heimische Armee in vollständiger Auflösung. Das kaiserliche Gebäude krachte in Folge der Ebbe im Staatsschatz an allen Ecken. Selbst die Cazadores-Bataillone, diese größte Hilfe

in schlechten Tagen, die bisher wichtige Dienste geleistet
und deren französische Commandanten nicht zauderten sich
tödten zu lassen, waren in Folge des Mangels an Geld
und Recruten mit dem Untergang bedroht. Dank der Hand=
lungsweise des neuen Ministeriums weigerten sich die Beamten, die kaiserlichen Präfecten und die Großgrundbesitzer
— welche ihre Stichwörter von Mexico aus erhielten —
die Soldaten auszurüsten. Die clericale Partei, deren
Wunsch es war, daß Maximilian sich ihr mit gebundenen
Händen und Füßen überliefern möchte, wandte alle Mittel
an, um das Joch der französischen Intervention abzuschüt=
teln und sich von der Militärherrschaft zu befreien. Darum
bemächtigte sich auch Widerwillen und Lauigkeit unserer Offi=
ciere, welche ihre Abberufung in allen Provinzen verlang=
ten, wo Cazadores den Dienst versahen. In Queretaro,
in Mazatlan, überall ertönten die gleichen Klagen, begleitet
von den Wünschen nach Entlassung. Die beiden hier mit=
getheilten Documente, die unter vielen andern im gleichen
Sinne verfaßten ausgewählt worden sind, werden die Lage
mit mehr Genauigkeit als ein einfacher Bericht kennzeichnen:

15. September 1866.
Herr Marschall!

Als Sie mir die Ehre anthaten, mich mit dem Befehle des
.... Cazadores=Bataillons zu betrauen, glaubte ich diesen schwie-
rigen, doch nicht unmöglichen Auftrag übernehmen zu können.
Man versprach den Soldaten dieser Bataillone Vortheile und
Garantien; und viele französische Soldaten ließen sich im Glau-
ben an diese Versprechungen aufnehmen. Das System der
Recrutirung durch freiwilligen Eintritt war ein Element der
Stärke: man schöpfte Vertrauen in der Gewißheit, daß die Ca-
zadores wie die Fremdenlegion behandelt werden würden, von
der sie ein Anhängsel bildeten, daß sie vom Commando und der

Verwaltung des Expeditionscorps wiederhergestellt, ihren Sold von französischen Zahlmeistern, die Lebensmittel von der Verwaltung, die Ausrüstungsstücke aus den Staatsmagazinen und aus dem Lager empfangen, daß sie schließlich in den Hospitälern des Expeditionscorps versorgt werden würden. Dieses Vertrauen wurde noch durch die Gewißheit vermehrt, mindestens noch achtzehn Monate an der Seite der französischen Armee zu bleiben, die als Stütze die Organisation, die Einübung und die Kräftigung dieser Bataillone erleichtern und begünstigen mußte.

Heute verschwinden diese Vortheile und Garantien von Tage zu Tage mehr. Das System der Recrutirung zielt auf einen vollständigen Wechsel; schon haben die Zahlmeister Befehl empfangen, die Cazadores-Bataillone nicht mehr zu besolden. Die französische Verwaltung thut wenig für uns*); es bleibt uns nur die Aussicht auf Elend und Entbehrungen aller Art, wie bei den mexicanischen Corps; denn die öffentlichen Cassen können nicht mehr zahlen. Die Offiziere, welche gewöhnlich zuletzt besoldet werden, sehen sich in einen bejammernswerthen Zustand versetzt, aus dem sie nicht herauskommen können ohne entweder ihre Würde oder ihre Ehre zu verlieren. Man beginnt die Recrutirung durch die „Leva" anzuwenden, ungeachtet der Anordnungen des Kaisers. So muthete mir der kaiserliche Commissar Herr Iribarren zu, sechshundert Juaristen zu hüten und zu unterhalten, die alle bereit sind, sich bei der ersten Gelegenheit gegen uns zu wenden. Und das in dem Augenblicke, wo wir am meisten vermeiden müssen, im Innern eine gewisse Anzahl Feinde zu bewaffnen. Denn die draußen sind zahlreich und stark und werden es alle Tage mehr. Schließlich könnte ich gar nicht den Befehl über Soldaten der „Leva" annehmen, Gefangene, die man Tag und Nacht, im Kampf wie in den Städten hüten muß. Mit einer Recrutirung dieser Art ist der

---

*) Man muß sich erinnern, daß der Marschall, als er den Anstoß dazu gegeben hatte, diese Truppen aus dem französischen Schatz bezahlen zu lassen, von Paris aus daran verhindert wurde.

Auftrag zu organisiren und auszubilden unmöglich und man
würde nur Corps herstellen, in welchen das französische Element
bloß eine Zukunft voller Ekel finden würde.

Ich erkläre mich daher unfähig, ein Corps, welches einer
solchen Recrutirung unterworfen ist, zu befehligen und ich mache
mir, Herr Marschall, eine Pflicht aus diesem Geständniß, um
Sie zu bitten, mich gütigst von dem Commando des . . . . Caza-
dores-Bataillons abberufen zu wollen.

Der Commandant . . . . .

. . . ., 23. September 1866.

Herr Marschall!

. . . .

Alle mexicanischen Kassen sind leer. Der kaiserliche Com-
missar läßt soeben eine der unbilligsten Steuern auferlegen, deren
Decret ich Ihnen übersende. Viele Leute werden dadurch ins
Elend gestürzt; Jedermann beklagt sich. Die verschiedenen Con-
suln haben dagegen protestirt; allein ohne allen Erfolg. Das
Schlimmste an der Sache aber ist, daß man sich hier einbildet,
dieses famose Decret sei unter dem Schutze der französischen
Bajonnete erlassen worden, weil wir genöthigt sein werden, alle
Ruhestörungen, die sich in Folge dieser bejammernswerthen Ent-
scheidung ereignen würden, zu unterdrücken.

Um die Garde zu errichten, wurde eine Leva gemacht und
jeder Einwohner mußte hierzu das Seinige beitragen. Doch
mittels einiger Piaster konnten sich Viele frei machen. Wir beka-
men nur Landstreicher und solche, die als Feinde bekannt sind,
welche man am Liebsten in sicherem Gewahrsam hält. Das sind
die Elemente, auf welche sich der kaiserliche Commissar stützt, um
diese Stadt dem Kaiser Maximilian zu erhalten. Jedermann
fragt sich, ob dies eine Verwirrung des Geistes oder ein Project
ist, das man nicht offen zu bezeichnen wagt. Wenn keine Verstärkungen mehr hierhergelangen, würde es ein Verbrechen sein,
nur eine Hand voll Franzosen hier zu lassen, die als O pfer ihr

Ergebung fallen würden. Man darf sich in dieser Beziehung keinen Illusionen hingeben; die Liberalen werden hier erwartet und die Festlichkeiten zu ihrem Empfange werden vorbereitet.

Der Commandant . . . . .

Die Aussage des mexicanischen Generals, welcher in Guadalajara commandirte, der nächst Mexico bedeutendsten Stadt des Kaiserreichs, erscheint nicht minder seltsam. Dieser hohe Angestellte, welcher an der Spitze der vierten Division, einer der wichtigsten stand, schreibt dem Kaiser, um sich seinerseits über den Mangel jeglicher Mithilfe der Civilbehörden zu beklagen:

Generalquartier. Guadalajara.

Die revolutionären Bewegungen, welche man in verschiedenen Gegenden dieses Militärbezirks beobachtet, die unermüdliche Thätigkeit der Wühler, die Theilnahmlosigkeit und Schlaffheit, mit welcher der größere Theil der politischen Behörden seine Pflichten erfüllt, machen meine Stellung von Tage zu Tage schwieriger.

Ich werde immer darauf beharren, daß die Civilbehörden die Verpflichtung haben, mit allen möglichen Mitteln die militärische Thätigkeit unterstützen zu müssen. Aber wie bisher gegen den bösen Willen einiger Präfecten fortzufahren, ist ein von vornherein nutzloses Werk.

Ich glaube es ist unumgänglich, daß alle höhern Beamten, die von Zacatecas und Colima ausgenommen, abgesetzt und durch loyale Männer ersetzt werden müssen, die das Herz auf dem rechten Flecke haben und Parteigänger der Intervention wie des Kaiserreichs sind.

General J. Guttierez.

Dies waren die Früchte der neuen Politik. Als man die Errichtung französischer Kriegsgerichte verlangte, antwortete der Marschall, daß er die Einrichtung solcher franzöfischen Tribunale nicht zugeben könne, weil dies schnurstracks seinen Instructionen und seinen Absichten zuwiderlaufe.

Die Verwaltung ihrerseits suchte diejenigen Schuldigen entwischen zu lassen, für welche der Clerus Partei nahm. Wir bedürfen hierfür keiner andern Beweise als folgender telegraphischen Depesche, die gerade in dieser Epoche von einem General des Expeditionscorps aufgegeben wurde: „Ein Telegramm des kaiserlichen Secretärs befiehlt die Entscheidung in der Sache Rosaba's aufzuschieben. Der Bischof interessirt sich für ihn. Man will ihn entwischen lassen. Ungeachtet dessen was ich geschrieben habe, ungeachtet einer ersten Weigerung des Kaisers, wird Rosaba der verdienten Strafe entgehen. Ich bin empört, die armen Teufel erschießen und die großen Schuldigen begnadigen zu sehen. Dies wirft ein sehr ungünstiges Licht auf die kaiserliche Sache." Auf diese Weise war man ungehorsam gegen die Befehle des Kaisers in jenen Provinzen, wo der Pater Fischer schon unmittelbar seine Wirksamkeit spüren ließ.

XIII.

Der Höchstcommandirende fand es passend, aus Furcht, in der Ferne den Plänen Maximilians hinderlich zu werden, seine eigene Rückkehr nach Mexico abzuwarten, ehe er eine Entscheidung bezüglich der Wahl der Herren Osmont und Friant zu Ministern traf. Zur Zeit seiner Ankunft war das neue Cabinet noch nicht vollständig errichtet, aber sobald seine Organisation fertig war, ließ der Marschall diesen hohen Beamten zu wissen thun, daß die Gegenwart französischer Offiziere im mexicanischen Ministerium vom politischen Standpunkte aus, unangenehme Vorfälle hervor=

rufen könne, und daß wenn sie wünschten, ihr Geschick mit dem des Kaisers zu verknüpfen, es vorzuziehen sei, ihren militärischen Würden zu entsagen, da ein verlängerter Urlaub die Interessen des Expeditionscorps Gefahr laufen lassen könnte. Ungeachtet aller ihrer natürlichen Sympathien für den mexicanischen Hof konnten die französischen Offiziere nicht darauf eingehen, ohne Bewilligung ihrer Regierung augenblicklich ihre Fahne zu verlassen. Diese wichtige Frage gab Veranlassung zum Austausch folgenden Briefwechsels zwischen dem Palast in Mexico und dem Hauptquartier.

Palast zu Mexico, 15. September 1866.

Mein lieber Marschall,

Ich glaube, daß man ihre gute Meinung überrumpelt hat, indem man Ihnen die ministerielle Aenderung als den Beginn einer Reactions-Aera darstellte, die unvereinbar mit der Gegenwart zweier französischer Generale inmitten ihrer neuen Collegen ist.

Meine Vergangenheit und meine politische Duldsamkeit sind, wenn ich mich nicht täusche, eine gewisse Bürgschaft, daß die Veränderung eine solche sein wird, wie sie die Ereignisse verlangen und wie sie meiner ruhmreichen Alliirten und meiner würdig ist.

Empfangen Sie, mein lieber Marschall, die Versicherung der Gefühle aufrichtiger Freundschaft, mit welchen ich bin Ihr sehr ergebener

Maximilian.

Mexico, 16. September.

Sire,

In Erwiderung des Briefes, welchen Ew. Majestät gestern Abend an mich gerichtet hat, habe ich die Ehre Ihnen wissen zu lassen, daß, wenn ich die Herren Osmont und Friant veranlaßt habe, zwischen den Functionen, welche sie bei Ew. Majestät vollziehen und denjenigen, welche ihnen im Expeditionscorps angewiesen sind, die Wahl zu treffen, dies darum geschieht, weil die Erfahrung jeden Tag mehr beweist, wie diese beiden Functionen unvereinbar sind und dadurch Unzulänglichkeiten entstehen, unter welchen die verschiedenen Dienste der Armee zu viel leiden.

Es kommt mir nicht zu, die politische Färbung abzuschätzen welche das neue Cabinet Ew. Majestät vertritt: auch ist es keineswegs dieser Beweggrund, welcher mich diese Entscheidung treffen ließ.

Seit meiner Rückkehr nach Mexico habe ich den Herren Osmont und Friant die Möglichkeit gelassen, bei Ew. Majestät zu bleiben, weil die Zahl der Minister beschränkt war; heute, wo das Cabinet vollständig constituirt ist, dachte ich, daß sie sich zurückziehen könnten, ohne dadurch irgend eine Ungelegenheit herbeizuführen.

Unterdessen habe ich die Ehre Ew. Majestät zu wiederholen, daß ich vollkommen bereit bin, Ihrer Regierung die Mitwirkung dieser beiden höheren Offiziere zu überlassen, wenn sie auf die Würden verzichten wollen, die sie beim Expeditionscorps auszufüllen haben.

In diesem Sinne habe ich meiner Regierung durch den letzten Courier geschrieben und aus diesem Gesichtspunkte muß die Sachlage dieser Angelegenheit betrachtet werden.

Mit der tiefsten Verehrung, Sire, u. s. w.

Bazaine.

Mexico, 16. September 1866.

Mein lieber Marschall,

Ich bedauere, daß Sie die Herren Generäle Osmont und Friant in eine Lage versetzen, welche für sie die Verpflichtung sein wird, ihre Portefeuilles aufzugeben. Alle beide entledigen sich ihrer Functionen zu meiner vollen Befriedigung. Der Erste hat sich die Sympathien der mexicanischen Armee zu gewinnen gewußt; der zweite ist im Begriff eine Reihe Decrete auszuarbeiten, welche geeignet sind, die Hilfsquellen zu vermehren, die jedoch er allein zur Ausführung bringen kann. Wenn es denn wahr ist, daß die Allianz zwischen meiner Regierung und der französischen Regierung als eine Thatsache angenommen werden muß, wie ich mir zu glauben schmeichle, so wünsche ich, daß diese beiden Generäle in ihrer Thätigkeit verbleiben, denn, wenn ich mich nicht täusche, ist es — wenigstens provisorisch — nicht unmöglich ihnen in ihren Stellungen, welche sie bei dem Expeditionscorps einnehmen, Vertreter zu verschaffen.

Ihre Antwort wird mir zu erkennen geben, an welche Gedankenfolge ich mich zu halten habe.

Ihr sehr ergebener

Maximilian.

Mexico, 17. September 1866.

Indem ich die von Ew. Majestät mir in dem Briefe vom 16. September ausgedrückten Wünsche in ernste Erwägung zog, habe ich die Ehre, zu melden, daß bis zur Ankunft der Instructionen von meiner Regierung nichts in der Stellung der Herren Osmont und Friant geändert werden wird.

Diese beiden Herren bleiben zur Verfügung der Regierung Ew. Majestät, und die Functionen, welche ihnen in dem Expeditionscorps zugetheilt sind, werden, bis zum Eintreffen eines neuen Befehles, durch ihre bezüglichen Stellvertreter ausgefüllt werden.

Mit der tiefsten Ehrerbietung, Sire, u. s. w.

Bazaine.

Dieses Mal entsprach das Hauptquartier noch dem Wunsche Maximilians. Die Antwort des französischen Cabinets, vom 31. August datirt, ließ nicht auf sich warten. Wie es der Marschall vorausgesehen hatte, „war es für uns, schrieb man, vom ernstesten Interesse der eigentlichen Verwaltung des Landes fremd zu bleiben. Der Kaiser Napoleon würde unmittelbar seine Instructionen schicken. Jedenfalls wäre es unzulässig, daß ein Chef des Generalstabs und ein Intendant des Expeditionscorps zu gleicher Zeit die Minister des mexicanischen Kaiserreichs sein könnten." Mittlerweile kam, im Anfang des Monats September, eine Depesche des Marquis von Montholon in Paris an, welche eine folgendermaßen abgefaßte Note des Herrn Seward zur Kenntniß der Tuilerien brachte:

Herr Seward an den Marquis von Montholon.
Washington, 16. August 1866.

Mein Herr,

Ich habe die Ehre, Ihre Aufmerksamkeit auf zwei Befehle oder Decrete zu lenken, die, wie man sagt, am verflossenen 26. Juli von dem Prinzen Maximilian, welcher vorgibt, Kaiser von Mexico zu sein, erlassen worden sind. In diesen Befehlen erklärt er, daß er die Leitung des Kriegsdepartements dem General Démont, Generalstabs-Chef des französischen Expeditionscorps, und diejenige des Finanzdepartements dem Herrn Friant, General-Intendanten desselben Corps, übergeben habe.

Der Präsident erachtet es für nothwendig, den Kaiser der Franzosen wissen zu lassen, daß die Ernennung der bezeichneten Offiziere des französischen Expeditionscorps zu administrativen Functionen durch den Prinzen Maximilian, dazu geeignet ist, den guten Beziehungen zwischen den Vereinigten Staaten und Frankreich einen Stoß zu versetzen, weil der Congreß und das Volk der Vereinigten Staaten in dieser That ein Anzeichen sehen könnten, welches unvereinbar mit der abgeschlossenen Verbindlichkeit ist, das französische Expeditionscorps aus Mexico abzuberufen.

William H. Seward.

In Folge dieser fast drohenden Mittheilung zeigte unverweilt der Moniteur vom 13. September an, daß die Herren Osmont und Friant von der französischen Regierung zur Annahme ihrer Portefeuilles nicht ermächtigt seien. Außerdem wurde dem Obergeneral unter Bezugnahme auf die plötzliche Ernennung jener beiden Beamten geschrieben, daß er sich selbst vollendeten Thatsachen hätte widersetzen sollen; das Tuileriencabinet erklärte also in förmlicher Weise seine Mißbilligung dieser Einmischung in die öffentlichen Angelegenheiten Mexicos. Wenn die Stellung unseres Militär-Commandanten immer schwieriger wurde, was sollte dann von seinem Standpunkte aus Maximilian sagen, der ganz natürlich jetzt fragte, „ob denn wirklich das Bündniß zwischen seiner Regierung und der französischen Regierung als Thatsache genommen werden könne, wie er zu glauben sich schmeichle?"

Die von einer niemals sich verleugnenden Logik getragene Haltung der Vereinigten Staaten war wenigstens offener. Eben zu jener Zeit erklärte eine Proclamation des Präsidenten Johnson ein Decret Maximilian's für null und nichtig, welches die Blokade gewisser Häfen Mexicos anordnete.

Man muß wirklich über die Illusionen eines Fürsten erstaunen, welcher dicht vor den Thoren der Vereinigten Staaten eine ernstliche Blokade anordnen wollte, ohne auch nur ein einziges mexicanisches Fahrzeug zu seiner Verfügung zu haben, welches mit seiner Breitseite den Willen des Herrschers hätte unterstützen können. Und doch wird Mexico von zwei Weltmeeren umspült und besitzt lang gedehnte Küsten. Was hatte denn sein Marinedepartement seit drei Jahren gethan? Ohne hochbordige Schiffe vom Stapel zu lassen, ohne daran zu denken, sich mit den amerikanischen

Monitors messen zu wollen, hätte man nicht Kanonenboote und leichte Schiffe bauen sollen, welche fähig waren, die Flüsse hinaufzufahren und deren Ufer gegen Guerilleras zu schützen? Einzig Frankreich konnte, kraft seines Titels als Verbündeter Maximilian's durch sein Geschwader eine effective Blokade von Matamoros und Tampico ausüben, woselbst in Folge jener Uebereinkunft vom 30. Juli bedeutende Interessen für dasselbe in Frage standen. Frankreich zog vor, sich zurückzuhalten, und auch hier wieder den Amerikanern nachzugeben.

Man wird sich erinnern, daß Napoleon, als er so dictatorisch auf der für die mexicanische Monarchie so verderblichen Uebereinkunft vom 30. Juli bestand, zu gleicher Zeit Maximilian als Preis der Annahme dieser neuen Bedingungen versprochen hatte, die französische Armee nur in drei, bis Ende November 1867 vertheilten Terminen zurückziehen zu wollen, aber die Zusammenkunft von St. Cloud hatte Entschlüsse hervorgerufen, die ebenso extrem waren, wie die Unterhaltung der beiden Souveräne heftig erschienen; die Gereiztheit war auf beiden Seiten gleich groß gewesen. Damals faßte der Hof der Tuilerien, indem er der Leidenschaft Gehör gab — die aus der Politik immer verbannt bleiben sollte — den plötzlichen Entschluß, seine Truppen in kurzer Frist und auf einmal zurückzuziehen, und trat damit auch die letzte eingegangene Verpflichtung mit Füßen. Man begriff indessen doch in Paris, daß ein derartiges Vergessen geschworener Treue, wenn auch die äußerste Ungeduld mit dieser unheilvollen Expedition ein Ende zu machen rieth, doch sehr schwerwiegend sei, daß diese Bedeutung sich aber abschwächen lasse, wenn es gelinge, Maximilian mit Güte oder mit Gewalt von einem Abenteuer abzuhalten, indem man ihn zur Abdankung vermöge. So gelang es vielleicht, während man Europa einen Erzherzog mit vermindertem

Ansehen allerdings, aber heil und ganz zurückbrachte, eine neue mexicanische Republik einzurichten, mit der zu verhandeln wäre.

Das also war das Ergebniß von fünf Jahren voller schmerzlicher Opfer! Wo war die Zeit, in welcher der Admiral Jurien be la Gravière ohne einen Schuß abzufeuern mit Erfolg hätte unterhandeln können?

Im Jahre 1861 hatte man für die Erhebung Maximilian's conspirirt; im Jahre 1866 conspirirte man zu seinem Sturze und für den Fall, daß der unglückliche Fürst nicht zu einem freiwilligen Verzicht auf seine Krone zu bestimmen war, bereitete man sich vor, das Ende zu beschleunigen, indem man durch unsere Diplomatie und durch die Vermittlung der Vereinigten Staaten mysteriöse Verhandlungen mit den Führern der mexicanischen Liberalen anknüpfen ließ. Vorerst wollte man durch gütliche Ueberredung Maximilian's Abdankung zu erlangen suchen. Zu dieser geheimen und delicaten Sendung von sehr vielfältigem Charakter hatte man den General Castelnau, Adjutanten des Kaisers und im Dienste bei seinem Souverän befindlich, ausersehen. Der Gesandte Sr. Majestät war mit Vollmachten für alle Fälle versehen. Diese Sendung übertrug einem einfachen General Befugnisse, welche die Autorität des Höchstcommandirenden überragten, und selbst ein Recht der Oberaufsicht über dessen Verfügungen, welches, obwohl es nicht eingestanden wurde, die Würde des französischen Marschalls mittelbar verletzte. Das französische Cabinet wäre gewiß auf diesem aller Hierarchie widersprechenden Wege aufgehalten worden, wenn es nicht die Abwesenheit des Kriegsministers, Marschalls Randon, benutzt hätte, der von Paris abgereist war, um dem Generalrath der Isère präsidiren zu können; wir haben zur bewährten Loyalität dieses Ministers,

welcher die mexicanische Frage, die übernommenen Verpflich=
tungen und die ungeheuren Schwierigkeiten vollkommen
kannte, welche das Militär=Commando zu überwinden hatte,
das Zutrauen, daß er zum gewaltsamen Sturze Maximilian's
die Hand nicht geboten haben würde.

Der General Castelnau schiffte sich am 17. September ein.

XIV.

In dieser Zeit umwölkte sich in Mexico der Horizont
mehr und mehr. Die Dissidenten schoben ihre Spitzen bis
in das Herz des Reiches. Die Franzosen allein boten dem
wachsenden Aufstande noch die Stirn. Die Cazadores=Ba=
taillone zerfielen und selbst die Oesterreicher gaben unzwei=
deutige Anzeichen einer Entmuthigung, die leicht begreiflich
wird, wenn man bedenkt, daß Maximilian gegen seinen
eigenen Willen seine Landsleute hintansetzte. Diese anschei=
nende Sorglosigkeit des Fürsten äußerte einen moralischen
Einfluß auf die österreichische Legion, deren Verwundete
vom mexicanischen Staate noch keinerlei Erleichterung ihres
Loses erhalten hatten. Ende September 1866 sahen sich die
Offiziere dieser Truppen genöthigt, einen reichlichen Vor=
schuß auf ihren eigenen Gehalt zu entnehmen, um ihre ver=
stümmelten Soldaten unterstützen zu können. Zur Entschul=
digung des mexicanischen Hofes muß man indessen anführen,
daß die Civilliste selbst, welche anfänglich jeden Morgen
27,500 Francs in Gold aus den Tageseinnahmen der
Hauptstadt erhoben hatte, sich durch die im ganzen Reiche
wüthende Finanzkrisis sehr eingeschränkt fühlte und trotz
der edelmüthigen Absichten oft ganz unfähig zu helfen war.
Was die mexicanische regelmäßige und die Hilfsarmee betraf,

über welche das Ministerium vollständig verfügen konnte, so bekümmerte sich kein Mensch um sie.

Damals erfuhr Maximilian über die Vereinigten Staaten her den Mißerfolg der Zusammenkunft von St. Cloud; er hielt diese Nachrichten geheim, in Erwartung des Ergebnisses der Verhandlungen der Kaiserin mit dem Heiligen Stuhl, von dem er hoffte, daß seine moralische Unterstützung ein Gegengewicht gegen den allmählichen Abzug unserer Truppen bilden würde. Aber von diesem Augenblicke an traf er geräuschlos Vorbereitungen zur Abreise, und um sich rechtzeitig eine verläßliche Escorte zu sichern, schrieb er nachstehenden Brief an den Höchstcommandirenden, der in Puebla angekommen, wohin er zur Unterstützung einer schwer bedrängten österreichischen Colonne marschirt war.

Schloß von Mexico, 26. September 1866.

Mein lieber Marschall,

Hierbei sende ich Ihnen einige Schriftstücke über den Einfall der Dissidenten in die Planos von Apam, damit Sie die Güte haben möchten, nach Dringlichkeit der Lage die nöthigen Maßregeln zu ergreifen, um zu verhindern, daß diese Rebellen sich gänzlich dieser so reichen und so wichtigen Punkte bemächtigen.

Ebenso werden Sie die Güte haben, die nöthigen Befehle zu erlassen, damit die drei Schwadronen österreichischer Husaren nach Mexico zurückbeordert werden, zum Zwecke sich neu beritten zu machen und die Mannschaft nach dem eben vollendeten harten und langen Dienst ausruhen zu lassen.

Empfangen Sie, mein lieber Marschall, die Versicherungen des Wohlwollens und der Freundschaft Ihres sehr ergebenen

Maximilian.

Nach Ausführung dieser Befehle beeilte der Marschall seinen Marsch auf der Straße von Jalapa auf das Aeußerste. Gegen seinen Rath und seine Einwendungen hatte der Kriegsminister ohne sein Vorwissen die Pacification der Sierra von Tulancingo unternehmen lassen und die österreichischen Truppen waren in Bewegung gesetzt worden. Dieser Gebirgskrieg war zugleich schwierig und mühselig und vor Allem wegen der allgemeinen Erhebung des Landes unzeitgemäß; er mußte diesen fremden Truppen, die sich zurückgeworfen, in der Stadt Perote eingeschlossen befanden, verberblich werden. Kaum war der Marschall zu ihrem Entsatze in ihrem Bereiche angelangt, als ein französischer Cavalerieoffizier als Courier in seinem Bivouac anlangte; er war Ueberbringer einer kaiserlichen Botschaft.

Chapultepec, 14. October 1866.

Da die Rückkehr der Kaiserin zwischen dem 20. und dem Ende dieses Monates zu erwarten steht und ich anderseits wünsche sie persönlich im Ausschiffungshafen zu empfangen, so habe ich mir vorgenommen, die Hauptstadt in den ersten Tagen der kommenden Woche zu verlassen. In Folge dessen, da ich die Ruhe Mexicos völlig gesichert zu hinterlassen und zu gleicher Zeit einige wichtige Punkte mit Ihnen zu besprechen wünsche, ist es unumgänglich, daß wir uns begegnen und läßt mich dieses um eine Zusammenkunft auf nächsten Sonntag bitten.

Ich hoffe, daß Sie in Anbetracht des von mir angedeuteten überwiegenden Interesses der Conferenz erscheinen werden, welches Hinderniß sich auch immer entgegenstellen möge. Ich bedaure von dieser Nothwendigkeit vor ihrer Abreise von Mexico nichts gewußt zu haben: ich hätte Ihnen dann die Mühen und Plagen der Reise ersparen können, denen Sie sich unterziehen müssen. Ich hoffe aber von

Ihrer bekannten Liebenswürdigkeit, daß Sie dies nicht in Anschlag bringen werden.

Ihr wohlgewogener

Maximilian.

Trotz der Mühsal und der großen Entfernung eilte der Marschall nach der Hauptstadt. Zum Entsatz der Oesterreicher ließ er den General Aymard zurück, welcher diese Aufgabe erfolgreich löste. Der überstürzte Aufbruch des Hauptquartiers wurde augenblicklich commentirt und die americanischen Blätter wiederholten um die Wette, daß man die Oesterreicher habe niedermetzeln lassen. Während der Höchstcommandirende auf der Straße nach Mexico galoppirte, wurde ihm ein zweites Billet Maximilian's eingehändigt.

Schloß Chapultepec, 19. October 1866.

Mein lieber Marschall!

Zu Ende des laufenden Monats erwarte ich die Rückkehr der Kaiserin aus Europa. Haben Sie die Güte, mein lieber Marschall, mich wissen zu lassen, ob Sie einige Anordnungen für ihre Escorte getroffen haben und — falls dieses noch nicht geschehen wäre — werden Sie mich verbinden, für die Sicherheit der Kaiserin zu sorgen, indem Sie dabei nicht aus den Augen verlieren, daß die an der Straße liegenden Departements sich im Aufruhr befinden. Ich sehe mit dem größten Zutrauen die Sicherheit der Kaiserin in Ihren Händen und, indem ich Ihnen im Voraus meinen Dank sende, mein lieber Marschall, ist es mir angenehm, Ihnen die Versicherung meiner Wohlgeneigtheit und meiner aufrichtigen Freundschaft zukommen zu lassen.

Ihr sehr gewogener

Maximilian.

Der Kaiser wußte sehr wohl, daß die Kaiserin noch nicht unterwegs sein konnte, selbst unter der Voraussetzung, daß sie im Vatican einen überraschend schnellen Erfolg gehabt habe; denn die Ordnung des Nachlasses des Königs Leopold mußte die Herrscherin von Mexico in Brüssel zurückhalten. Es hatte dieser Brief aber einen doppelten Zweck, einmal den Dissidenten — wenn derselbe ja in ihre Hände fiele — nichts von seinen Plänen zu verrathen, und dann den andern, auf dem ganzen Wege von Mexico bis Veracruz eine Kette von Truppen bereit zu haben, um das Hinabsteigen Maximilians von der Hochebene zu beschützen. Alle die angedeuteten militärischen Maßnahmen bis hinunter in das heiße Tiefland waren getroffen. Der Obercommandant fand sich am Sonntage früh glücklich zu dem vom Kaiser gewünschten Rendez-vous ein. Der Oberkammerherr, der ihn empfing, ersuchte ihn, die beabsichtigte Zusammenkunft auf den folgenden Tag zu verschieben und eine neue Mittheilung Sr. Majestät zu erwarten. So groß war aber die Unbeständigkeit des Souveräns, der sich noch nicht zu einer bestimmten Entscheidung entschließen konnte, daß von jenen Interessen, die er als so übermächtig und dringend angegeben hatte, nicht weiter die Rede war.

Bei seiner Rückkehr nach Mexico erfuhr der Marschall die Landung des Generals Castelnau: dazu erhielt er dringliche, aus Paris vom 12. September datirte Instructionen: „Da die Lage täglich mißlicher werde, da die Einnahme von Tampico uns der Einkünfte aus den Zöllen beraube, so habe sich Napoleon III. entschlossen, seine Truppen in Masse zurückzuziehen und bereits im nächsten Frühjahr die vollständige Räumung zu bewirken. Doch sollten diejenigen Regimenter, welche bereits der Einschiffung harrten, noch zurückgehalten werden und man fügte hinzu: Beschützen Sie unsere Fahne gegen jede Beleidigung und betonen Sie nöthigenfalls die Macht des Uebergewichts unserer Waffen."

Die Fassung dieser letzten, dem Hauptquartier gegebenen Ordre konnte nur auf Beleidigungen der Juaristen oder der Vereinigten Staaten bezogen werden. Wie aber sie verstehen, da, wie die nachfolgenden beiden Depeschen beweisen, die französische Regierung zu derselben Zeit von dem americanischen Cabinet die Befugniß erlangt hatte, den Abmarsch unserer Armee zu verzögern und sowohl in Washington wie in Paris nach den Ansichten der Americaner über die Wiederherstellung einer mexicanischen Republik forschen ließ?

Depesche des Herrn Seward an Herrn Bigelow betreffs des Abzuges der französischen Truppen aus Mexico, datirt vom 8. October 1866.

Mein Herr!

Die Frage, welche Sie mir in Ihrer letzten Depesche unterbreiten, nämlich: was unsere Regierung über eine Rückberufung der gesammten französischen Truppen im Laufe des nächsten Jahres anstatt eines Zurückziehens derselben in drei Abtheilungen und innerhalb achtzehn Monaten denken würde? — ist mir noch niemals direct gestellt worden.

Was ich über diesen Gegenstand zu sagen habe, ist folgendes: Das von dem Kaiser vorgeschlagene Uebereinkommen über die Rückberufung der Truppen in drei Abtheilungen, deren erste im November abgehen sollte, war inmitten der alle mexicanischen Fragen begleitenden Ueberaufregung seiner Natur nach ganz danach beschaffen, vergessen zu werden, bevor seine Ausführung begonnen hatte.

Häufige und verschiedenartige Zwischenfälle, von der Presse in Frankreich und in Mexico erwähnt und so dargestellt, als

ob sie eine Geneigtheit des Kaisers zeigten, jene Uebereinkunft
nicht zu erfüllen, haben die unvermeidliche Wirkung gehabt,
Zweifel sogar an der Aufrichtigkeit des Kaisers beim Eingehen
und an seiner Gewissenhaftigkeit bei Erfüllung der Uebereinkunft
zu erzeugen und zu verbreiten.'

Aus diesem Grunde hat sich dieses Departement beständig in
der augenscheinlichen Nothwendigkeit befunden, gegen Handlungen
zu protestiren, welche geeignet waren das Vertrauen des Volks
auf ebenso gerechte wie deutlich bezeichnete Hoffnungen zu schwächen.

Die Regierung hofft im Gegentheil mit allem Vertrauen,
daß die Uebereinkunft des Kaisers mindestens dem Buchstaben
nach werde erfüllt werden, sie hat selbst erwartet, daß dieselbe
mit Uebergehen des Buchstabens mit einer solchen Ehrlichkeit der
Absicht zur Ausführung käme, daß dadurch der Abzug der franzö=
sischen Truppen aus Mexico noch eher beeilt als verzögert würde.
Gegenwärtig nun warten wir auf den Beginn der Räumung.
Wenn diese Handlung vollzogen sein wird, wird die
Regierung gern bereit sein, Andeutungen und Rath=
schlägen — mögen diese kommen, woher sie wollen —
das Ohr zu leihen, welche dahin zielen, von Neuem
die Wiederherstellung der Ruhe, des Friedens und des
eingeborenen constitutionellen Regiments in Mexico
zu sichern.

Bis dahin aber, wo es uns möglich sein wird, den wirk=
lichen Beginn der Räumung nachzuweisen, würde jeder Versuch
einer Verhandlung nur zur Wirkung haben, die öffentliche Mei=
nung in den Vereinigten Staaten irre zu führen und die Lage
von Mexico unklar zu machen.

Es ist kaum nöthig, Sie davon zu unterrichten, daß die
Muthmaßungen über angebliche Beziehungen dieses Departements
zu dem General Santa=Anna, in welchen sich ein Theil der
Presse ergeht, ohne allen Grund sind.

W. H. Seward.

Depesche des Herrn Bigelow an Herrn Seward, welche über seine erste Unterredung mit dem neuen Minister des Aeußern, Marquis de Moustier, Bericht erstattet. Datirt aus Paris vom 12. October 1866.

Mein Herr!

Der Marquis de Moustier hat gestern das diplomatische Corps zum ersten Male empfangen. Er fragte mich, ob es wahr sei, was die öffentlichen Blätter berichteten, daß unsere officiellen Beziehungen bald aufhören dürften. Er erklärte, daß er die Bestätigung mit Bedauern erfahren würde und daß er wünsche, mit mir in der Pflege höchstfreundschaftlicher Beziehungen zwischen unseren beiderseitigen Ländern zusammenzuwirken.

In Beantwortung einer Frage, die ich an ihn richtete, sagte er, daß die Politik seiner Regierung gegen die Vereinigten Staaten und Mexico durch seinen Amtsantritt keinerlei Veränderungen erfahren werde.

Se. Excellenz fügte hinzu, daß er alle verfügbare Muße dem Studium der verschiedenen americanischen Fragen widmen werde, mit denen er noch keine Gelegenheit gehabt habe, bekannt zu werden und daß er, sobald er dazu vorbereitet sei, sich glücklich schätzen würde mit mir oder meinem Nachfolger eine längere Unterhaltung zu haben. Er wünsche jedoch mir mitzutheilen und mich zu bitten, Ihnen wissen zu lassen, daß er den Kaiser zu Biarritz gesehen; Se. Majestät habe den Wunsch und die Absicht geäußert, seine Truppen, sobald als es sich nur thun ließe ohne die mit Maximilian geschlossene Uebereinkunft zu halten, aus Mexico zurückzuziehen. Se. Excellenz fügte hinzu, daß nach den letzten Berichten die Dissidenten Terrain gewönnen, daß es aber nicht die Absicht des Kaisers sei, neue und abgesonderte Expeditionen zu unternehmen, um sie niederzuwerfen; es wäre davon gesprochen worden, Tampico wiederzunehmen, allein zu Paris sei darüber nichts weiter bekannt.

Er sagte die Stellung Frankreichs sei delicat und der Kaiser wünsche nichts so sehr, als sich aller seiner Verpflichtungen gegen Mexico zu entledigen, sobald er dies mit Würde und Ehre thun könne und daß mit unserer Hilfe, auf die er rechne, dieser Augenblick beträchtlich rascher herbeigeführt werden könnte.

Hierauf begnügte ich mich nur in allgemeiner Weise zu erwidern, daß ich keinen Grund habe, daran zu zweifeln, daß die künftigen Beziehungen der Vereinigten Staaten zu Frankreich durch dieselben freundschaftlichen Rücksichtsnahmen bezeichnet sein würden, welche sie bisher characterisirt hätten.

Ich habe nicht gefragt, von welcher Art Hilfe der Vereinigten Staaten er rede, indem ich annahm, daß er mehr auf Duldung (Forbearance) zähle, als auf thätige Mitwirkung.

Ich kann als hierher gehörig, auch erwähnen, daß ich gestern von Biarritz zurückgekommen bin, wo mir Herr Pereire, der Eigenthümer der französisch-mexicanischen Packetbootlinie, mittheilte, sein Agent habe endlich mit dem Kriegsministerium einen Contract wegen Zurückführung der ganzen französischen Armee in die Heimath und zwar für nächsten März abgeschlossen*).

Er hatte, wie ich ihn verstand, am Tage zuvor den Brief erhalten, der ihm diese Thatsache mittheilte. Einige Detachements, sagte er, würden schon in diesem Herbst zurückgeführt und der ganze Rest vor Ende März. Ich habe Grund anzunehmen, daß man ihn gebeten hat, mir diese Mittheilung zu machen.

John Bigelow.

Aus diesen beiden Documenten läßt sich leicht beurtheilen, was man jenseit des Oceans von der französischen Po-

---

*) Die Veränderung der ersten Abschlüsse mit dieser Packetbootlinie wegen der zuerst angeordneten Rückführung in drei Abtheilungen belastete selbst den französischen Staatsschatz sehr bedeutend.

litik hielt. Das war nur Gerechtigkeit. Wie dem auch sei, dem Hauptquartier blieben damals diese diplomatischen Winkelzüge unbekannt. Dagegen trat der bedenkliche Character der Sendung des Generals Castelnau sehr bald hervor. Die allgemeine Erregung verbreitete sich bis nach Mexico und der Conseilpräsident, Herr Lares ließ derselben bei dem Hauptquartier Ausdruck, dessen Rückantwort bestätigte, wie sein Auftrag und seine Ueberzeugung waren, daß das Expeditionscorps keine andere Bestimmung habe, als das Reich zu schützen. Zu gleicher Zeit wies der Marschall dem mexicanischen Cabinet mit aller Offenheit die begangenen Fehler nach, während er zugleich angebliche, gegen das Expeditionscorps vorgebrachte Beschwerden bekämpfte.

Mexico, 6. October 1866.

Herr Justizminister!

In Beantwortung des Briefes Ew. Excellenz vom 9. October habe ich die Ehre Sie zu benachrichtigen, daß in Folge der Ankunft des Generals Castelnau, Adjutanten Sr. Majestät des Kaisers Napoleon, welcher mir ganz sicher Instructionen meines erhabenen Souveräns überbringt, ich Ihnen über die den französischen Truppen in Zukunft vorbehaltene Wirksamkeit nichts sagen kann. Dieselben werden mittlerweile in ihren Stellungen bleiben und fortfahren, so oft es nöthig sein wird, den Behörden wie der Bevölkerung des Reiches ihren Beistand zu leisten.

Was die National- und Hilfstruppen betrifft, so ist Ew. Excellenz, da Sie dem Gouvernement fernstanden, ohne Zweifel unbekannt, daß seit Errichtung der Militärdivisionen diese Truppen vollständig zur Verfügung, der diese Divisionen befehligenden mexicanischen Generale gestellt worden sind und folgerichtig zu der Disposition der kaiserlichen Regierung, welche ihnen die Befehle durch Vermittelung des Kriegsministeriums oder aber durch kaiserliche Commissare zugehen ließ.

Seit jener Zeit hat sich mein Wirkungskreis darauf beschränkt Rathschläge zu ertheilen, die fast niemals befolgt wurden, oder den Beistand meiner Truppen zu gewähren, um das Armeematerial wieder herzustellen und die wichtigen Städte oder Kriegsplätze zu befestigen; und endlich mit allen meinen Mitteln die Reorganisation der nationalen Armee zu unterstützen. Diese Armee zählt heute 22 Bataillone Infanterie, einschließlich der Cazadores von Mexico; 10 Regimenter Reiterei, 4 Compagnien Gensdarmerie, die entsprechende Artillerie und Genie; das ganze in der Effectivstärke von 17,254 Mann.

Zählt man zu diesem Bestand die 6811 Mann der österreichisch-belgischen Legion hinzu, so gelangt man unter Einrechnung der noch bestehenden Hilfstruppen oder ständigen Garden, leicht zu einer Gesammtziffer von 28,000 Mann. Am verflossenen 28. Januar hatte sich die Effectivstärke auf 43,520 Mann gesteigert. Die Dienstzweige der Artillerie und des Genie sind seit vorigem Jahre den vom Kriegsministerium ernannten mexicanischen Offizieren überlassen worden und es haben diese das zu jener Zeit vorhanden gewesene Inventar in Händen.

In Puebla besteht dank der Bemühungen des österreichischen Generalstabs eine Pulvermühle und eine Kapselfabrik, sowie Werkstätten für Eisen, Holz und Leder, welche den Bedürfnissen der Nationlarmee genügen können und lediglich vom Kriegsministerium abhängen.

Die kaiserliche Regierung kann also über alle diese Elemente verfügen, über welche ich übrigens niemals unmittelbar zu disponiren hatte, sowie über die in den festen Plätzen befindliche Artillerie und über die 46,000 Gewehre und anderen Waffen, welche innerhalb dreier Jahre an die mexicanische Armee und die Bevölkerung vertheilt worden sind. Nach dem, dem Höchstcommandirenden zugewiesenen Wirkungskreise hat derselbe sich keineswegs in die Disciplin, das Avancement und die innere Verwaltung der Truppen zu mischen, sondern sie nur in Bewegung zu setzen, damit Einheit in derselben bestehe.

Ich muß zu meinem Bedauern sagen, daß trotz meiner wiederholten Vorstellungen dem nicht so gewesen ist und daß in allen Territorial-Divisionen die commandirenden Generäle meistentheils nach ihrem eigenen Ermessen oder nach unmittelbar aus dem Kriegsministerium an sie gelangenden Befehlen gehandelt haben.

Es hindert also nichts den Fortgang, und die an mich gerichtete Frage über die Stellung der Nationaltruppen zur Verfügung der Regierung, findet sich somit nach Ihrem Wunsche erledigt.

Nur wäre es nöthig, daß die zu Divisionscommandanten ernannten Generäle sich auch auf ihre Posten verfügten, wie z. B. die Generäle Chacon und Severo Castillo, in die achte und neunte Militärdivision.

Ein anderer Irrthum, den Ew. Excellenz ohne Zweifel unfreiwillig in Folge Ihrer Entfernung von den Geschäften begehen, auf dessen Berichtigung ich aber Werth lege, ist die Räumung der Städte den französischen Truppen zuzuschieben. Sie haben sie nicht geräumt, sondern dieselben den mexicanischen Truppen übergeben, welche aus einem oder dem anderen Grunde sie nicht vertheidigt haben; das ist die Wahrheit und Ew. Excellenz muß sie kennen.

Man braucht also für die neuesten Ereignisse nach keinen anderen, als den thatsächlichen Ursachen zu suchen und diese Ursachen sind Sr. Majestät sehr wohl bekannt, weil unsere Rapporte sie ihm erläutert haben.

Ew. Excellenz können sie auch nicht unbekannt sein; ich enthalte mich sie einzeln aufzuzählen. Alles zusammengefaßt: die kaiserliche Regierung kann, wie bisher, über alle Bestandtheile der Nationalarmee verfügen; ich muß aber loyaler Weise hinzusetzen, daß, wenn die Verwaltung und die Recrutirung nicht besser gehandhabt werden, als bisher und wenn andererseits von Seiten der genannten Truppen nicht mehr Treue, Energie und Aufopferungsfähigkeit bewiesen wird, die kaiserliche Regie-

rung wohl daran thun wird, nicht mit völliger Be=
stimmtheit auf deren Beistand zu rechnen.

Der Marschall von Frankreich

Bazaine.

Im liberalen Lager des Porfirio Diaz war man besser,
wie im französischen Hauptquartier über die Schritte unserer
Regierung unterrichtet. In demselben Augenblicke, wo der
Gesandte Napoleon's III. das Hochplateau erstieg, äußerte
sich das republicanische Journal folgendermaßen: „Das
Packetboot von St. Nazaire hat den General Castelnau und
den Marquis de Galliffet herübergeführt, beide Adjutanten
Napoleon's III. . . . .
Castelnau macht kein Geheimniß aus seiner wichtigen
Sendung; er sagt, daß er den Auftrag mitbringe, Maximi=
lian abdanken zu machen. Man behauptet, daß bei dem
Sturze des österreichischen Prinzen eine, im Voraus zwischen
dem Cabinet von Washington und den Tuilerien abge=
schlossene Convention über die französischen Schuldansprüche
auftauchen werde. Man begreift, daß die freiwillige oder
erzwungene Abdankung Maximilian's unvermeidlich ist;
die Schritte Frankreichs sind wohlbekannt und die Sonne
des neuen Jahres wird die siegreichen Waffen der Republik
über dem ganzen mexicanischen Gebiete glänzen sehen."

Unsere Truppen fuhren fort, sich nach dem Centrum
des Landes zurückzuziehen. Nach den neuesten aus Paris
erhaltenen Befehlen sollte die Bewegung des Rückmarsches
noch einen entschiedeneren Charakter bekommen und das Haupt=
quartier brachte diese militärischen Verfügungen zur Kennt=
niß Maximilian's; dem Abgesandten Napoleon's überließ
es den politischen Theil der Sendung, mit welcher er einzig
betraut und deren letzte Tragweite auch ihm allein be=

kannt war. Welch ein vielseitiges Drama, dessen verschiedene, wahrhaft erschütternde Scenen sich in Paris, Rom, Washington und Mexico abspielten! Die ganze Wucht desselben lag in den Händen der beiden Hauptpersonen, Maximilian's und des Marschalls. Der Kaiser von Mexico fühlte bald seine Energie erlahmen und im Augenblicke, wo er den Kampf aufgab, verfaßte er folgenden letzten Protest gegen die Thaten unserer Politik.

Mexico, 18. October 1866.
Mein lieber Marschall,

Mit größtem Bedauern habe ich durch Ihr geehrtes gestriges Schreiben erfahren, daß wir in nächster Zeit bedroht sind, Matehuala aufgeben zu müssen, einen der in Bezug auf die Dissidenten allerwichtigsten strategischen Punkte.

Ich habe augenblicklich Befehl gegeben, die zur vollen Soldzahlung der Truppen erforderlichen Gelder herbeizuführen. Ich bin der festen Ueberzeugung, daß ein einziger kräftiger Angriff genügen würde, um die schlecht organisirten Streitkräfte der Dissidenten aus dem Felde zu schlagen; wenn sich dagegen die französisch-mexicanischen Truppen zurückziehen, so wird sich nicht nur die Anzahl der Feinde nicht vermindern, sondern unsere Verbindungen zwischen Tamaulipas und San-Luis werden auch abgeschnitten, während zu gleicher Zeit die Hilfsquellen dieses Gebietes uns gleichfalls entgehen. Dadurch wird der Revolution künstlicherweise ein Umfang verliehen, welchen sie bis auf diesen Tag noch nie erreicht hat.

Sie wissen, mein lieber Marschall, daß die Regierung in so kurzer Zeit nicht genügende Streitkräfte sammeln kann, um mit ihnen selbständig dem Feinde die Spitze zu bieten, und daß folglich die Andeutung, sich auf die örtlichen Hilfsquellen zu stützen, eine ganz illusorische ist. Ich hoffe, mein lieber Marschall, daß Sie in Uebereinstimmung mit dem Artikel 4 des Tractats von Miramare, nach welchem

Sie über die gesammten Streitkräfte des Reichs verfügen, die Güte haben werden, alle Maßregeln zu ergreifen, welche geeignet sind, einer militärisch und politisch weit größeren Katastrophe vorzubeugen, als wir bis jetzt erlebt haben.

Ihr wohlgewogener

Maximilian.

Maximilian glaubte noch immer, den seit drei Monaten bereits zerrissenen Tractat von Miramare anrufen zu können, auch nachdem der Kaiser Herrn Bigelow erklärt hatte, daß er keine weitere Expedition zur Unterwerfung der Dissidenten unternehmen wolle.

XV.

Es war angezeigt worden, daß die französische Gesandtschaft sich zwei Tagemärsche weit von der Hauptstadt befände. Entschlossen, ihr aus dem Wege zu gehen, ließ der Kaiser die Vorbereitungen beschleunigen, um, wie er seinen Ministern mittheilte, der Kaiserin Charlotte entgegen zu gehen. Schon war aber gerüchtweise bekannt, daß sein und seiner Umgebung Gepäck nach Veracruz adressirt abgesendet werde, und man wußte auch, daß die drei Schwadronen österreichischer Husaren, die nach Mexico unter dem Vorwande, sich von ihren Strapazen auszuruhen, zurückgerufen worden waren, schon Befehl erhalten hatten, zum Aufsitzen bereit zu sein. Die Nachricht von der wahrscheinlichen Entfernung des Herrschers rief eine lebhafte Aufregung unter der Einwohnerschaft Mexicos hervor.

Die Geschichte schließt den Roman aus; doch aber kann der Geschichtsschreiber nicht ohne Bewegung von der Trauer=

scene berichten, welche die letzten Augenblicke, die der Kaiser im Palais von Chapultepec zubrachte, umdüsterte.

Die Stunde der Abreise nahte: Vom Fieber erschöpft und von den Ereignissen besiegt, gedachte der Fürst seiner zertrümmerten Hoffnungen und träumte sehnsuchtsvoll von dem Heimatlande, indem er vor dem entfernten Echo der Geschütze von Sadowa und Lissa erschauderte. Eine telegraphische über die Vereinigten Staaten gesandte Depesche wurde ihm übergeben; sie meldete, daß die Vernunft der Kaiserin Charlotte eine Erschütterung erlitten habe. Ja, es gibt grausame Schmerzen, Auflehnungen einer gequälten Seele wider das Schicksal, Kämpfe der Verzweiflung, welche die Feder nicht zu schildern vermag.

Die ganze Stadt, in der die Kaiserin angebetet wurde, war in schmerzlicher Bestürzung. Maximilian gab in der Nacht Befehl zur Abreise und zeigte dem Marschall am Morgen des 20. October an, daß er sich von Mexico entferne.

Schloß Chapultepec, 20. October 1866.

Mein lieber Marschall,

Die Worte des Trostes und der Trauer, welche Sie mir in Ihrem und der Marschallin Namen übersandten, haben mich tief gerührt. Es drängt mich, Ihnen meine lebhafte und tiefe Dankbarkeit dafür auszudrücken. Der furchtbare Schlag dieser letzten Nachrichten, die mein Herz so schwer verwundeten, und der üble Zustand meiner Gesundheit, veranlaßt durch das so lange andauernde Wechselfieber, haben nach dem ausdrücklichen Wunsche meines Arztes einen zeitweiligen Aufenthalt in einem milderen Klima nöthig gemacht.

Um den außerordentlichen Courir zu treffen, der mir von Miramare aus angekündigt ist, woher ich mit begreiflicher Sorge Nachrichten erwarte, habe ich die Absicht, nach Orizaba abzureisen.

Mit dem größten Zutrauen überlasse ich Ihrem Tact die Aufrechterhaltung der Ruhe in der Hauptstadt und der wichtigsten, gegenwärtig von den Truppen unter Ihrem Befehl besetzten Punkte.

Unter diesen traurigen und schwierigen Umständen zähle ich mehr als je auf die Loyalität und die Freundschaft, welche Sie mir immer bewiesen haben.

Ich werde der beigefügten Reiseroute folgen und gedenke die drei Schwadronen Husaren vom österreichischen Freiwilligencorps und die verfügbaren Leute von der Gensdarmerie mit mir zu nehmen.

Dieser Brief wird Ihnen durch den Staatsrath Herzfeld, meinen früheren Schiffsgefährten, übergeben werden; ich stelle ihn zu Ihrer Verfügung, um Ihnen jede Aufklärung zu geben.

Ich wiederhole Ihnen, sowie der Marschallin meine warme Dankbarkeit für die zarte Theilnahme, die meinem armen Herzen so wohl gethan hat.

Empfangen Sie, mein lieber Marschall, die Versicherung meiner aufrichtigen Freundschaft.

Maximilian.

In diesem kritischen Augenblicke, wo Ergebenheit gefährlich werden konnte, erschien Herr Lares im Palaste und erklärte im Namen seiner Collegen, daß das ganze Ministerium sich zurückziehen würde, wenn der Kaiser Mexico verlasse. Herr Herzfeld gab dem Hauptquartier sofort davon Nachricht.

Mexico, 20. October 1866.

Excellenz,

Herr Lares hat die Demission des ganzen Ministeriums eingereicht und erklärt, daß, sowie der Kaiser die Hauptstadt verlasse, es dort keine Regierung mehr geben würde. Da Se. Majestät sich in einem Zustande großer Schwäche befindet und auf die Abreise bringt, so werden Maßregeln ergriffen werden müssen. Ich bitte Ew. Excellenz inständig, den Kaiser noch heute Abend berathen zu wollen.

Ich verbleibe u. s. w.

Herzfeld.

Von diesem bedenklichen Zwischenfall in Kenntniß gesetzt, schrieb der Marschall Bazaine sofort dem Conseilspräsidenten, daß es ein Mangel an Loyalität und Edelmuth sein würde, den Kaiser in einer solchen Stunde zu verlassen, nachdem man sich um sein volles Vertrauen beworben, und daß er sich genöthigt sehen würde, den Ministern gegenüber gewisse Maßregeln zu ergreifen, falls dieselben bei ihrem Entschlusse beharren würden.

Ohne diese energische und von den Umständen gebotene Entschiedenheit fiel die ganze Last der Regierung des Landes urplötzlich auf das französische Commando, und zwar in demselben Augenblick, wo dem Hauptquartier bereits genaue Angaben vorlagen, welche nachwiesen, daß alle Parteien auf dem Punkte standen, sich in Masse gegen die Fremden zu erheben und die kleinen französischen, über ein weites Terrain noch sehr zerstreuten Abtheilungen in einer neuen sicilianischen Vesper niederzumetzeln. Mit dem Einbruche der Nacht kam Herr Herzfeld in das Quartier von Buena-Vista, um sich von Maximilian Rath über die Lage zu holen. Inzwischen hatten die eingeschüchterten Minister erklärt, sie würden sich glücklich schätzen, ihr Amt weiter fortzuführen. Der Marschall, welchem der Abgesandte Maximilian's vertrauliche Eröffnungen über die endgültigen Beschlüsse seines Fürsten gemacht hatte, antwortete, daß Se. Majestät in aller Ruhe abreisen könne, und daß er Alles auf sich nehme. Der Höchstcommandirende glaubte in der

That, die Wagschale der Monarchie sei im Sinken, und fühlte nicht den Muth in sich, Maximilian zurückzuhalten, dem er freistellte, seinen eigenen Eingebungen zu folgen. Vor Allem indessen handelte es sich darum Zeit zu gewinnen, um vereinzelte französische Abtheilungen, die sich gegenwärtig noch in Entfernungen von sechshundert Meilen verbannt sahen, in größern Massen zu sammeln und zur Armee heranziehen zu können. Eine plötzliche Abdankung mußte die Insurrection im ganzen Lande entfesseln; um dem zu begegnen war es nöthig, daß Maximilian eine zeitweilige Abwesenheit vorschütze, welche erlaubte, eine Regentschaft einzusetzen, um so das Land ungestört in eine andere Regierungsform überzuführen. Einzig eine aus Europa datirte Thronentsagung konnte großen Erschütterungen vorbeugen und unsre Armee völlig sicher stellen. Dies war der Plan, für welchen der Marschall Maximilian zu gewinnen wünschte. Um sieben Uhr Abends erwartete der Fürst mit Ungeduld in seinem Palais die Antwort des Hauptquartiers. Als sie eintraf, durchmaß er den Saal in großer Aufregung; nach Durchlesen derselben schien er erleichtert. Die letzten Worte, die er vor seiner Abreise von Chapultepec sprach, offenbarten alle seine Gedanken: „Ich kann nicht mehr daran zweifeln, meine Gemahlin ist wahnsinnig. Diese Leute tödten mich bei langsamem Feuer. Ich bin erschöpft. Ich gehe. Danken Sie dem Marschall sehr für diesen neuen Beweis seiner Ergebenheit. Ich reise diese Nacht, und wenn er mir zu schreiben wünscht, so ist hier meine Reiseroute."

Um zwei Uhr Morgens am 21. October fuhren unter dem Schutze von drei Schwadronen österreichischer Husaren und ungarischer Gensdarmen drei Wagen die Straße von la Piedad. Der Pater Fischer, der Minister Arroyo, der Oberst Kobolisch und Dr. Basch begleiteten den Kaiser nach

Orizaba, wo der Herrscher eine öffentliche und endgiltige Entscheidung treffen wollte, welche die allgemeine Meinung schon vorausahnte. An demselben Abend schrieb Maximilian aus seinem Nachtquartier auf der Hacienda Zoquiapa eine ganz vertrauliche Mittheilung, welche ein österreichischer Offizier in der Nacht im französischen Hauptquartier abgab. Der Brief war nur eine Ergänzung der Unterredung des Marschalls mit Herrn Herzfeld.

Hacienda Zoquiapa, 21. October 1866, Abends.

Mein lieber Marschall,

Ich habe die Absicht, morgen die nöthigen Documente in Ihre Hände niederzulegen, welche der gewaltsamen Lage ein Ende machen sollen, in welcher sich nicht nur meine Person, sondern ganz Mexico befindet. Sie werden diese Documente aufzubewahren haben, bis zu dem Tage, welchen ich Ihnen telegraphisch bezeichnen werde.

Drei Angelegenheiten beschäftigen mich vor Allem und ich will die deshalb auf mir lastende Verantwortlichkeit sofort lösen.

Die erste: Daß politische Vergehen nicht ferner von den Kriegsgerichten abgeurtheilt werden.

Die zweite: daß das Gesetz vom 3. October thatsächlich zurückgenommen werde.

Die dritte: daß auch aus keinem Grunde weitere politische Verfolgungen stattfinden und daß alle Arten von Feindseligkeiten aufhören.

Ich wünsche, daß Sie die Minister Lares, Marin und Tavera berufen, um mit ihnen die zur Ausführung dieser drei Punkte unumgänglichen Maßregeln festzustellen, so zwar, daß die im Eingange meines Schreibens ausgedrückten Absichten in keiner Weise geahnt werden.

Ich zweifle nicht, daß Sie diesen neuen Beweis wahrer Freundschaft allen denjenigen, die Sie mir bereits gegeben haben,

hinzufügen werden und hege im Voraus für Sie das Gefühl
der Dankbarkeit, während ich Ihnen zugleich die Versicherung
der Achtung und Freundschaft erneuere, mit welcher ich bin
Ihr wohlgewogener
Maximilian.

Wie man sieht, empfahl Maximilian auf das Dringendste
sein Abdankungsproject selbst seinem Ministerrath gegenüber
nicht durchblicken zu lassen und zweitens ersuchte er den
Marschall, seine Minister zu versammeln, um ihnen seine
Befehle mitzutheilen, welche um so wichtiger waren, als
das Gesetz vom 3. October widerrufen wurde. Der Herr=
scher wollte, daß in dem Augenblicke, wo er im Begriff
war, das Land zu verlassen, das Blut nicht mehr nutzlos
fließe. Gleich am andern Morgen beeilte sich der Höchst=
commandirende aus Ergebenheit für den Kaiser Maximilian,
obwohl die französische Regierung ihm anempfohlen hatte,
sich nicht in die Politik zu mischen, die Herren Lares, Ma=
rin, Minister des Innern, und Tavera, den Kriegsminister,
zu berufen und zu versammeln. Er theilte ihnen officiell
die Befehle ihres Monarchen mit und gab Ordre sie aus=
zuführen. Es muß hinzugesetzt werden, daß die Minister
Lares und Marin sich wenig geneigt zeigten, auf die edel=
müthigen Absichten Maximilians einzugehen. Seinerseits
erwiderte der Marschall dem Kaiser, indem er ihm Mit=
theilung von der Ausführung seiner Befehle machte, daß
er an den Orten die Feindseligkeiten nicht einstellen könne,
wo die Dissidenten und Parteigänger, welche das Kaiser=
thum nicht anerkannt hätten, die französischen Truppen an=
greifen würden. In der That hatte das Hauptquartier
keine Vollmacht, mit den Liberalen einen Waffenstillstand
abzuschließen. Es konnte nicht aus eigener Machtvollkom=

menheit das festgesetzte militärische Programm des Expeditionscorps abändern, dessen Bestimmung war, das Reich zu schirmen. Die Räumung des übrigen Landes hatte ihren ruhigen Verlauf und die Zahl der von unsern Truppen besetzten Plätze verminderte sich täglich.

Maximilian änderte auch diesmal seine Pläne; denn niemals sandte er dem Marschall jene in seinem vertraulichen Schreiben vom 21. October angekündigten wichtigen Documente noch die telegraphische Depesche. Ein erwähnenswerther Vorfall bezeichnete den Beginn der Reise des jungen Herrschers. Die Haltepunkte des kaiserlichen Zuges waren absichtlich so eingerichtet, daß der General Castelnau sich Maximilian nicht zu nähern vermöchte. Dennoch begegneten sich die beiden Reisezüge einen Augenblick in Ayotla zur Stunde des Frühstücks; und obwohl der Abgesandte Napoleon's III. versucht hatte, Zutritt bei dem jungen Kaiser zu erlangen, mußte er doch abreisen, ohne eine Audienz erreicht zu haben.

Die Reise des Kaisers wurde rasch vollendet, unbehelligt von Seiten der Guerillas, welche allerdings, wenn sie nicht durch die Entfaltung unserer Truppen in Respect gehalten worden wären, die Absicht hatten, sich seiner Person zu bemächtigen. Eine bedeutende Bewegung juaristischer Abtheilungen hatte sich nach der Gegend von Oajaca hin bemerklich gemacht, welches von Porfirio Diaz bedroht wurde. Während der ganzen Reise stieg Maximilian nur bei den mexicanischen Geistlichen ab. Den 24. October übernachtete er schon im Presbyterium von Acacingo. Die Wegstrecke, welche dieses große Dorf von der Cañaba trennt, ist von dem Winterregen durchfurcht und während der trockenen Jahreszeit voller Sandmassen. Das Land ist sehr zerrissen und mit Waldungen bedeckt, wo man der Banden halber doppelte Vorsicht gebrauchen mußte. Einen Augenblick bemächtigte sich Verwirrung sogar der Umgebung des Fürsten.

Vorwärts auf der Straße hatte sich eine mächtige Staubwolke erhoben, die von einem Trupp roth uniformirter Reiter aufgewirbelt wurde. Es war eine der Schwadronen der französischen Contre-Guerilla, welche die Marschlinie Sr. Majestät flankirt hatte. Maximilian erkundigte sich nach den verschiedenen Stellungen, welche die Contre-Guerilla im heißen Tiefland besetzt hatte, dann verfiel er wieder in das beharrliche Schweigen, welches er seit seiner Abreise von Chapultepec beobachtete. Als er zu la Cañada anhielt, nahm er die Gastfreundschaft der zerstörten Pfarrwohnung dieses kleinen Fleckens in Anspruch. Die Nacht verbrachte er trübselig in einem erkalteten Zimmer und am nächsten Morgen setzte sich der Zug wieder in der Richtung auf Orizaba in Bewegung. Ein dichter Nebel deckte die Défiléen der Cumbres und lag weithin über dem Thale. Während des ganzen Weges war Maximilian vom Fieber gequält: er verließ seinen Wagen, um zu Fuße die zahlreichen verschlungenen Ausläufer der großen Bergkette hinabzusteigen, welche das Tiefland beherrscht. In einen langen grauen Mantel eingewickelt, auf dem Haupte einen weißlichen, schmalrandigen Sombrero, schritt der Kaiser eilig gesenkten Hauptes dahin, begleitet von seinem treuen Gefährten, dem deutschen Arzte Dr. Basch.

Zuweilen an einer der Windungen des Weges blieb er stehen, um seine Escorte zu erwarten und um einen letzten Blick auf jene Gegenden zu werfen, die er nie mehr wieder zu sehen glaubte. Gegen elf Uhr bot der Pfarrer von Aculcingo, einem elenden am Fuße der Cumbres gelegenen Dörfchen, Maximilian eine kärgliche Mahlzeit an. Als man wieder aufbrechen wollte, gewahrte man, daß die acht wei=

ßen Maulthiere, welche die Hofwagen zogen, gestohlen waren und man mußte zwei lange Stunden warten, bis auf dem Wege der Requisition andere Thiere herbeigeschafft waren. Die Sonne neigte sich schon zum Untergange, als man in dem reizend gelegenen, im Grün versteckten Dorfe Ingenio anlangte. Hier erwartete den Kaiser eine zahlreiche aus Reitern, Fußgängern und Pfarrern zu Pferde bestehende Menge, der Indianer und Einwohner von Orizaba folgten, um ihn freudig zu begrüßen und zu der noch eine Viertelmeile entfernten Stadt zu geleiten. Als man die Glockenthürme von Orizaba bemerkte, ließ der Oberst Kodolisch die Reiterei langsamer marschiren, weil der Kaiser allein in die Straßen einzuziehen wünschte, wo er sich von der Bevölkerung erwartet wußte.

Eine der ausgeprägten Neigungen Maximilians, die sich während seiner ganzen Regierung scharf bemerklich gemacht hat, war: sich seinem Volke so selten als möglich von Franzosen umgeben zu zeigen, gegen welche er im Allgemeinen eine lebhafte Abneigung fühlte. Ein gelehrter Kritiker, Dubois, der im Temps eine gewissenhafte Analyse der von dem Erzherzog noch in früher Jugend scizzirten „Reiseerinnerungen" veröffentlicht hat, weist in denselben den Ausdruck dieser Frankreich abholden Gesinnung nach. Er bekennt selbst, daß das Studium des Charakters des Fürsten, diesen Nachkommen Karl's V. in seinen Augen herabgesetzt habe. „Man muß anerkennen, fügt er hinzu, daß, als Maximilian die mexicanische Krone annahm, andere den Degen für ihn geschwungen hatten, und diese «Andern» scheint er nicht sehr geliebt zu haben. In der That zeigt er sich in seinen Schriften voller Voreingenommenheit gegen Frankreich und die Franzosen. Der Kaiser Napoleon III. ist fast allein von dieser Abneigung ausgenommen, welche in so starkem Gegensatz zu der Vorliebe des Fürsten für die Spanier steht. Seit 1852, einige Monate nach dem 2. December und vor der Proclamirung des Kaiserreichs erkennt der zukünftige Kaiser von Mexico in dem zukünftigen Kaiser der Franzosen „den mächtigen Geist eines sein Jahrhundert beherrschenden Staatsmannes". Kein Zweifel, daß dieser Eindruck Bestand gehabt und daß er im entscheidenden Augenblicke bei dem Prinzen jenes Vertrauen auf sich selbst und seinen Stern gerechtfertigt hatte, wozu er von Natur ganz geeignet war. Es ist aber zu wiederholen, daß im Allgemeinen der Prinz uns seine Zuneigung entzog: wir sind nicht katholisch genug und nicht romantisch genug. Vielleicht auch kommt diese von ihm geäußerte Voreingenommenheit aus jenem innerlichen und tiefen Groll gegen Frankreich, über welchen politische Nothwendigkeiten wohl zuweilen einen Schleier werfen mögen, der aber aus guten und aus schlechten Ursachen im Hause Habsburg erblich sein muß. Wie dem auch sei, er liebt unsere Sprache nicht und wünscht dem Kaiser Franz Joseph Glück dazu, sie von seinem Hofe möglichst verbannt zu haben; er liebt unsere Moden nicht und beglückt die Spanier, sie nicht angenommen zu haben; was er aber hauptsächlich verabscheut, sind unsere Ideen und unser Esprit."

Viele Fragen hätten vom Marschall in weit mehr entgegenkommender Weise in vertraulicher Besprechung als durch Briefwechsel geschlichtet werden können; aber Maximilian hatte ihm oft anempfohlen, nur selten in das Schloß von Mexico zu kommen, woselbst — so gab der Kaiser vor — die Besuche des französischen Obergenerals von den Mexicanern ungünstig gedeutet werden konnten. Als er im einsamen Schlosse von Chapultepec residirte, sprach er ihm den

entgegengesetzten Wunsch aus. Dieselbe Verhaltungsmaß=
regel findet sich in den letzten Briefen Maximilian's an
seinen Kriegsminister wieder, die von Quaretaro datirt sind:
er drückt darin seine ganze Ungedulb über das französische
Joch aus und seine Freude über den Abzug der Interven=
tion, der er doch seinen Thron verdankte. Diese von An=
beginn seiner Regierung angenommene Haltung war keine
logische.

XVI.

Maximilian hielt seinen Einzug in das freudig aufgeregte
Orizaba durch ein Spalier französischer Infanterie und in
den Straßen vertheilter Nationalgarden, unter dem Lärm
der Kanonenschläge und dem fortwährenden Geläute aller
Glocken. Er zog sich sofort in das Haus der reichen Fa=
milie Bringas zurück. Der Salon des Herrn Bringas, des
bedeutendsten Schleichhändlers in Mexico, war der bekannte
Sammelpunkt aller Feinde der Intervention, und noch neuer=
dings waren dort gelegentlich der Durchreise des Generals
Uruga zur Einschiffung in Vera=Cruz, von demselben prä=
sidirte geheime Berathungen gehalten worden. Während
seines kurzen nur einwöchentlichen Aufenthaltes zu Orizaba
zeigte sich der junge Kaiser nur öffentlich, um sich in die
Badeanstalt zu begeben. Sobald er den Courier aus Eu=
ropa empfangen, welcher ihm die herzzerreißenden Nach=
richten über die Gesundheit der Kaiserin überbrachte, zog
er sich in die, der Stadt nahe und inmitten von Kaffee= und
Zuckerplantagen versteckt liegende Hacienda la Jalapilla zurück.

Noch zögerte er abzudanken. Der Pater Fischer zog,
seinen großen Einfluß auf den jungen Kaiser benutzend, den=

selben in diese Einsamkeit, unter dem Vorgeben, daß sein
Körper wie sein Geist großer Ruhe bedürftig seien. Die
Intriguen der reactionären Partei, welche wohl fühlte, daß
der Fall und die schließliche Beraubung des Clerus dem
Falle der Monarchie auf dem Fuße folgen mußten, verbargen
dem Auge des Fürsten die Bedeutsamkeit und die Schnellig=
keit der Erfolge der Liberalen. Die Besuche der clericalen
Agenten, welche darauf hinarbeiteten, Maximilian auf me=
xicanischem Boden zurückzuhalten und an ihre Fahne zu
fesseln, bedurften des Schattens und des Geheimnisses: auch
folgten sie einander ohne Unterbrechung auf dieser Ha=
cienda.

Unterdessen war ein Theil des Krongepäckes bereits auf
der im Hafen von Vera=Cruz ankernden österreichischen
Fregatte Dandolo eingeschifft worden und die deutsche Um=
gebung des Fürsten erkannte doch selber das Spiel als ver=
loren an, obwohl sie das Zusammenbrechen des Thrones,
an welchen sie ihre Glückshoffnungen gebunden, schmerzlich
bedauerte. Wirklich wurde man soeben durch die Nachricht
von einem schweren, den österreichischen Truppen am
18. October beigebrachten Verluste in Orizaba überrascht.
Eine Colonne von ungefähr 1500 Mann, welche dem von
Porficio Diaz in Oajaca eingeschlossenen mexikanischen Ge=
neral Oronoz und den Cazadores Hilfe bringen sollte, war
von den juaristischen Banden auf den Hügeln von Carbo=
nera angegriffen und mit großem Verlust an Mannschaft
und an Kriegsmaterial völlig geschlagen worden. Die innere
Lage drohte um so schlimmer zu werden, als der Termin
herannahte, wo der Vertrag vom 30. in Kraft zu treten
hatte und demnach den französischen Commissaren die Hälfte
der laufenden Einkünfte des Hafens von Vera=Cruz abge=
geben werden mußte. Alle Hilfsquellen versiechten auf ein=

mal. Der Marschall indessen war gezwungen, den Finger auf diese schmerzende Wunde zu legen.

Mexico, 25. October 1866.

Sire,

Der Zeitpunkt naht, wo die von der Regierung Ew. Majestät mit derjenigen Frankreichs geschlossene Uebereinkunft, betreffs der Zolleinkünfte in Kraft zu treten hat. Herr Dano, welcher auf seine desfalsige Notification noch keinerlei Antwort erhalten, theilt mir deshalb mit, es sei seine Absicht, die Vollstreckung mir zuzuweisen.

Ich beehre mich Ew. Majestät davon in Kenntniß zu setzen und Sie dringend zu bitten, Ihre Befehle zur Ausführung der erwähnten Uebereinkunft ertheilen zu wollen.

Ew. Majestät ist sicherlich der schwere Unfall bekannt, welchen die Oajaca zu Hilfe eilende Colonne erlitten hat; ich werde die Gelegenheit ergreifen, die Einzelheiten sofort nach Eintreffen der amtlichen Berichte mitzutheilen.

Der General Douay befindet sich in diesem Augenblick jenseit Matehuala zur Verfolgung einer ziemlich bedeutenden Abtheilung Reiterei.

Ich verharre mit tiefster Ergebenheit u. s. w.

Bazaine.

Einige Tage später capitulirte die Stadt Oajaca und öffnete ihre Thore dem Sieger Porficio Diaz; die ganze Besatzung war gezwungen die Waffen niederzulegen, trotz der heldenmüthigen Vertheidigung des im Kampfe gefallenen Führers der Cazadores, des wackeren Commandanten Testard. Im heißen Tieflande sammelten sich die kühner werdenden Guerillaführer in den Umgebungen von Medellin, Tehuacan und Perote und begannen drohende Bewegungen zu machen. In dieser gefahrvollen und kritischen Stunde wagte der vom Clerus umgarnte Kaiser dennoch nicht einen

entscheidenden Schritt zu thun, so mächtig war die Unbe=
ständigkeit seines Characters und die Größe seiner Bedürf=
nisse. Es ward ihm schwer dieser Krone zu entsagen, von
der er seit seiner Kindheit geträumt. Man erstaunt über
die Beweise frühreifen Ehrgeizes, mit welchen die „Reise=
erinnerungen" durchwoben sind, die er niederschrieb, nach=
dem er unter der Kathedrale von Granada die Krönungs=
insignien Ferdinand des Katholischen in Augenschein ge=
nommen hatte. „Ich berührte", sagt Maximilian, „den
goldnen Reif und das so mächtig gewesene Schwert mit
einem aus Stolz, Sehnsucht und Bedauern gemischten Ge=
fühle. Welch' ein schöner, glänzender Traum für den Nef=
fen der spanischen Habsburg das Schwert Ferdinand's zu
schwingen, um eine Krone zu erobern."

Diese wenigen Zeilen erklären recht gut die schmerzlichen
Schwankungen, die letzten Kämpfe, denen der Ehrgeiz Ma=
ximilian's in der Hacienda la Jalapilla zur Beute wurde.

Hier folgt ein Brief vom 31. October, welcher unter
dem Eindruck des von den Oesterreichern verlorenen Treffens
geschrieben wurde, in welchem ihre Tapferkeit so unglücklich
war; er vergißt edelmüthig seine Beschwerden wider die
Belgier. Es geht daraus klar hervor, daß er im feierlichen
Augenblicke einer bei sich bereits beschlossenen Abdankung
noch einen letzten Versuch wagen wolle, bevor er ein Scepter
fallen ließ, das seinem Herzen und seinem Stolz so theuer
zu stehen gekommen war.

Mein lieber Marschall,

In der schwierigen Lage, in welcher ich mich befinde und
welche mich, falls die von mir eingeleiteten Unterhand=
lungen zu keinem günstigen Ergebniß führen, zwingen
wird, die von der Nation mir anvertraute Gewalt zurückzu=

ziehen, liegt mir vor Allem daran, das Loos der österreichischen und belgischen Freicorps festzustellen und ihnen die vollständige Erfüllung der gegen diese Corps eingegangenen Verpflichtungen zu sichern.

Zu diesem Ende sende ich Ihnen meinen Adjutanten, den Obersten Kodolich, welchem ich den Befehl über das österreichische Freiwilligencorps übertragen habe und der mit den nöthigen Vollmachten versehen ist, um diese, mir mehr wie irgend eine andere am Herzen liegende Frage ordnen zu können.

Dieser Offizier genießt mein völliges Vertrauen und indem ich in Ihre, in Frankreichs Hände — die so empfänglich für jegliche Aufopferung — das Loos dieser tapfern und ergebenen Truppe lege, erwarte ich mit völliger Beruhigung eine zufriedenstellende Lösung dieser Angelegenheit.

Empfangen Sie, mein lieber Marschall, die Versicherung der Gefühle aufrichtigster Freundschaft, mit welcher ich bin

Ihr sehr wohlgewogener

Maximilian.

Orizaba, 31. October 1866.

Zur Stunde, wo Maximilian den Obersten Kodolich in das Hauptquartier nach Mexico abgehen ließ, kannte er ganz genau den Zweck der Sendung des Generals Castelnau. Der Abgesandte Napoleon's III. sollte, indem er die Thatsachen und die öffentliche Meinung prüfte, sich persönlich und mit eigenen Augen unterrichten, ob die Monarchie sich aus eigener Kraft zu halten vermöge. Wäre das nicht der Fall, und die Tuilerien wußten im Voraus bestimmt, daß diese Alternative eintreten würde, so sollte er die sofortige Abdankung des Kaisers erwirken und — im Falle der Weigerung des jungen Herrschers nach Europa zurückzukehren — hatte er Befehl diesem mitzutheilen, daß das ganze Expeditionscorps auf einmal und in kürzester Frist zurückge=

zogen werde. Diese Instructionen seines Verbündeten Napoleon III., deren völligen Umfang Maximilian noch nicht kannte, waren nicht dazu angethan ihn zu ermuthigen, allein den Kampf wieder aufzunehmen; auch gab er sich über die Widerstandsfähigkeit des mexicanischen Elements keinen großen Täuschungen mehr hin. Sein Geist schwankte zwischen der Demüthigung einer Rückkehr nach Oesterreich, nach einer schweren und offenkundigen, seine politische Zukunft compromittirenden Niederlage einerseits, und andererseits der wohlbegründeten Furcht sich einem unmöglichen Werke zu widmen, zugleich aber der sehr gerechtfertigten Sehnsucht seine Gattin, das Opfer ihrer Hingabe an sein Unglück, wiederzusehen.

Jetzt nun tritt eine neue, schmerzliche, unbekannte Entwicklung dazwischen, welche einen so bedeutenden Einfluß auf das Schicksal des unglücklichen Fürsten ausübt, daß sie ihn in die Gräben von Queretaro geführt hat. Maximilian war in seinen Unterhandlungen mit den Führern der Liberalen und mit den Vereinigten Staaten gescheitert, bei welchen letztern er, immer noch verblendet, einen abermaligen Versuch unternommen hatte. Die Gesundheit der für fast unrettbar gehaltenen Kaiserin Charlotte rief ihn mehr als je nach dem Schlosse von Miramare. Schon bereitete er sich ohne Hintergedanken vor, nach Europa unter Segel zu gehen, als ein Brief des belgischen Staatsrathes, Herrn Eloin, aus Brüssel datirt, in seine Hände gelangte, aber nicht ohne auf seinem Wege durch die Vereinigten Staaten im schwarzen Cabinet zu Washington geprüft worden zu sein.

Sire!

Der Artikel des französischen Moniteur, welcher den Eintritt der beiden französischen Generale Osmont und Friant in die Ministerien des Krieges und der Finanzen mißbilligt, beweist, daß hinfort die Maske und zwar ohne Scham und Scheu abgeworfen ist. Die wenngleich geheime Sendung des Generals Castelnau, Adjutanten und Vertrauensmannes des Kaisers, hat nach meiner Meinung keinen andern Grund, als baldmöglichst eine Lösung herbeizuführen. Um eine Erklärung ihres Benehmens, welches die Geschichte richten wird, zu versuchen, möchte die französische Regierung, daß eine Abdankung dem Rückmarsche der Armee vorangehe und daß es ihr auf diese Weise möglich würde, die Herstellung eines neuen Zustandes der Dinge allein in ihre Hand zu nehmen, wodurch ihre eigenen Interessen wie diejenigen ihrer Landesangehörigen gewahrt werden könnten. Ich habe die feste Ueberzeugung, daß Ew. Majestät diese Genugthuung einer Politik nicht wird geben wollen, welche früher oder später über das Gehässige ihrer Handlungen und deren unheilvolle Folgen wird Rechenschaft ablegen müssen.

Die Ansprache des Herrn Seward, der Trinkspruch auf Romero, die Haltung des Präsidenten, welche aus der Memmenhaftigkeit des französischen Cabinets hervorgingen, sind sehr schwer wiegende Thatsachen, geeignet, die Schwierigkeiten zu vermehren und die Tapfersten zu entmuthigen. Es ist indeß meine innerste Ueberzeugung, daß es für einen Act der Schwäche angesehen werden würde, die Partie vor Rückkehr der französischen Armee aufzugeben, und da der Kaiser seine Vollmacht von einer Volksabstimmung erhalten hat, so hat er an das mexicanische vom Druck fremder Intervention erlöste Volk von Neuem Berufung einzulegen und von ihm die zum Bestehen und Gedeihen unerläßlichen materiellen und finanziellen Mittel zu fordern.

Bleibt dieser Aufruf ungehört, so wird Ew. Majestät, nachdem Sie Ihre erhabene Sendung bis zum Ende erfüllt, nach Europa mit demselben Glanze zurückkehren, der Sie bei der Abreise umgab, und, inmitten der wichtigen Ereignisse, welche sicher nicht ausbleiben werden, wird Ew. Majestät die Stelle einnehmen können, welche Ihnen in jeder Hinsicht zukommt.

Nachdem ich von Miramare am 4. dieses Monats mit dem Entschlusse abgereist war, mich zu St. Nazaire einzuschiffen, nachdem ich die Befehle Ihrer Majestät der Kaiserin eingeholt haben würde, wurde ich bewogen, meine Abreise von Neuem zu verschieben. Es bedurfte dieses hohen Einflusses, um einen Entschluß zu ändern, auf welchem meine Ergebenheit wie der Wunsch, meine Pflicht zu erfüllen, mir zu beharren rieth.

Ich fand mich sehr unangenehm berührt, als ich erfuhr, daß meine zahlreichen Depeschen vom Juni und Juli Ew. Majestät nicht zu richtiger Zeit zugekommen sind; sie waren an Bombelles couvertirt und von langen Briefen an diesen ergebenen Freund begleitet, welcher Ew. Majestät dieselben mittheilen sollte; ich war weit entfernt, seine Abreise nach Mexico zu ahnen. Gegenwärtig haben sie ihr ganzes Interesse verloren, welches ihnen die so unerwarteten und so rasch einander folgenden Ereignisse jener Zeit verliehen hatten. Am Meisten würde ich diesen widerwärtigen Zwischenfall bedauern, wenn es im Gemüthe Ew. Majestät einen Augenblick Zweifel an meinem unabläßigen Wunsche, meine Pflicht getreu zu erfüllen, erweckt hätte.

Bei der Durchreise durch Oesterreich hatte ich Grund, das allgemein dort herrschende Mißvergnügen zu bemerken. Der Kaiser ist entmuthigt; das Volk wird ungeduldig und fordert öffentlich seine Abdankung. Die Zuneigung zu Ew. Majestät breitet sich sichtbar über das ganze Ländergebiet Oesterreichs aus. In Venedig ist eine ganze Partei bereit, ihren früheren Landeschef mit Zuruf zu empfangen; wenn aber eine Regierung über die Wahlen unter der Herrschaft des allgemeinen Wahlrechts verfügt, so ist das Ergebniß leicht vorauszusehen. — Gemäß den letzten Befehlen Ew. Majestät expedire ich durch diesen Courier ein chiffrirtes Telegramm an Roccas, um Ew. Majestät von der Ankunft des Generals Castelnan und von der Desavouirung von Osmont und Friant Mittheilung zu machen.

Brüssel, 17. September 1866.

Eloin.

Ist es glaublich, daß ein Rath der Krone eine solche Sprache habe führen können, ohne dazu durch die geheimen Wünsche und vertraulichen Eröffnungen seines Fürsten autorisirt zu sein? So träumte denn Maximilian von neuen Abenteuern und sein ehrgeiziger Blick war schon von der Krone Mexicos abgelenkt auf diejenige Oesterreichs und des wieder zur italienischen Provinz gewordenen Venetien; wenn er nicht gar, nach dem Vorbilde seines Ahnen, Karl's V., den er den kaiserlichen Dichter zu nennen pflegte und dem er nachzuahmen strebte, die Vereinigung beider Scepter in der Zukunft in seiner Hand zu erblicken geglaubt hatte. Bei jedem Schritt, den man durch das Labyrinth dieser beklagenswerthen, aus einer zweideutigen Politik hervorgegangenen Geschichte macht, stößt der Fuß auf Intriguen und Verschwörungen.

Angesichts dieser dunkeln Ränke, die mit Sadowa wieder aufgelebt waren, darf man nicht mehr erstaunen, wenn der österreichische Hof sogar gegen den vom Bruder Franz Joseph's getragenen Titel Mißtrauen hegte und an seinen Gesandten in Mexico den Baron Lago eine Depesche richtete, welche dem Erzherzog verbot den österreichischen Boden zu betreten, wenn er mit dem Titel eines Kaisers nach Europa zurückkehren wolle.

Nachdem er den Brief des Herrn Eloin überdacht, erfaßte Maximilian die Zügel der Herrschaft wieder; er vergaß die Gefahren, um nur noch auf die Stimme eines wahnsinnigen Ehrgeizes zu hören und entschlossen, sich in die Arme der clericalen Partei zu werfen, welche ihm Schutz und eine Armee versprach, bereitete er einen Aufruf an das mexicanische Volk vor.

XVII.

Der General Castelnau war am 21. Oktober in Mexico eingetroffen, nachdem er im Dorfe Ayotla den Reisezug des die Hauptstadt verlassenden Kaisers gekreuzt, ohne daß eine Annäherung an den Fürsten ihm möglich gewesen wäre.

Von diesem für die Geschicke Mexicos hochwichtigen Augenblicke an hörte die moralische Verantwortlichkeit des Marschalls Bazaine vollständig auf. Die öffentliche Meinung wurde absichtlich irre geführt, wenn man von der Zeit der Ankunft des Adjutanten Napoleons III. dem Höchstkommandirenden auch nur für einen Entschluß, für eine in diesem entlegenen Lande geschehene Handlung Verantwortlichkeit auferlegen wollte. Und in der That machten es die aus den Tuilerien unter dem 12. September 1866 ausgegangenen Instructionen dem Hauptquartier zur Pflicht, inmitten der sich ankündigenden Ereignisse keinerlei politische noch militärische Maßregel auszuführen, ohne die vorgängige Zustimmung des Generals Castelnau und des Herrn Dano, des Botschafters von Frankreich, dessen bis dahin ziemlich in den Schatten getretene Stellung somit eine neue Wichtigkeit gewann.

In Folge dessen blieb der Marschall nur militärischer Oberfehlshaber; er war der absoluten Vollmacht des Abgesandten Napoleon's III. völlig untergeordnet, war unter der Controle des einfachen Brigadegenerals, welcher vom Souverän für alle voraussichtlichen Fälle mit unbeschränktem Vertrauen bekleidet war. Der Höchstcommandirende fuhr fort, im eigenen Namen zu reden und zu handeln; er behielt aber nur eine ganz illusorische Freiheit des Handelns.

Denn diese Freiheit hörte mit dem Beginn der Handlung sofort auf; nur daß nach vollendeter Thatsache er gezwungener Weise die Verantwortlichkeit derselben zu übernehmen hatte, während dem General Castelnau der urheberische Gedanke blieb, als dessen wirksamer Arm jener erschien. Nun wohl — wir nehmen keinen Anstand, es auszusprechen: von dem Tage an, wo die Politik der französischen Regierung sich offen als eine zweideutige darstellte, wo die offiziellen Befehle schnurstracks den officiösen Instructionen entgegenliefen, wo diese Politik sich nur noch in Andeutungen erging — mit einem Worte, von der Stunde an, wo sich die Fülle des Vertrauens des Kaisers der Franzosen in Aufsehen erregender Weise von dem Haupte des Höchstcommandirenden auf das des kaiserlichen Adjutanten übertrug, hat der Marschall Bazaine einen gewaltigen Fehler begangen, für den er büßen muß; denn vor dem Richterstuhl Frankreichs und Europas hat er die Verantwortlichkeit für Handlungen übernehmen müssen, die er nicht erdacht hatte, an denen er aber kraft militärischen Gehorsams Theil zu nehmen schien. Wir meinen, für den Höchstcommandirenden, dem es widerstrebte, mit brutaler Gewalt den Thron umzustürzen, den er selber seit einem Jahre aufzurichten bemüht gewesen war, wäre damals der Tag gekommen gewesen, seinen Degen zu zerbrechen.

Diese Protestation von rein politischem Charakter würde eine große Lehre enthalten haben: wir begreifen indeß, daß in diesem kritischen Augenblick das Pflichtgefühl in dem Geiste des Marschalls die Oberhand behalten habe. Noch war die französische Armee weithin zerstreut. Der angeordnete Rückzug, der über achtzehnhundert Meilen Landes zu bewirken war, wo im Voraus alle Halteplätze markirt waren, bedurfte zu seiner glücklichen Ausführung der Erfahrung eines mit dem Lande, seinen Bestandtheilen und seinen

Widerstandselementen gründlich vertrauten Mannes. Auch hatte unsere Regierung sich an die Ergebenheit des Marschalls vertrauensvoll gewendet, damit er selber die französische Fahne vor jeder Beschimpfung bewahre, bevor sie den mexicanischen Boden verlasse. Wurde die Monarchie gewaltsam gestürzt, so konnte man erwarten, daß die beiden Hauptparteien der Nation sich gegen uns erheben würden. Die beiden Divisionsgenerale Douay und de Castagny waren noch weit von Mexico entfernt und bei der Concentration ihrer Truppen persönlich nothwendig; wem sollte ohne Gefahr der Oberbefehl anvertraut werden? Der eben erst gelandete General Castelnau war der mexicanischen Topographie wie der Verhältnisse gleich unkundig, stand im Range unter den Divisionären und war trotz seiner hohen Autorität und seiner Eigenschaft als kaiserlicher Gesandter nicht im Stande, den Oberbefehl des Expeditionscorps zu übernehmen. In dieser schwierigen Stellung entschloß sich der Marschall trotz dieser seiner Hintansetzung und aus Anhänglichkeit gegen die Armee, bis zum Ende an dem Unternehmen auszuhalten, das er begonnen. Nur in dieser Weise vermögen wir uns den Beweggrund zur Handlungsweise des Marschalls zu erklären.

Eine der Ursachen, die Maximilian bestimmt hatten, zu Ayotla den Abgesandten Napoleon's, von dessen Sendung der Zweck bereits im Allgemeinen bekannt geworden, nicht zu empfangen, war, daß der General Castelnau gar nicht bei dem jungen Fürsten, sondern nur bei unserem Hauptquartier beglaubigt war, welchem er ja nach dem Wechsel der Ereignisse den von den Tuilerien ausgehenden und vorgesehenen Impuls zu geben hatte.

In erster Linie der Instructionen des französischen Cabinets markirte sich ein ganz klarer Plan, die Abdankung

Maximilian's. Die Geschicklichkeit unserer Regierung hatte, indem sie der kaiserlichen Sache jede Stütze entriß, seit Langem den Erfolg dieses Planes angebahnt und hoffen lassen. Sein Gelingen würde sicherlich jenen langen Todeskampf verhindert haben, welcher Queretaro mit Blut befleckte. „Wenn Maximilian, so lautete die Weisung aus Paris, abgedankt hat, so muß man einen Congreß versammeln, den Ehrgeiz der verschiedenen Führer der Dissidenten, welche im Felde stehen, auf das Aeußerste reizen und die Präsidentschaft der Republik demjenigen unter ihnen, Juarez ausgenommen, zuerkennen lassen, welcher einwilligt, der Intervention die entschiedensten Vortheile zu gewähren." So konnte denn auch der General Castelnau trotz des übeln Empfangs von Seiten des jungen Kaisers mit dem Gange sehr zufrieden sein, welchen die Dinge durch den eigenen Willen Maximilian's genommen hatten, der sich freiwillig aus dem Lande entfernte. Denn damit fanden sich die Schwierigkeiten seiner Sendung beträchtlich vermindert. Der nahe Fall des Thrones machte freie Bahn für jeden Plan der Regierung und ermöglichte ein baldiges Zurückziehen des Expeditionscorps, welches nach Sicherstellung der Interessen unserer Nationalen durch Nichts mehr zurückgehalten wurde. Um nun diese Garantie zu erhalten, sei, so hatte man es sich in Paris ausgedacht, das beste, durch den langen Kampf mit den Liberalen erprobte Mittel, den Präsidentenstuhl wieder aufzurichten, zu dessen Umsturz wir so viel Gut und Blut fruchtlos verschwendet hatten.

Die französischen Behörden zu Mexico erwarteten also mit lebhafter Ungeduld die Einschiffung Maximilian's. Es war dies Ereigniß um so wünschenswerther, als das ganze

Land in dumpfer Gährung war, die von einem Augenblicke zum andern ausbrechen konnte.

Obwohl nun das Ministerium in passiver Weise auf seinem Posten verharrte, so bestand eine mexicanische Regierung doch nur dem Namen nach, und es war drohende Gefahr dabei vorhanden, eine Krisis anbauern zu lassen, welche sich zu einer gemeinsamen insurrectionellen Erhebung aller gegen die Fremden verbündeten Parteien entwickeln konnte. Diese Anzeichen, die vom Ministerium selbst zu einer Zeit gefördert wurden, wo der noch unentschiedene Maximilian, Orizaba verlassen hatte, um sich nach la Jalapilla zurückzuziehen, hatten in der Hauptstadt selbst einen so drohenden Character angenommen, daß das Hauptquartier Vorsichtsmaßregeln zu treffen hatte, wie dies ein Brief des Marschalls an den mit dem Platzcommando betrauten französischen General bezeugt.

Mexico, 2. November 1866.

Mein lieber General,

Es ist mir von Unordnungen berichtet worden, welche gestern Abend in dem auf dem Place d'Armes befindlichen Fremdentheater stattgefunden haben. Ich habe an Se. Excellenz den Conseilpräsidenten geschrieben, um ihn aufzufordern, von heute an diese öffentliche Anstalt schließen zu lassen.

Für den Fall, daß die mexicanische Regierung es nicht passend fände, das genannte Theater schließen zu lassen, werden Sie, da Se. Majestät der Kaiser Napoleon daselbst vom Publicum insultirt worden ist und Mißfallsbezeugungen, Schimpfen und Todesruf das Erscheinen seines Bildes empfingen, die Güte haben dem Capitän Dubinot und der Gensdarmerie die nöthigen Befehle zukommen zu lassen, damit, infolge des Belagerungszustandes, dieses Theater heute Abend noch geschlossen werde und seine Vorstellungen aufhören.

Sie werden die nothwendigen Maßregeln ergreifen, damit die öffentliche Ruhe nicht gestört, jeder Störer aber sofort verhaftet werde.

Der Marschall und Höchstcommandirende
Bazaine.

Schon beleidigte man Frankreichs Herrscher: mit gleicher Dankbarkeit hatten uns die Italiener nach Villafranca bezahlt.

Das Tuileriencabinet war im Voraus des nahen Zusammenbruchs des mexicanischen Thrones so sicher, daß es, ohne Zeit zu verlieren, seinen Diplomaten bereits heimlich Auftrag ertheilt hatte, mit Ortega dem früheren Vertheidiger von Puebla, der im Jahre 1863 trotz seines gegebenen Wortes aus unseren Händen entschlüpft war und seit jener Zeit gegen uns einen erbitterten, ganz auf persönlichem Ehrgeiz beruhenden Krieg führte, Verbindungen anzuknüpfen. Dieser mexicanische General war als der mächtigste dem Juarez entgegenzusetzende Mitbewerber erschienen, ebenso wohl wegen seines Einflusses, als wegen seines gesetzlichen Rechts dem früheren Präsidenten provisorisch zu succediren, dessen Vollmacht gemäß der republicanischen Verfassung in Friedenszeiten längst hätte erlöschen müssen.

Dies war mit Recht nicht die Anschauungsweise der Vereinigten Staaten, welche als wirkliches Haupt der Nation bis zur Wiederherstellung des Friedens im Lande niemand Anderen, als den alten Indianer anerkannt hatten, noch auch anzuerkennen Willens waren. Sobald das Cabinet von Washington von der Sendung des Generals Castelnau Nachricht erhalten, veranlaßte es sofort die Absendung des Bevollmächtigten Campbell und des Generals Sherman. Der Präsident Johnson hatte den Plan zu dieser Mission

gefaßt, um seine im Innern sehr erschütterte Stellung mit=
telst einiger, dem americanischen Stolz zu schmeicheln geeig=
neter Schritte in der auswärtigen Politik wieder zu be=
festigen; die Sendung bezweckte, die bedeutendsten Führer mit
Juarez zu vereinigen und die Anstrengungen Ortega's zu
vereiteln. Der eigentlich wichtige Mann dieser Gesandt=
schaft war der General Sherman, ein Mann von feinem
und versöhnlichem Geiste. Campbell spielte nur die zweite
Rolle: man hatte den Beiden einen Legationssecretär von
feurigem, zu Gewaltmaßregeln geneigten Charakter beige=
geben, der lange in Mexico sich aufgehalten hatte. Es wird
hinreichen, die von dem „Weißen=Hause" den beiden Haupt=
personen mitgegebenen Instructionen hier zu wiederholen,
um die Haltung zu verstehen, welche damals die america=
nische Regierung sowohl Mexico wie Frankreich gegenüber
annahm.

Note des Herrn Seward an Campbell, um ihm seine aus
Washington, vom 22. October 1866 datirten Instructionen zu=
zusenden.

Mein Herr,
Sie wissen, daß zwischen unserer Regierung und dem Kaiser
der Franzosen eine freundschaftliche und ganz unzweideutige Ueber=
einkunft besteht, nach welcher der Letztere sich anheischig gemacht
hat, seine Streitkräfte aus Mexico in drei Abtheilungen zurück=
zuziehen, von denen die erste im kommenden November, die zweite
im folgenden März und die letzte im November 1867 aus Me=
xico abgehen soll; und daß nach Vollendung dieser Räumung die
französische Regierung dann unverweilt Mexico gegenüber eine
Politik der Nichtintervention beobachten wird, ähnlich der von
den Vereinigten Staaten geübten. In gewissen Kreisen sind über
die Ehrlichkeit, mit welcher Frankreich die Ausführung dieser
Maßregeln betreiben wird, Zweifel entstanden und geäußert

worden. Solchem Zweifel ist der Präsident nicht zugänglich gewesen, da er wiederholte und noch ganz neuerliche Versicherungen erhalten hat, daß die vollständige Räumung Mexicos durch die Franzosen zu den vereinbarten Zeitpunkten bewirkt werden wird, und selbst noch früher, je nachdem klimatische, militärische und andere Beziehungen es als passend erscheinen lassen werden.

Es liegen Gründe zu der Annahme vor, daß die französische Regierung bereits zwei Zwischenfragen beschäftigen, nämlich: erstens, ob die Abreise des Prinzen Maximilian nach Oesterreich nicht dem Abzug der französischen Expedition voranzugehen habe; und zweitens, ob es aus den vorerwähnten klimatischen, militärischen und anderen Gründen nicht vorzuziehen sei, die gesammten Expeditionstruppen auf einmal statt in drei auf einanderfolgenden Abtheilungen und Zeiten zurückzuziehen.

Der Kaiser Napoleon hat jedoch hierüber keine förmliche Mittheilung an die Regierung der Vereinigten Staaten gemacht. Als die Frage gelegentlich berührt wurde, hat im Auftrag des Präsidenten das Staatsdepartement geantwortet: die Vereinigten Staaten erwarteten, daß die Convention über die Räumung zu den von der französischen Regierung festgesetzten Terminen ausgeführt werde und daß sie sich freuen würden, wenn die Uebereinkunft noch schneller als festgesetzt, ausgeführt würde. Unter diesen Umständen erwartet der Präsident, daß im Laufe des kommenden Monats (November) wenigstens ein Theil des französischen Expeditionscorps Mexico verlassen werde, und er hält es für nicht unwahrscheinlich, daß die Hauptmasse des Expeditionscorps sich zu gleicher, oder doch fast zu gleicher Zeit zurückziehe.

Ein solches Ereigniß kann nicht verfehlen eine Krisis von großem politischen Interesse in der Republik Mexico hervorzurufen. Es ist wichtig, daß Sie sich auf dem Boden der Republik oder doch in einem nächstgelegenen Platze befinden, damit Sie dann sofort Ihre Functionen als bevollmächtigter Minister der Vereinigten Staaten bei der Republik von Mexico antreten können. Man kann nicht in positiver Weise wissen, welchen Entschluß der Prinz Maximilian im Falle einer theilweisen oder völligen Räumung von Mexico fassen wird. Man kann ebenso wenig im Voraus bestimmen, welche Entscheidung im gleichen Falle Herr Juarez, der Präsident der mexicanischen Republik treffen wird.

Wir wissen, daß es in Mexico noch eine Anzahl anderer politischer Parteien giebt als die, an deren Spitze der Präsident Juarez und der Prinz Maximilian stehen; diese Parteien sind in einem Meinungsstreit über die wirksamsten und passendsten Mittel, um in der Republik Friede, Ordnung und ein Civilregiment wiederherzustellen.

Was diese Parteien nach der französischen Räumung thun werden, wissen wir nicht. Ebenso ist es unmöglich, das Verhalten des mexicanischen Volkes bei dem erwarteten großen Ereigniß vorherzusehen.

Aus diesen Gründen ist es unthunlich, Ihnen genaue Instructionen zu ertheilen, welche Sie zur Richtschnur Ihres Verhaltens bei Ausführung der hochwichtigen von der Regierung der Vereinigten Staaten Ihnen anvertrauten Sendung nehmen könnten. Es ist Ihrer persönlichen Beurtheilung ein großer Spielraum zu lassen und man wird nach den in der Zukunft auftauchenden politischen Bewegungen sich richten müssen. Es giebt indeß doch einige Grundzüge, die nach unserer Beurtheilung das politische Verhalten regeln müssen, welches die Regierung der Vereinigten Staaten von Ihnen erwartet. Der erste dieser Grundsätze ist: daß Sie als Vertreter der Vereinigten Staaten bei der republicanischen Regierung von Mexico beglaubigt sind, deren Präsident Herr Juarez ist.

Ihre officiellen Mittheilungen werden allezeit an ihn zu richten sein, wo auch immer er sich befinden möge; und in keinem Falle kann es Ihnen verstattet sein, irgend Jemand Andern officiell anzuerkennen, sei es der Prinz Maximilian, welcher vorgiebt, Kaiser von Mexico zu sein, sei es irgend eine andere

Person, Anführer oder Commission, welche eine ausübende Gewalt in Mexico haben möchten, ohne sich vorgängig deshalb an mein Departement gewendet und ohne vom Präsidenten der Vereinigten Staaten Instructionen darüber empfangen zu haben.

Zweitens existirt, unter der Voraussetzung, daß die französischen Land- und Seebehörden die Convention über die Räumung von Mexico getreulich noch vor dem bestimmten Termin ausführen, eine Sie mit verpflichtende Uebereinkunft, der zufolge weder die Vereinigten Staaten noch deren Repräsentant dem Abzug der Franzosen irgend eine Störung oder Hinderniß in den Weg legen dürfen.

Drittens zielen die Wünsche der Regierung der Vereinigten Staaten für die Zukunft von Mexico durchaus nicht auf die Eroberung dieses Landes oder eines Theiles desselben, noch auch auf eine Vergrößerung der Vereinigten Staaten durch Ankauf von Ländereien oder Domänen hin; sie wünscht im Gegentheil die Mexicaner von jeder fremden militärischen Intervention befreit zu sehen, damit es ihnen möglich werde, die Führung ihrer eigenen Angelegenheiten zu bestimmen, sei dies unter der gegenwärtig bestehenden republicanischen Regierung, sei es unter jeder anderen beliebigen Regierungsform, welche sie aus eigener freier Wahl und geschützt vor jeglichem Einfluß fremder Länder, wie der Vereinigten Staaten, annehmen müssen.

Es folgt aus diesen Grundsätzen, daß Sie keinerlei Stipulationen eingehen dürfen, weder mit den französischen Befehlshabern noch mit dem Prinzen Maximilian, noch mit irgend einer andern Partei, deren Streben dahin geht, die Verwaltung des Präsidenten Juarez zu durchkreuzen oder sich ihr zu widersetzen, und die Wiederherstellung der Autorität der Republik zu verzögern und zu stören. Andererseits kann es kommen, daß der Präsident der Republik Mexico die guten Dienste der Vereinigten Staaten verlangt oder irgend eine wirksame Unterstützung unsererseits wünscht, um die Pacification eines so lange von fremdem und Bürgerkrieg zerrissenen Landes zu begünstigen und zu beeilen, und um solcher Gestalt die Wiederherstellung der nationalen Autorität nach Principien, welche mit dem System republicanischer und einheimischer Regierung übereinstimmen, kräftig zu fördern.

Es ist auch möglich, daß man einige Bewegungen mit Landoder Seestreitkräften der Vereinigten Staaten mache, ohne innerhalb der Grenzen der mexicanischen Jurisdiction zu interveniren, ohne Verletzung der Gesetze der Neutralität, und allein um der Wiederherstellung der Gesetze, der Ordnung und der republicanischen Regierung dieses Landes Vorschub zu leisten.

Sie sind autorisirt, über diesen Punkt mit der republicanischen Regierung von Mexico und deren Agenten sich zu besprechen, auch selbst in der Form von Erkundigungen, wenn Sie es für nothwendig finden sollten, mit allen anderen Parteien oder Agenten zu verkehren in dem Falle, daß eine exceptionelle Conferenz durchaus nöthig würde; aber nur in diesem einzigen Falle.

Sie werden auf diesem Wege im Stande sein, für unsere Regierung wichtige Nachrichten zu erhalten, und Sie wollen dieselben meinem Departement übermitteln, zugleich mit Ihren eigenen Bemerkungen und Rathschlägen über alle Maßregeln, die etwa unsererseits in Uebereinstimmung mit den eben entwickelten Principien genommen werden könnten. Sie werden also nicht versäumen, über jeden wichtigeren Fall, der sich bei Gelegenheit der Reorganisation und Wiederherstellung der republicanischen Regierung in Mexico zeigen möchte, an mein Departement zur Information des Präsidenten zu berichten.

Der Generallieutenant der Vereinigten Staaten ist bereits im Besitz einer Vollmacht, um über die Streitkräfte der Vereinigten Staaten in der Nachbarschaft Mexicos selbstständig verfügen zu können; seine militärische Erfahrung befähigt ihn, Ihnen mit Rath über einschlägige Fragen zur Seite zu stehen; solche könnten sich erheben während der Uebergangsperiode, welche Mexico aus dem von einem fremden Feinde aufrecht erhaltenen Belagerungszustande zum politischen System der „Selbstregierung" überleiten soll.

Zugleich hat derselbe, da er dem Schauplatz der Ereignisse nahe ist, die Machtvollkommenheit, alle Befehle zu erlassen, die ihm passend oder nothwendig erscheinen mögen, um den Verpflichtungen der Vereinigten Staaten bezüglich der an den mexicanischen Grenzen möglicherweise vorkommenden Ereignisse nachkommen zu können. Aus diesen Gründen ist er herbeschieden worden und hat vom Präsidenten den Befehl empfangen, Sie nach dem Ort Ihrer Bestimmung zu begleiten um bei Ihnen das Amt eines officiellen, von der Staatsabtheilung für alle oben berührten Punkte anerkannten Rathgebers einzunehmen.

Nachdem Sie sich mit ihm ins Einvernehmen gesetzt haben werden, können Sie sich nach der Stadt Chihuahua oder jedem anderen Ort in Mexico begeben, woselbst der Präsident Juarez residiren mag, oder auch nach Ihrer Wahl an jeden zur Zeit Ihrer Ankunft von den Feinden der Republik Mexico nicht besetzten Punkt; Sie können sich auch an jedem der Grenze oder Küste von Mexico nahe gelegenen Punkt der Vereinigten Staaten aufhalten, dort den passenden Zeitpunkt abzuwarten, um in irgend einen dann später von der republicanischen Regierung von Mexico besetzten Landestheil sich zu begeben.

William H. Seward.

Note des Präsidenten Johnson an den Kriegsminister, Herrn E. Stanton, um den General Grant dem Herrn Campbell, Minister der Vereinigten Staaten in Mexico, zur Seite zu geben, datirt Washington vom 26. October 1866.

Mein Herr,

Da neuerliche Berichte die bevorstehende Räumung Mexicos durch die französischen Expeditionstruppen ankündigen, so ist für unseren Gesandten in Mexico die Zeit gekommen, sich mit dieser Republik in Verbindung zu setzen. Um ihn bei seiner Sendung zu unterstützen und um einen Beweis zu geben von dem lebhaften Wunsche der Vereinigten Staaten, eine Lösung der schwebenben Fragen herbeizuführen, so halte ich es für wichtig, unseren Minister durch den General Grant begleiten zu lassen.

Ich ersuche Sie also, den General Grant aufzufordern, sich nach irgend einem Punkte unserer mexicanischen Grenze zu begeben, der ihm am gelegensten erscheint, um mit unserem Minister zu correspondiren oder, wenn der General Grant das vorziehen sollte, ihn bis zum Orte seiner Bestimmung zu begleiten um ihn mit seinem Rath bei der Ausführung der Instructionen des Staatssecretärs, von welchen ich eine Abschrift zum Gebrauche des Generals Grant beifüge, zu unterstützen. Der General wird dem Kriegsministerium über Alles Bericht erstatten, was nach seiner Meinung diesem Departement mitgetheilt werden muß.

A. Johnson.

Da General Grant diese Bestallung ablehnte, so erhielt General Sherman, welcher an seiner Stelle annahm, die Ordre, unverzüglich nach dem Orte seiner Bestimmung abzureisen. Wie man gesehen hat, erkannten die Vereinigten Staaten durch ihre Sprache, wie durch ihre militärischen Demonstrationen offener wie je die Autorität des Juarez an, indem sie zur Stunde jeden anderen Candidaten für die Präsidentur zur Seite schoben; sie verlangten aber nicht, daß der Kaiser Napoleon seine bekannte Bestimmung: Mexico in drei Terminen zu räumen, ändere. Diesmal also hatte der Hof der Tuilerien unbedingt aus freien Stücken beschlossen, den Sturz der mexicanischen Monarchie zu beschleunigen, indem er einerseits für die Rückführung unserer Truppen ins Vaterland einen früheren, als den zuerst festgesetzten Termin wählte und andererseits, indem er die Truppen sich nicht staffelförmig zurückziehen ließ. Ein so ausgeführter Rückmarsch würde Maximilian Zeit gelassen haben, die

Augen zu öffnen und sich mit Ehren zurückzuziehen, was ganz gewiß mit der letzten Abtheilung unseres Nachtrabs gethan haben würde.

Am 11. November verließen die americanischen Gesandten auf der Kriegsfregatte Susquehannah die Rhede von New-York und gingen in See mit der Richtung auf die Häfen von Matamoros und später von Tampico, welche bereits in die Hände der Dissidenten gefallen waren. Vom letzteren Punkt aus hofften sie sich mit Juarez in Verbindung setzen zu können. Sie hatten dabei den eigentlichen Zweck, ein für die Liberalen mit Waffen beladenes, von den Kaiserlichen aber weggenommenes Schiff, zu reclamiren. Aber der den Platz befehligende General Pavon hatte sich kürzlich der Fahne Ortega's angeschlossen. Diese Liberalen, die nunmehrigen Besitzer des Schiffes, erklärten den Fang zu ihrem Nutzen für gute Beute. Doch blieb die Fregatte mehrere Tage vor der Barre von Tampico vor Anker.

XVIII.

Zur Zeit, wo sich im Cabinet des Herrn Seward diese americanische Mission organisirte drängten sich die Ereignisse auf der Hacienda la Jalapilla. Maximilian hatte, wie man sich erinnern wird, im Geiste des Briefes des Herrn Eloin, den Plan gefaßt, einen Nationalcongreß zu versammeln, einen Plan, den er schon seit Langem mit Vorliebe gehegt. Er hoffte, daß sobald nur der Abzug der Franzosen vollendet sei, die Berufung dieses Congresses den zwischen Monarchie und Republik begonnenen Zweikampf auf friedlichem Wege schlichten würde. Wenn alsdann das von ihm selbst vertretene Princip unterliegen sollte, und er sah selber diese

Lösung voraus, so erhielt er damit die Freiheit wieder mit hochgetragenem Haupte nach Europa zurückzukehren, ein von den Stufen des Thrones in edler Weise herabgestiegener Fürst, immer noch würdig in seinem Vaterlande eine Rolle zu spielen. Aber, um sich bis zum Ende der französischen Occupation am Ruder erhalten zu können, mußte er sich auf eine Partei stützen, die stark genug war, die Insurrection im Schach zu halten und es ihm möglich machte, mit den verschiedenen Führern der Liberalen wenigstens auf dem Fuße der Gleichheit zu verhandeln, um sich die Ausführung seines Planes zu sichern, d. h. die freie Versammlung aller Notabeln des Landes nach Mexico zu berufen, um sich zu entscheiden. Der Pater Fischer hielt nun aber alle Fäden des clericalen Gewebes in seiner Hand, und ließ vor den Augen Maximilian's, der immer noch sich nicht entschied, unaufhörlich die angeblichen Hilfsmittel der Partei leuchten, deren Haupt er selber zu sein vorgab. In diesem entscheidenden Augenblick erhielt der Beichtvater des Hofes einen gewichtigen Beistand. Die Generäle Marquez und Miramon, welche von der Krone vor zwei Jahren ungefähr nach Europa entfernt worden, waren soeben in Vera-Cruz gelandet; einige Stunden später wurde ihre geheime Ueberfahrt in la Soledad gemeldet. Am Tage nach ihrer Landung erschienen sie, ihre Ungnade vergessend und dem Rufe ihrer Faction gehorsam, in la Jalapilla, völlig bereit ihre Degen in die Wagschale zu werfen und, falls Maximilian einwilligte sich den Clericalen völlig hinzugeben, einen zweiten Feldzug unter der kaiserlichen Fahne zu eröffnen. Maximilian zauderte nicht mehr; er gab der clericalen Partei das Versprechen, sie in ihre Güter und Würden wieder einzusetzen. Miramon, welcher sich auf das noch einige Tage geheim zu haltende kaiserliche Versprechen stützte, reiste in aller Eile hinauf nach Mexico, um dem Ministerium und dem Staatsrath die große Nachricht mitzutheilen, den Eifer aller Anhänger der Kirche neu anzufachen und alle Maßregeln festzustellen, die nöthig waren, um eine neue Armee auf die Beine zu bringen und den Finanzen der Monarchie mit 20 Millionen Franken zu Hilfe zu kommen.

Von diesem Augenblick an begann Maximilian, da er sich nicht mehr isolirt fühlte, ein behutsames Spiel gegen die französischen Behörden. Das Gerücht über die durch unsere Diplomatie mit den Chefs der Liberalen eröffneten Unterhandlungen und über die von dem Präsidenten Johnson an Juarez bestimmte Sendung Campbell's war nach la Jalapilla gedrungen. Durch seine Creaturen in Washington wurde der Kaiser allmälig benachrichtigt, daß, was übrigens gegründet war, eine Anzahl von Agenten von Paris aus abgesandt seien, um seinen Sturz vorzubereiten. Ein zweiter Legationssecretär war von dem Marquis de Moustier an den Marquis de Montholon abgesendet worden, und hatte man ihm bei seiner Rückkehr aus America eine Rangerhöhung zu Theil werden lassen.

Gewisse geheime Sendlinge, wie z. B. der zu jener Zeit vom Kaiser in einer Audienz zu Saint=Cloud empfangene Oberst Estvan und ein Franzose, Namens Moreau, waren in Washington bemerkt worden. Außerdem war Herr Marcus Otterburg, der americanische Consul, der Fregatte Susquehannah vorauseilend, in Vera=Cruz gelandet und eiligst nach Mexico hinaufgereist. Seit dieser Zeit fest überzeugt, daß General Castelnau die Seele dieser Bewegungen sei, beschloß Maximilian mit einem Schlage die Absichten der französischen Politik zu demaskiren, um sie zu nöthigen, sich in einem oder dem anderen Sinne offen zu erklären. Er hatte an seiner Seite den Pater Fischer, einen der gewiegtesten, in allen Finessen des Handwerks gewandten Diplomaten, der die Gedanken seines Fürsten gleich wie seine Feder und sein Gewissen leitete. Der Conseilspräsident Herr Larès, wurde in Mexico beauftragt, den Adjutanten Napoleon's, Castelnau, zu einer Erklärung aufzufordern. Dieser Versuch mislang; der General Castelnau antwortete seiner Rolle getreu, Herrn Larès, daß die Anwesenheit des Marschalls, welcher Vollmacht zur Geschäftsverhandlung besitze, nothwendig sei. Die Herren Larès und Arroyo hatten sich in das Hauptquartier zu verfügen, woselbst die drei französischen Chefs sie erwarteten. Infolge dieser Zusammenkunft verfaßten die beiden mexicanischen Minister eine Note, welche den Inhalt der gegebenen beiderseitigen Erklärungen getreu wiedergab, und sandten sie am 4. November 1866 an den Marschall.

Sie beabsichtigten darin vor Allem nachzuweisen, daß General Castelnau erklärt habe, keine andere Mission empfangen zu haben, als diejenige, die Briefe vom 15. Januar und nachfolgenden Datums zu bestätigen, in welchen der Kaiser Napoleon Maximilian erklärt hatte, daß er Mexico nicht weiter mit französischen Truppen und auch nicht mit Geld unterstützen könne. Bei so präcisirter Frage behielt Maximilian völlige Freiheit, eine Enscheidung zu treffen. Zu gleicher Zeit verlangten die Minister, daß zu Händen der Krone alle Arsenale, die gesammte Artillerie und Kriegsmunition übergeben werden sollte, sowie auch die unbeschränkte Disposition über die mexicanischen Truppen, um mit denselben die von der kaiserlichen Regierung für passend gehaltenen militärischen Operationen ausführen zu können. Sie forderten, daß die festen Plätze denselben zu rechter Zeit übergeben würden. Die beiden letzten Sätze dieses Documents enthüllten zumeist den Gedanken, der es dictirt hatte; sie ließen sich so übersetzen:

„Wir wünschten unserem Souverän mitzutheilen, welches der äußerste Termin des Abzugs der französischen Truppen sei, und wie weit die Regierung Sr. Majestät bei der Pacification des Landes noch auf die Hilfe der Letzteren zu rechnen habe.

Endlich für den Fall, daß der Kaiser sich entschließen würde, nicht weiter zu regieren, möchten wir ihm mittheilen, was der Herr Marschall und der Herr General Castelnau gemäß der Instructionen des Kaisers Napoleon zu thun beschlossen haben werden, um der Anarchie und den Unordnungen vorbeugen zu können, welche bei einem etwaigen Aufhören der Regierung sicher eintreten würden."

Vierzehn Tage früher hatten die Herren Larès und Arroyo sich für die Zukunft ihres Landes weit weniger besorgt gezeigt, damals als sie ihre Demission in dem Schlosse von Chapultepec anboten und dabei erklärten, daß, wenn Maximilian Mexico verließe, es keine Regierung mehr geben würde.

Die drei französischen Bevollmächtigten theilten am 7. November die Beschlüsse des Kaisers Napoleon mit. Alle mexicanischen Truppentheile und Kriegsvorräthe sollten den kaiserlichen Generälen, welche bereits im Besitz aller militärischen Etablissements waren, anvertraut werden. Wie in früherer Zeit sollten alle Plätze des Reiches den mexicanischen Behörden übergeben werden, nach rechtzeitiger Benachrichtigung derselben über den Abzug unserer Abtheilungen. Die französischen Truppen würden in den von unseren Soldaten besetzten Gegenden Beamte und Volk fernerhin schützen, ohne jedoch Expeditionen zu unternehmen.

„In Betreff des letzten Punktes, so wurde geantwortet, ist es so zu sagen unmöglich, die Maßregeln zu bezeichnen, welche eintretenden Falls genommen werden würden; wir können aber versichern, daß ihr Zweck hauptsächlich auf die Erhaltung der Ordnung, die Achtung der Wünsche der Bevölkerung und die Sicherstellung der französischen Interessen hinzielen würde."

Diese auf Schrauben gestellte Redeweise war weit entfernt den Pater Fischer zu befriedigen. Maximilian schrieb sofort einen Brief, welcher obwohl an den Marschall adressirt, doch eine Collectivantwort aller drei französischen Repräsentanten verlangte. Unter dem Vorwand, gewisse Fragen zu reguliren, unter andern die Rückführung der österreichisch-belgischen Legion, deren Interessen von der Krone bereits vollständig der Sorge des Obersten von Kodolich übertragen worden waren, suchte er eine deutlichere und genauere Erklärung zu erlangen.

12. November 1866.

Mein lieber Marschall,

Bevor ich endgültig beschließe, was ich thun werde und für den Fall, daß mein Entschluß dahin ausfiele, das Land zu verlassen, muß ich einige Punkte festgestellt haben, welche zugleich von der stricten Gerechtigkeit geboten werden und auch meinerseits eine besondere Aufmerksamkeit verlangen. Aus diesem Grunde zweifle ich nicht an Ihrer Güte mir eine gemeinschaftlich von Ihnen, von dem Gesandten Frankreichs und von dem General Castelnau zu unterzeichnende Erklärung zugehen zu lassen, in welchem Document folgende drei Punkte zu stipuliren wären:

1) Daß die französische Regierung die Leute, welche die österreichisch-belgische Legion bilden, in deren respective Heimathsorte zurückführen und denselben zu diesem Ende die freie Ueberfahrt und die nöthigen Subsistenzmittel gewähren wird. Die Mannschaften der österreichisch-belgischen Legion werden die Ersten sein, welche das mexicanische Gebiet zu räumen haben.

2) Die französischen Autoritäten in Mexico werden die nöthigen Verfügungen dazu treffen, daß auf Kosten Mexicos die Summe aufgebracht werde, welche hinreicht einem jeden der Invaliden und Verstümmelten des österreichisch-belgischen Corps eine lebenslängliche Pension zu zahlen und dies zwar für den Fall, daß der Verkauf der Kanonen dieser Legion, welche mein Privateigenthum sind, die zu der erwähnten Operation nöthige Summe nicht aufbringen würde.

Die vorstehend erwähnten Pensionen sollen von einer durch Sie ernannten Commission, zu welcher die Obersten Kobolich und van der Smissen gehören sollen, ausgeworfen werden; die beiden Herren werden jeder zu seinem Theile es übernehmen, die entfallenden Summen den dazu Berechtigten zukommen zu lassen.

3) Die französischen Behörden werden alle nöthigen Verfügungen treffen, daß der mexicanische Schatz 10000 Piaster flüssig mache, welche Sie der Prinzessin Iturbide auf Rechnung ihrer Pension zustellen lassen wollen.

Zu gleicher Zeit werden Sie befehlen, daß man in einer Stadt Frankreichs dem Prinzen Don Salvador de Iturbide 10000 Piaster schicke, auf Rechnung dessen, was man ihm schuldet und zugleich mag man actenmäßig bestimmen, daß allein der junge Prinz während seiner Minderjährigkeit über die Interessen des Capitals soll verfügen können.

4) Dieselben französischen Behörden werden das Nöthige verfügen, daß auf Rechnung der mexicanischen Regierung dem Don Carlos Sanchez Navarro die Summe von 45,000 Piaster ausgezahlt werde, um die Schulden der Civilliste damit zu decken.

Zu gleicher Zeit wird man dem genannten Sanchez Navarro die Summen zustellen, welche nöthig sind, um die Rechnungen der Hauptcanzlei zu bezahlen; diese Rechnungen, so wie die der Civilliste sind von dem Ueberschuß zu bezahlen, welchen der Staat der letzteren noch schuldet.

5) Die in den Artikeln 2, 3 und 4 begriffenen Zahlungen sollen an dem Tage, wo die letzte Abtheilung der Truppen des

Expeditionscorps Mexico verlassen wird, gänzlich beglichen sein. Mein Privateigenthum bleibt unter Ihrem Schutze, mein lieber Marschall, und ich will Sie gebeten haben, über die Erträgnisse desselben im Einverständniß mit Sanchez Navarro nach meinen Instructionen zu verfügen.

Empfangen Sie die Versicherung meiner aufrichtigen Freundschaft, womit ich verbleibe

Ihr wohlgewogener   Maximilian.

Der Fürst, indem er dem Marschall einen neuen Beweis seines Vertrauens dadurch gab, daß er sein Privateigenthum unter dessen Schutz stellte, schien damit deutlich seine Abdankung anzukündigen. Die Repräsentanten Frankreichs empfingen mit Freude diese späte Mittheilung, welche der stets wachsenden Zerrüttung des Reichs und dem panischen Schrecken der Hauptstadt ein rasches Ende machen mußte. Sie beeilten sich allen Wünschen des Kaisers zuzustimmen, dessen Verbindlichkeiten sicherlich, wenigstens so weit sie von der Krone gemacht, zu decken waren, und die Collectivnote, welche die letzten Bedenklichkeiten Maximilians zu heben bestimmt war, wurde nach Orizaba abgesendet.

Mexico, 16. November 1866.

Se. Majestät der Kaiser Maximilian haben in einem aus Orizaba vom 12. des laufenden Monats datirten Briefe den Wunsch geäußert, ein Document zu erhalten, welches gemeinschaftlich unterzeichnet sei von dem Marschall von Frankreich, Höchstcommandirenden des Expeditionscorps, von dem außerordentlichen Gesandten und bevollmächtigten Minister von Frankreich und von dem General und Adjutanten des Kaisers der Franzosen, anwesend in besonderer Sendung behufs der Lösung gewisser Fragen:

Die Unterzeichneten, glücklich eine Gelegenheit zu haben, soweit an ihnen ist, einen Beweis ihres guten Willens zu geben, sind übereingekommen, Ihrer genannten Majestät die folgende

Erklärung zu übersenden: Die französische Regierung macht sich verbindlich, die sämmtliche Mannschaft der österreichisch-belgischen Legion in deren Heimath zu bringen. Es soll diese Operation so schnell es die Umstände gestatten, ausgeführt werden und jedenfalls in der Weise, daß die Austro-Belgier Mexico noch vor dem Abzug der letzten französischen Brigade vollständig geräumt haben sollen.

Die Detailbestimmungen bezüglich dieser Heimführung werden von zwei Personen getroffen werden, deren eine vom Kaiser Maximilian, die andere vom Marschall Bazaine ernannt werden wird.

Die Unterzeichneten verpflichten sich dafür zu sorgen, daß den Verstümmelten und Invaliden der austro-belgischen Legion eine Entlassungsgratification bezahlt und deren Officieren und Mannschaften eine bei der Ausschiffung zahlbare Entschädigung bewilligt werde.

Die Liquidation der Entlassungsgratificationen und der oben specificirten Entschädigungen wird einer Commission anvertraut, zu deren Mitgliedern die Obersten Kodolich und van der Smissen gehören werden.

Die Unterzeichneten verpflichten sich außerdem, ihren ganzen Einfluß anzuwenden, damit der Prinzessin Dona Josefa und dem jungen Prinzen Don Salvador de Iturbide auf die ihnen schuldigen Pensionen ein Vorschuß gezahlt werde.

Es wird endlich nach dem dringenden Wunsch Sr. Majestät des Kaisers Maximilian Herr Carlos Sanchez Navarro mit der Bezahlung der Schulden der Civilliste beauftragt werden, sowie mit der Berichtigung der Rechnungen der Hauptcanzlei. Die Summen, welche aus dem Verkaufe der der Civilliste gehörenden Mobilien zu lösen sind, soll man hierzu verwenden und im Falle diese nicht hinreichen, werden die Unterzeichneten sich bemühen, zu erwirken, daß der fehlende Betrag von der neuen Regierung Mexicos gedeckt werde.

Zu dessen Beglaubigung haben die Unterzeichneten die gegenwärtige Declaration unterzeichnet.

Bazaine. Dano. Castelnau.

XIX.

Die Repräsentanten Frankreichs waren in die Falle gegangen, die ihnen Maximilian gestellt hatte. Der letzte Satz der Collectivacte verrieth das Herannahen einer Regierung, welche bereit war, der Monarchie nachzufolgen. Die drei Mitunterzeichner waren nicht scharfsichtig genug gewesen; sicherlich würden sie nicht diesen diplomatischen Fehler begangen haben, hätten sie sich die Verschiedenheit in der Ausdrucksweise der beiden in einem Zwischenraum von nur 12 Tagen geschriebenen kaiserlichen Schreiben überlegt, welche von der Rückführung der belgischen Legion handelten. Das erste, vom 31. October 1866 datirte, fing so an:

„In den mißlichen Umständen, in denen ich mich befinde, und welche, wenn die von mir eingeleiteten Unterhandlungen nicht zu einem günstigen Resultat führen, mich zwingen werden, die von der Nation mir anvertraute Gewalt zurückzugeben...."

Man wußte, daß diese Unterhandlungen gescheitert waren, und statt nun diese Gewalt zurückzugeben, sagte Maximilian gegenwärtig in sehr zweifelhaftem Tone, welcher sicher einen Umschwung in seinen Meinungen ausdrückte:

„Bevor ich endgültig beschließe, was ich thun werde, und für den Fall, daß ich mich entscheide, das Land zu verlassen . . . ."

In jedem Falle ließ die Durchlesung dieses Documents Maximilian keinen Zweifel mehr; er hatte die Gewißheit gewonnen, daß die französische Politik ihn völlig, ohne einen Schatten von Bedauern, dem Vortheil ihrer eigenen Interessen geopfert, daß sie endgültig ihr eigenes Geschick von dem seinigen getrennt habe und daß von dem französischen Obercommando alle Maßregeln getroffen seien, um das Kaiserreich durch eine neue Ordnung der Dinge zu ersetzen. Herrn Eloin's Vorhersagungen hatten sich also bewahrheitet! Ungeduldig, mit Frankreich zu Ende zu kommen und andererseits von Miramon über den günstigen in den Staatskörperschaften eingetretenen Umschwung benachrichtigt, welche sich auf den Ruf des Fürsten bereit machten, nach la Jalapilla hinabzukommen, schickte Maximilian an Bazaine eine Depesche, um ihn zu einer besonderen Zusammenkunft einzuladen. Er hoffte, in einer Privatunterredung werde der Höchstcommandirende das letzte Wort der Politik der Tuilerien verrathen.

Orizaba, 18. November 1866.

Durchaus vertraulich und dringlich.

An den Marschall Bazaine.

Ich danke Ihnen sowie dem General Castelnau und ebenso Herrn Dano, die mich so nahe berührenden Punkte geregelt zu haben. Es bleibt aber noch übrig, das Bleibende zu reguliren: eine feststehende Regierung, um die bedrohten Interessen zu beschützen. Diese Punkte können ohne eine directe Besprechung mit Ihnen nicht erledigt werden. Das Andauern meiner Fieberanfälle gestattet mir nicht, nach Mexico hinaufzureisen. Ich lade Sie also ein, einen dieser Tage hierher zu kommen: wir werden mit wenigen Worten Alles in befriedigender Weise erledigen können. Für Sonnabend habe ich meinen Staatsrath und meinen Conseilpräsidenten hierherberufen.

Maximilian.

Niemals würden sich diese mexicanischen Beamten, sie, die soeben noch sich in Mexico zu compromittiren fürchteten, dazu verstanden haben, sechzig Meilen durch ein zum

Aufstand bereites Land zurückzulegen, einzig um eine Ab=
dankung zu registriren. Sie kannten also den eigentlichen
Grund ihrer Vereinigung zu Jalapilla. Als diese Depesche
bei dem Hauptquartier einlief, hatten die Ankunft und die
Schritte Miramon's schon den Umschwung in den Entschlüs=
sen Maximilians ahnen lassen; die fast herausfordernd ge=
wordene Haltung des Ministeriums war davon eine sichere
Anzeige. Dennoch glaubte der Höchstcommandirende, indem
er die officiellen Instructionen seiner Regierung wörtlich
befolgte, welche ihm vorschrieben, die Freiheit des Handelns
des jungen Kaisers zu respectiren, seinem Rufe folgen zu
müssen. General Castelnau und der Gesandte Frankreichs,
die zur Berathung vereinigt waren, widersetzten sich indeß.
Genöthigt, sich dieser Entscheidung zu fügen, sandte der
Marschall folgende Antwort nach la Jalapilla.

Mexico, 18. November 1866.

An Se. Majestät den Kaiser Maximilian.

Ich habe von der telegraphischen von heute datirten Depesche
Ew. Majestät Kenntniß genommen. Trotz meines lebhaften Wun=
sches, mich zu Ihnen zu begeben, scheint es mir sehr mißlich,
die Hauptstadt, deren Beschützung mir Ew. Majestät anvertraut
hat, vor der Ankunft des Generals Douay zu verlassen, ohne
daß ich über die angeordneten militärischen Bewegungen be=
ruhigt sei.

Bazaine.

Erst mehrere Tage, nachdem er diese Antwort geschrie=
ben, wurde der Marschall zum erstenmale über die wirk=
lichen Absichten des französischen Cabinets durch eine Bot=
schaft des Marquis de Montholon aufgeklärt, deren Sinn
ihm doch zuerst sehr räthselhaft erschien, da er keineswegs

bezüglich der politischen Vorgänge zu Washington auf dem Laufenden war.

Washington, 9. November 1866.

Mein Herr und lieber Marschall,

Ich habe ihnen nur die Anzeige von der Abreise Campbell's und General Sherman's nach Mexico auf der Fregatte Susquehannah zu machen und Sie zu bitten, die chiffrirte Depesche zu lesen, welche ich durch diesen Courier an Herrn Dano sende. In einigen Tagen hoffe ich Ihnen mehr mittheilen zu können. Die Stimmung ist hier gut; wenn ein Zwischenfall zu besorgen wäre, so könnte es nur über Detailfragen sein.

Die Nachrichten aus Europa von heute Morgen kündigen im Gesundheitszustand der Kaiserin keinerlei Besserung an. Welches Schicksal! Die Nachricht von der Abreise des Kaisers von Mexico wurde mit Freude aufgenommen und man betrachtet seine Entfernung als das Zeichen einer freundlichen und endgültigen Lösung des Streites mit Frankreich in Bezug auf Mexico.

Die Fenierfrage in Canada wird vorerst allein die auswärtige Politik beschäftigen. Das Resultat der Wahlen ist durchaus für die Opposition günstig und verurtheilt die Politik des Präsidenten bei der Reconstruction der Union. Die republicanische und radicale Partei ist übrigens, soweit das uns angeht, sehr entschieden gegen jeden äußern Conflict.

Montholon.

Washington, 8. November 1866.

Fregatte Susquehannah bringt Herrn Campbell und General Sherman nach Mexico, um sich mit Juarez zu treffen. Instructionen: die Einrichtung einer regelmäßigen republicanischen Regierung zu unterstützen und jeden Vorwand zu Conflicten mit den französischen Behörden zu vermeiden. Keine Besserung im Zustand der Kaiserin.

Montholon.

Washington, 12. November 1866.
An den kaiserlichen Gesandten in Mexico.

Gesandtschaft gestern abgereist. Instructionen sehr unbestimmt. Sich mit einem Anderen als Juarez nur im Falle äußerster Nothwendigkeit verständigen; keine Intervention, keine Gebietserwerbung. Moralische Unterstützung an Juarez. Land- und Seestreitkräfte unter den Befehl des Generals Sherman. Allen Conflict mit uns zu vermeiden. Montholon.

General Ortega in Brazos von den Amerikanern verhaftet.

Alles wurde dem Marschall durch einen Besuch klar, den er eben jetzt von Herrn Marcus Otterburg erhielt. Dieser amerikanische Consul, der in aller Eile aus den Vereinigten Staaten hergekommen war, wo man Maximilian schon für nach Europa eingeschifft hielt, war beauftragt, den beiden bei Juarez accreditirten Bevollmächtigten den Weg zu bereiten. Bei diesem Besuche kündigte Herr Otterburg dem Obercommandanten den demnächstigen Besuch seiner beiden Landsleute an, sowie den Zweck ihrer Reise, indem er ihm zu verstehen gab, welchen Antrieb er den Ereignissen zu geben gedenke. Später, in einer ganz officiösen Unterredung, erklärte er, daß er von seiner, hierin ganz im Einverständniß mit dem Hof der Tuilerien handelnden, Regierung beauftragt sei, in Uebereinstimmung mit dem Höchstcommandirenden die mexicanische Republik wiederherzustellen.

„Es sei Zeit", sagte er, „die Augen auf denjenigen juaristischen General zu lenken, dem man die Stadt Mexico überantworten könne, um die Unordnungen zu vermeiden, die von einem Augenblick zum andern ausbrechen könnten. Porfirio Diaz schiene, nach seiner Meinung, würdig, von den Franzosen dazu auserkoren zu werden. Es sei also klug, ihn, in Voraussicht der Ereignisse, einzuladen, sich der Hauptstadt zu nähern; er theile übrigens dem Hauptquartier mit, daß er bereits von den Banquiers der Stadt die nöthigen Gelder erlangt habe, um den Truppen des Porfirio Diaz einen zweimonatlichen Sold auszuzahlen."

Der Marschall bezeigte sein großes Erstaunen, die Dinge so vorgeschritten zu finden und erklärte Herrn Otterburg ganz bestimmt, daß „so lange Maximilian einen Fuß auf mexicanischem Boden und nicht abgedankt habe, er ihn als das einzige gesetzmäßige und des französischen Schutzes würdige Oberhaupt des Landes betrachten müsse; daß bis zu diesem entscheidenden Zeitpunkt also keinerlei Maßregel zu treffen sei, da jeder General der Dissidenten nothwendigerweise den Charakter eines Rebellen behalte und als solcher auch verfolgt werden müsse. Er würde, fügte er hinzu, späterhin, nachdem der Erzherzog eingeschifft sei, nichts Unpassendes darin sehen, unter Beihülfe des Porfirio Diaz eine Regierung einzurichten, für den er bekannte, mehr Achtung zu fühlen als für den General Ortega, dessen Wortbrüchigkeit er nicht vergessen könne, obwohl derselbe der von Paris aus empfohlene Candidat sei. Sollte diese Eventualität einer Restauration wirklich eintreten, so werden wir als Präsidentschafts-Candidaten nur denjenigen republicanischen Führer anerkennen und unterstützen, der uns die Anerkennung der französischen Schuld garantirt, indem er uns dafür reelle Bürgschaft gibt. Verständigen wir uns, und hierin werde ich die Instructionen meines Monarchen befolgen, so werden wir regelrecht, sobald der Augenblick dazu gekommen sein wird, von Regierung zu Regierung verhandeln, und unter dieser Vorbedingung werden wir natürlich dem neuen Präsidenten die festen Plätze der Republik sowie deren Bewaffnung und die mexicanische Artillerie übergeben."

Auf eine specielle, auf die Lieferung von sechstausend Gewehren bezügliche Bemerkung, deren Bestellung nach einem Befehl Maximilians gemacht worden, waren diese Waffen unter dem Material begriffen, welches gegen Entschädigung dem künftigen, gesetzlich anerkannten Staatsoberhaupte übergeben werden konnte. Die eigene Erklärung des Herrn Otterburg würde hinreichen, um die Aechtheit dieser Unterredung nach Form wie Inhalt zu bestätigen, denn sie war die Veranlassung zu jenem berühmten, an Romero, den Gesandten des Juarez, gerichteten und kürzlich vom Cabinet zu Washington veröffentlichten Briefe des Porfirio Diaz. Die dritte Person, auf welche Porfirio anspielt, ist eben dieser americanische Consul, welcher keinerlei Vollmacht hatte, sich zum officiellen oder officiösen Zwischenträger zwischen dem französischen Hauptquartier und jenem Dissidentenführer zu machen, wie er selbst bezeugen kann. Der Vorschlag, welchen Porfirio als wenig ehrenvoll zurückgewiesen haben will, hat Bezug auf die Anerkennung der Schuld und die französischen Anleihen. Was die eventuelle Abtretung von Kanonen und Gewehren betrifft, so findet sie in der vorstehenden Erzählung ihre Erklärung. Es bleibt noch die dem Marschall untergeschobene Absicht übrig, nach welcher derselbe dem Porfirio heimlich Waffen, feste Plätze des Reiches, den Kaiser und seine Generale in die Hände zu spielen beabsichtigt habe; diese Verläumdung wird nicht verfehlen, sehr bald auf deren Urheber, sei er, wer er wolle, zurückzufallen.

Niemals hat der Marschall seit dem Tage, wo er ihn mit seinem ganzen Armeecorps zu Oajaca zum Gefangenen machte, den General Porfirio Diaz wiedergesehen; man thut wohl daran sich zu erinnern, daß dieser Führer von den Franzosen den unter Maximilian's Befehl stehenden Oesterreichern

ausgeliefert wurde und aus dem Gewahrsam der austro=
belgischen Legion entkommen ist. Das Hauptquartier hat,
wie aus Documenten gleich nachgewiesen werden wird, spä=
ter über Auswechselung von Gefangenen mit eben diesem
durch seine Loyalität wie seine Menschlichkeit gleich aus=
gezeichneten General verhandelt; das Alles ist aber vor
Jedermanns Augen und aus der Entfernung durch die
Vermittelung der zu Tehuacan und Puebla befehligenden
französischen Offiziere verhandelt worden. Porfirio, dessen
energische Geltendmachung der Rechte seines Landes man
nur ehrend anerkennen kann hat also einem verrätherischen
Rathe oder einem schuldvollen Gedanken, den er unbedingt
desavouiren muß, nachgegeben, als er jenen Brief schrieb,
den Herr Seward eingegeben und dessen Uebersendung als
eines Beweisstückes zu seiner auswärtigen Politik er ver=
langt hatte. Dieses dem Gelbbuch einverleibte Document
hatte den Zweck, nachzuweisen, daß er in Mexico den ame=
ricanischen Repräsentanten zu Gunsten der Monroëdoctrin
habe wirken lassen um die üble Laune des über das Miß=
lingen der Mission seiner beiden Abgesandten Campbell
und Sherman aufgebrachten Congresses zu besänftigen. Die
mexicanische Frage ist, man täusche sich darüber nicht, seit
fünf Jahren für das americanische Cabinet ein wohlberech=
netes Popularitätsmittel und eine Waffe gewesen, deren es
sich mit ebensoviel Kühnheit wie Geschicklichkeit bediente, um
dem Geschrei der Mißvergnügten oder der Feinde des Nach=
folgers Lincoln's Stillschweigen aufzuerlegen.

In der That war die Sendung der americanischen Be=
vollmächtigten gänzlich gescheitert. Der Consul der Ver=
einigten Staaten zu Veracruz hatte am 25. November zu
Mexico telegraphisch anfragen lassen, ob die noch vor Tam=
pico ankernde Fregatte Susquehannah nach Veracruz kom=

men könne und ob sie dort gut empfangen werden würde, indem der Minister Campbell und der General Sherman sich mit den französischen Behörden ins Einvernehmen zu setzen wünschten. Das Hauptquartier antwortete, „die americanische Fregatte werde wie jedes andere Kriegsschiff einer befreundeten Nation wohl empfangen werden, dasselbe hätten die genannten Herren zu Mexico zu erwarten, falls sie dahin zu kommen wünschten." Der Consul beeilte sich, diese Antwort durch das eben abgehende Packetboot nach Tampico zu melden. Am 29. November umfuhr bei starkem Sturme die Susquehannah, stolz das Sternenbanner aufziehend, die großen Dünen, hinter welchen sich die Stadt Veracruz traurig abhebt. Kaum im Angesicht der Rhede, erblickte sie ein Boot, welches aus dem Hafen heraus und auf ihre Fahrlinie zugerudert kam: sie hielt kurz darauf auf der Höhe des Forts San Juan d'Ulloa die Maschine an, um die in dem bemerkten Fahrzeug befindliche Person an Bord kommen zu lassen: es war der americanische Consul zu Veracruz. Er war Ueberbringer bedeutsamer Nachrichten, welche die Herren Campbell und Sherman höchlichst überraschten. Die Stadt beging eine Festlichkeit: schon bemerkte man die Lichtlinien, mit denen die Hauptgebäude illuminirt wurden und der Wind trug den Donner der Kanonenschläge nach der Rhede. Diese ganze Bewegung war durch den Beschluß Maximilian's veranlaßt, welcher Mexico bekannt gab, daß der Fürst die Abreise nach Europa aufgebe und daß er, den bringenden Bitten der großen Staatskörperschaft nachgebend, nach Mexico hinaufreise, um seine Krone durch eine Volksabstimmung neu zu stärken. Die americanischen Gesandten, welche sich geschmeichelt hatten, bei ihrer Ankunft das republicanische Banner über den Gebäuden des Hafenzollamts wehen zu sehen, gaben Befehl das Schiff zu wenden und ließen es einige Meilen von Veracruz in Erwartung der Ereignisse bei der Insel Verte vor Anker gehen. Am nächsten Morgen erschien ein französischer Marineoffizier, um nach dem üblichen Ceremoniell den Commandanten der americanischen Fregatte zu begrüßen. Der Generallieutenant Sherman, welchem Herr Otterburg aus Mexico meldete, daß der Marschall ihn „mit aller seinem Range gebührenden Auszeichnung und mit der offensten Herzlichkeit empfangen würde: daß er selbst sehr erfreut sein werde, ihn einer Revue der französischen Truppen beiwohnen zu sehen", antwortete, daß er nur auf eine dringende Einladung des Hauptquartiers hin nach Mexico gehen könne. Ganz bestimmt war das Schauspiel eines Defilirens unserer Truppen nicht der Zweck der americanischen Mission.

Diese dringende Einladung wurde nicht nach der Susquehannah geschickt und die Fregatte ging wieder unter Segel, wie es die Depesche des Secretärs der beiden Bevollmächtigten vorausahnen ließ.

An Herrn Marcus Otterburg, Mexico.
Vertraulich.

Vera-Cruz, 1. December 1866.

Ich bin glücklich, zu erfahren, daß Sie angelangt sind, da alles gut geht. Ich habe die Nacht an Bord der Susquehannah zugebracht, wo ich geduldig Ihre Nachrichten erwartete. Wenn ich nicht auf der Stelle nach Tampico gehe, geschieht es um nicht uneingeladen nach Mexico kommen zu wollen. Aber Sie wissen alles, was die Sache betrifft; schreiben Sie unverzüglich.

Lanes.

XX.

Was hatte sich denn nun in letzter Zeit zu la Jalapilla ereignet? Die Minister und der Staatsrath, welche von Mexico nach Orizaba unter französischer Escorte und unter Miramon's Führung herabreisten, waren in Verhandlung getreten und hatten sich während dreier Tage, vom Sonnabend zum Montag, in der kaiserlichen Residenz in Permanenz erklärt. Herr Lares, der von allen Theilnehmern an der Conferenz zum Wortführer ernannt war, hatte den Kaiser beschworen, das Land nicht zu verlassen, indem er im Namen des Clerus, für welchen Pater Fischer gutsagte, verhieß, daß Se. Majestät sofort auf vier Millionen Piaster und auf eine schlagfertige Armee zählen könne. Marquez und Miramon hätten Commandos angenommen. Während der erste dieser beiden Generale die Hauptstadt besetzt halte und das Thal von Mexico sowie die Hochplateaus von Anahuac gegen Angriffe des Porfirio Diaz schütze, würde der zweite nach Norden eilen, um den Truppen Escobedo's ein Treffen zu liefern. Der Sieg konnte nicht zweifelhaft sein, namentlich wenn im Innern der tapfere Mejia seine Unterstützung leihe, dessen militärisches Ansehen in der Sierra wie im Staate Queretaro, dem einstigen Zeugen seiner Siege, noch allmächtig war. Im Nothfall würden sich sofort nach dem Zerstreuen der Banden des Nordens die siegreichen Streitkräfte der Monarchie gegen die Rebellen von Oajaca wenden, mit denen sie bald fertig werden dürften. Was die nöthigen Millionen betraf, so hatte der Conseilpräsident sich beschränkt zu sagen, daß man sie finden würde: das war das Geheimniß seiner Partei.

Der Plan sah auf dem Papiere recht verführerisch aus,

Maximilian hatte ihm völlig beigestimmt. Um dem Zustand der Ungewißheit ein Ende zu machen, in dem das Land seit einem Monat war, machte der Kaiser völlig Kehrt und und schickte eine telegraphische Depesche ab, welche allen stattgefundenen Ereignissen widersprach. Die Durchreise des damals nach Europa zurückkehrenden englischen Diplomaten Herrn Scarlett, hatte nicht wenig dazu beigetragen, daß der junge Kaiser, dem er gerathen hatte, den Thron nicht aufzugeben, die gewaltsame Maßregel so über das Knie brach.

Das Hauptquartier erhielt unverzüglich eine Mittheilung aus dem kaiserlichen Cabinet durch folgende aus Orizaba am 20. November 1866 abgesendete Depesche.

Keiner meiner Schritte berechtigt irgend Jemand zu glauben, daß ich zu Gunsten irgend einer Partei abzudanken die Absicht habe. Die Einberufung des Staatsraths und der Minister ist eben deshalb geschehen, um mit ihnen vereint zu entscheiden, welchen Händen die interimistische Gewalt zu übergeben sei, wann der Zeitpunkt der Abdankung herankomme und bis die Abstimmung der Nation das Uebrige entscheide. Die an den Marschall Bazaine gerichtete Aufforderung hatte keinen anderen Zweck, als diese Punkte im Einverständniß mit dem Chef der Armee zu regeln.

Die Behauptung, daß eine provisorische Regierung von den Vereinigten Staaten werde anerkannt werden, ist mehr als gewagt. Warum? Wer steht für diese Anerkennung? Wer will darum ansuchen? Ich halte dafür, daß ich meine Autorität derselben Nation, die sie mir verliehen, auch zurückgeben und die übrigen Fragen über den Ursprung und die Wahl der neuen Regierung der freien Bestimmung der Nation überlassen werde.

Meine einzige Pflicht besteht darin, eine provisorische Regierung zu ernennen, bis daß die Nation berufen werde, und die nöthigen Schritte zu thun, um sie zusammenzurufen, endlich Schutz für die kaiserlich Gesinnten zu suchen, ohne mich jedoch in alles übrige einzumischen. Maximilian.

So lautete die Antwort des sich nunmehr auf die Collectivnote vom 7. November stützenden Kaisers, auf die Mission Campbell's, den er schon vor Tampico ankernd wußte. Sie richtete sich zugleich gegen die Schachzüge des Tuileriencabinets, von dem ihm bekannt war, daß es sowohl gegen Washington als gegen das Lager der Liberalen Verpflichtungen eingegangen sei. Gegenüber der Kundgebung dieses neuen Staatsstreiches konnte man für den Augenblick nicht mehr auf die Abdankung des Prinzen rechnen. Der Depesche folgte bald ein officielleres und bestimmteres Document. Am 1. December erschien das von Orizaba datirte kaiserliche Manifest, welches dem Lande das Zusammentreten des Nationalcongresses anzeigte.

Manifest des Kaisers.

Mexicaner!

Die so wichtigen Vorgänge, welche das Wohlergehen unseres Vaterlandes berühren und vor welchem Unsere häuslichen Unglücksfälle verschwinden, haben in Unserem Geiste die Ueberzeugung hervorgerufen, daß Wir auch die Uns von euch anvertraute Gewalt zurückgeben müßten. Der von Uns berufene Ministerrath und der Staatsrath waren dagegen der Meinung, das Wohl Mexicos erheische, daß Wir die Herrschaft behalten. Wir haben geglaubt, ihren dringenden Vorstellungen folgen zu sollen, indem Wir Unsere gleichzeitige Absicht verkündigen, auf der breitesten und liberalsten Grundlage einen Nationalcongreß zu versammeln, an welchem alle Parteien Theil nehmen sollen. Dieser Congreß wird bestimmen, ob ein Kaiserreich in Zukunft bestehen soll und im bejahenden Falle, seinen Beistand dazu leihen, die für Befestigung der öffentlichen Einrichtungen dieses Landes wichtigsten Normen festzustellen. Zu diesem Ende ist Unser Rath gegenwärtig eifrig beschäftigt Uns alle wünschenswerthen Maßregeln vorzuschlagen und thut zugleich alle nöthigen Schritte, damit alle Parteien zur Herstellung einer Uebereinkunft auf dieser Grundlage bereitwillig beitragen.

In Folge dessen, Mexicaner und indem Wir auf euch Alle, keine einzige politische Färbung ausgenommen, zählen, werden wir Uns bemühen mit Muth und Beharrlichkeit das Werk der Wiedergeburt weiter zu führen, das ihr anvertraut habt eurem Landsmann

Maximilian.

Zwei Tage später kündigte der Conseilspräsident, im Namen des Kaisers, den französischen Behörden den von Maximilian gefaßten Entschluß mit, sich hinfort nur auf seine eigenen Streitkräfte zu stützen. Es blieb indeß ausgemacht, daß das Expeditionscorps fortfahren solle, der Monarchie seinen Beistand zu leihen, während seines noch übrigen, auf das Frühjahr 1867 beschränkten Aufenthaltes in Mexico und auf allen von ihm besetzten Punkten, ohne jedoch entfernte Expeditionen zu unternehmen.

An Se. Excellenz, den Minister von Frankreich in Mexico, Alf. Dano, Se. Excellenz den Marschall Bazaine, und den Herrn General Castelnau.

Orizaba, 3. December 1866.

Die Unterzeichneten, von Se. Majestät dem Kaiser Maximilian beauftragt, die Maßregeln zu bestimmen, welche die Mission des Generals Castelnau nöthig machten, eine Mission, welche derselbe im Einverständniß mit Ihren Excellenzen, dem bevollmächtigten Minister Dano und dem Marschall Bazaine auszuführen uns erklärt hat, haben die Ehre zu Ihrer Kenntniß zu bringen, daß, nachdem sie Sr. Majestät dem Kaiser die Note vom 7. vorigen Monats, welche vom Marschall Bazaine und dem General Castelnau als Antwort auf die Zuschrift gegeben wurde, die wir selbst die Ehre hatten an Sie unter dem 4. desselben Monats zu richten, — daß Se. Majestät nach ernsthafter und langer Erwägung, und nach dem Rath seiner Minister und seines Staatsrathes, gestützt auf die von der Nation ihm übertragene Befugniß sich entschieden hat, seine Regierung mit den alleinigen Hilfsmitteln des Landes fortzuführen und aufrecht zu erhalten, da der Kaiser der Franzosen erklärt, außer Stande zu sein, das Reich fernerhin sowohl mit seinen Truppen, als mit seinem Gelde zu unterstützen, und auch bei seiner gefaßten Entscheidung verharrt, diese seine Truppen in den ersten Monaten des Jahres 1867 zurückzuziehen.

Se. Majestät der Kaiser, indem er bis auf das Aeußerste die Ausführung seiner Absichten fördert, beschäftigt sich mit den Maßregeln, welche zur Formirung der mexicanischen Armee und zur Organisirung der Streitkräfte nöthig sind, um das Reich zu stützen. Er hofft, der Marschall Bazaine werde die Güte haben, den französischen Obercommandanten, so weit es ihn angeht, Befehle zu ertheilen, wie er es in der weiter oben angezogenen Note ankündigt, damit die mexicanischen Truppen, die militärischen Anstalten und Magazine, von jetzt ab zur ausschließlichen Verfügung Sr. Majestät stehen; er rechnet noch immer darauf daß die französischen Truppen, während ihres Aufenthaltes in Mexico die Behörden und Bevölkerungen in den von ihnen besetzten Landstrichen schützen werden, ohne doch entferntere Expeditionen zu unternehmen.

Diese Beihülfe, deren nähere Bestimmungen in der schon citirten Note vom 7. November aufgeführt sind, wird von Sr. Majestät dankbar angenommen.

Se. Majestät der Kaiser befiehlt uns außerdem zu erklären, daß über alle Fragen, welche sich auf die den Gegenstand dieser Note bildenden Verhältnisse beziehen, oder welche durch den von ihm gefaßten Entschluß begründet sind, von dem Präsidenten des Staatsrathes verhandelt werden kann, welcher in dieser Eigenschaft zuerst sich unterzeichnet als

Der Präsident des Ministerrathes
Teodosio Larès.
Der Minister des kaiserlichen Hauses
Luis de Arroyo.

Damit war der factische Bruch mit der französischen Regierung vollendet: von diesem Tage an verkehrte Maximilian nicht mehr direct mit dem Hauptquartier. Der Conseilspräsident hatte Auftrag über alle inneren und äußeren Fragen zu verhandeln und sich an die Gesammtheit der drei französischen Repräsentanten zu wenden. Maximilian hatte sehr wohl begriffen, daß die Person des Höchstcommandirenden zugleich mit seiner Autorität als beseitigt zu betrachten sei, und daß der mexicanische Thron von jetzt an mit dem Adjutanten Napoleon's III., wie mit dem Herrscher selbst zu rechnen habe.

Der plötzliche Umschwung des Kaisers von Mexico erzeugte im französischen Lager zu Mexico ein tiefes Mißvergnügen. Der Plan der Tuilerien war von Grund aus zerstört. Die Illusionen indeß waren zu Paris sehr stark gewesen, wie man auch aus den jetzt eben aus Europa ankommenden, vom 31. October datirten Depeschen unserer Regierung ersehen kann: „Das Ministerium Larès, schrieb man, hat keine Aussicht auf Dauer; die Mission des Generals Castelnau konnte nicht passender kommen und der Wunsch des Kaisers ist, daß Maximilian Mexico verlasse." Zwei der französischen Repräsentanten glaubten, daß eine energische Note, welche die Wahrheit über die Unmöglichkeit des versuchten Unternehmens nicht verberge, vielleicht im Stande sei, Maximilian die Augen zu öffnen, und ihn noch zu veranlassen, seinem Plane zu entsagen.

Der Marschall, in seiner soldatischen Ueberzeugung, beharrte dabei, zu glauben, daß mit der sicheren Unterstützung der Fremdenlegion und der Oesterreicher, und andererseits auf wohlbefestigte Plätze gestützt, Maximilian noch Elemente ausdauernden Widerstandes besitze, welche ihm wohl möglich machen könnten, sich eines Tages in ehrenvollerer Weise und völliger Sicherheit zurückzuziehen. Er mußte sich doch der Meinung des Generals Castelnau und des Herrn Dano fügen.

Der General Castelnau hatte bereits den Kaiser von der Unschlüssigkeit Maximilian's benachrichtigt und am 7. December berichtete er über den neuen Staatsstreich, durch welchen die Monarchie, indem sie die clericale Fahne entfaltete, jede Hoffnung auf eine freundschaftliche Lösung abschnitt. Gleichwohl mußte man sehr bald bei dieser die französischen Interessen schädigenden Lage ankommen. Eine noch an dem gleichen Tage von den drei Mitunterzeichnern gemeinschaftlich festgestellte Note wurde am anderen Tage, dem Tage nach Empfang der Zusendung des Herrn Lares, an den Conseilspräsidenten gerichtet. Es war ein letzter gegen die reactionäre Partei gerichteter Versuch.

Mexico, 8. December 1866.

An Se. Excellenz, Herrn Teodosio Lares, Conseilspräsident u. s. w.

Die Unterzeichneten haben die Note erhalten, welche Ihre Excellenzen, die Herren Teodosio Lares und Luis de Arroyo ihnen die Ehre erwiesen haben, unter dem 3. des Monats ihnen zu übergeben.

Da der Herr Conseilspräsident damit beauftragt ist, über die Geschäfte zu verhandeln, welche den Gegenstand dieser Note bilden, so haben die Unterzeichneten ihn wissen zu lassen, welches ihre Absicht sei betreffs des von Sr. Majestät dem Kaiser Maximilian gefaßten Entschlusses, die von der mexicanischen Nation ihm übertragene Gewalt zu behalten und seine Regierung mit den alleinigen Hilfsquellen des Landes aufrecht zu halten.

Die von der Regierung der Unterzeichneten gebrachten Opfer, so wie die persönlichen Bemühungen der Letzteren, in Mexico die monarchische Regierungsform festzustellen, bedürfen keiner Erwähnung. Die Geschäftsträger Frankreichs beklagen tief eine Crisis, welche sie gern hätten unmöglich machen wollen. Gleichwohl sind sie nach reiflicher Erwägung zu der Ueberzeugung gelangt, daß die kaiserliche Regierung unvermögend sein werde, sich mit ihren alleinigen Hilfsquellen aufrecht zu halten.

So peinlich es auch für sie sein mag, und ohne sich anmaßen zu wollen, auf die schließliche Entscheidung irgend einen Einfluß zu üben, betrachten sie es doch als ihre Pflicht, dies zu erklären, indem sie hinzufügen, daß bei dem gegenwärtigen Stande der Dinge jene äußerste und edelmüthige Entschließung, bei welcher der Kaiser Maximilian vor einem Monat schien beharren zu wollen, allein gestattet haben würde, eine alle Interessen sicherstellende Lösung zu suchen.

Was die militärische Frage und Alles dahin Gehörige betrifft, so haben die dafür competenten französischen Beauftragten bereits auf dieselbe geantwortet. Weitere Erläuterungen würden von denselben, wenn nöthig, gegeben werden.

Bazaine. — Alf. Dano. — Castelnau.

Die Antwort des Ministeriums ließ nicht auf sich warten: am 10. December erließ dasselbe ein langes Umlaufschreiben, welches die von der Monarchie in der Vergangenheit geleisteten Dienste wieder aufzählte, seine Erwartungen für die Zukunft darlegte, und zugleich das Abtrünnigwerden der französischen Regierung enthüllte.

Circular.

. . . .
. . . . . Inmitten dieser beklagenswerthen Crisis beutete man die Haltung der Vereinigten Staaten aus, welche der monarchischen Regierungsform und europäischen Intervention stets entgegen waren. Man ließ Se. Majestät wissen, daß zwischen der französischen und der americanischen Regierung Verhandlungen zur Bildung einer franco-americanischen Vermittelung angeknüpft seien, in Folge welcher man hoffte, dem langen, dies Land zerfleischenden Bürgerkriege ein Ziel setzen zu können; zu diesem Zwecke erachtete man es für unumgänglich nothwendig, daß die unter dieser Vermittelung sich neubildende Regierung die republicanische Form annehme und auf die Ansichten der Liberalen achte. Die Hoffnungen unserer Regierung, welche zu einem Theile auf eine loyale und feste Verbindung mit Frankreich behufs der Befestigung der gegenwärtigen Regierungs-Form gegründet waren, fanden sich auf diese Weise getäuscht.

XXI.

Die französische Regierung war indeß noch nicht an der Grenze ihrer Abtrünnigkeiten angelangt. Die americanische Fregatte war nach einigen Tagen vergeblichen Wartens im Golf wieder heimwärts in See gegangen; sie brachte auf ihrem Bord die beiden Bevollmächtigten zurück, ohne daß diese das Land betreten hätten. Die Nachrichten aus Mexico und aus Orizaba hatten die Hoffnungen der Tuilerien zerstört, welche sich nicht länger scheuten, ihre ganze, Maximilian feindliche Politik zu enthüllen und daneben noch ihr gegebenes, und in den Verträgen enthaltenes Wort zu brechen.

Der Kaiser an Castelnau.

Compiègne, 13. December 1866.

„Schicken Sie die Fremdenlegion und alle Franzosen, Militärs und Andere, welche zurückzukehren wünschen, zurück in die

Heimath, eben so wie die österreichische und belgische Legion, wenn sie es verlangen."

Diese Depesche entriß Maximilian seine letzte Stütze, entgegen dem Artikel 3 von Miramare, welchen die Convention vom 30. Juli der Form nach respectirt hatte und welcher, wie man sich erinnern wird, so lautete:

„Die Fremdenlegion im Dienste Frankreichs, bestehend aus 8000 Mann, wird noch sechs Jahre, nachdem alle anderen französchen Truppen in Gemäßheit des Artikels 2 zurückgezogen sein werden, in Mexico verbleiben. Von diesem Augenblick an wird die Legion in Dienst und Sold der mexicanischen Regierung übergehen. Es behält sich diese Regierung die Freiheit vor, die Dienstzeit dieser fremden Truppen in Mexico abzukürzen."

Unzweifelhaft mußte die Auflösung dieser Legion auch das Zurückziehen der austro-belgischen Legion nach sich ziehen, welche für sich allein nicht im Stande war, die Regierung, auch nur provisorisch, zu stützen. Und weiterhin mußte der Abfall der französischen, in den Reihen der mexicanischen Armee dienenden Freiwilligen, daraus folgen; denn diese rechneten vor Allem auf die Nachbarschaft dieser fast französischen Elemente. Diese Mißachtung beschworener Treue seitens unserer Regierung überrascht uns mit Recht um so mehr, als in einer mit Herrn Bigelow am 7. November 1866 gehabten Unterredung der Kaiser Napoleon diesem amerikanischen Gesandten erklärt hatte, daß, falls Maximilian der Meinung sei, sich allein halten zu können, Frankreich seine Truppen nicht früher zurückziehen würde, als dies von

Herrn Drouyn de Lhuys stipulirt worden sei, falls der junge Monarch es so wünschen würde. Das hieß ganz deutlich aussprechen, daß das Expeditionscorps nur in drei Abtheilungen zurückgeführt werden und folglich der Schutz Frankreichs Mexico noch auf ein Jahr gesichert sein würde. An demselben Tage, an welchem Herr Bigelow in Saint-Cloud aus dem Munde des Kaisers diese Versicherungen erhielt, that General Castelnau das directe Gegentheil. Denn man hat gesehen, daß die Collectivnote der drei französischen unterzeichneten Chefs Maximilian wissen ließ, daß Kaiser Napoleon beschlossen habe, seine Truppen in Masse und in den ersten Monaten des Jahres 1867 zurückzuziehen. Was hatte sich denn nun in der von unserer Regierung angedeuteten Lage geändert? Durchaus gar nichts. Weil aber Maximilian erklärte, daß er sich mit seinen alleinigen Hülfsmitteln halten könne, so versuchte man bei ihm ein letztes Mittel der Einschüchterung, welches durch die bestimmte Weigerung Maximilian's, den Thron aufzugeben, nothgedrungener Weise eine Wirklichkeit wurde: denn der General Castelnau konnte nichts mehr zurücknehmen. Der Kaiser Napoleon, welcher an die Unfehlbarkeit dieser Kriegslist geglaubt hatte und überzeugt war, daß Maximilian's Abdankung Alles zu seiner Zufriedenheit lösen würde, hatte es ohne Zweifel passender gefunden, einen letzten Drohversuch zu machen, über welchen, wie er hoffte, sehr bald der Schleier des Vergessens fallen würde. Wir werden gleich sehen, welche drohende Sprache seitens Seward's dies Stillschweigen hervorrief. Einstweilen nahm der General Castelnau Maximilian die Truppen weg, welche der Kaiser ihm zu überlassen versprochen hatte, wie aus, in der Unterredung zu Saint-Cloud gebrauchten Ausdrücken hervorgeht, über welche der americanische Minister persönlich berichtet hat und aus welcher wir die Hauptsätze anzuführen für passend halten.

Depesche des Herrn Bigelow an Herrn Seward, in Betreff der Rückführung der Expeditionstruppen in Masse aus Mexico. Datirt aus Paris vom 8. November 1866.

Mein Herr,

Der Minister des Auswärtigen hat mir letzten Donnerstag, in Antwort auf eine Frage, welche gewisse Zeitungsgerüchte mich veranlaßt hatten, an ihn zu richten, mitgetheilt, daß der Kaiser die Absicht habe, seine Truppen aus Mexico im Frühjahr zurückzuziehen, daß er aber vor dieser Zeit kein Corps zurückrufen werde.

Ich drückte meine Ueberraschung und mein Bedauern aus über diese Bestimmung, welche den Versicherungen, welche der Vorgänger Sr. Excellenz Ihnen durch die Vermittelung des Marquis de Montholon, sowie mir persönlich ertheilt hatte, so entschieden widerspreche.

Der Minister bezog sich auf Rücksichten rein militärischen Charakters, indem er die Bedeutung, welche diese Aenderung vielleicht für die Beziehungen Frankreichs zu den Vereinigten Staaten haben könnte, entweder, wie mir schien, nicht sehen wollte oder nicht ihrem Werthe nach schätzte.

Mein erster Schritt war, ihm folgenden Tages eine Note zuzusenden, um mir eine förmliche Darlegung der Beweggründe zu erbitten, welche den Kaiser veranlaßt hätten, auf die Abmachungen seines Ministers des Aeußeren bezüglich der Rückberufung einer Abtheilung der Armee von Mexico im Laufe des Monats November so gar keine Rücksicht zu nehmen.

Ich kam indeß zu dem Schlusse, daß es dem Präsidenten willkommener sein werde, wenn ich mit dem Kaiser selbst über diesen Gegenstand spräche.

Ich habe mich demgemäß nach Saint-Cloud zu Seiner Majestät verfügt: ich wiederholte ihm die Mittheilung des Marquis de Moustier und drückte ihm den Wunsch aus, zu erfahren, ob ich irgend etwas thun könne, um dem Mißvergnügen zu begegnen und zuvorzukommen, welches das Volk meines Landes, wie ich überzeugt sei, empfinden würde, wenn es diese Nachricht ohne weitere Erläuterung erhalten würde.

Der Kaiser sagte mir, es sei wahr, daß er beschlossen habe, jede Rückberufung von Truppen bis zum Frühjahr aufzuschieben; er sei aber zu solcher Handlungsweise ausschließlich durch militärische Rücksichten bestimmt worden . . . .

Diese Depesche, hat Se. Majestät hinzugesetzt, ist nicht in Chiffern geschickt worden, damit aus dem Inhalt derselben für die Vereinigten Staaten kein Geheimniß gemacht werde . .

Se. Majestät bemerkte weiter, daß er ungefähr zu derselben Zeit den General Castelnau nach Mexico geschickt habe, mit dem Auftrag, Maximilian mitzutheilen, daß Frankreich ihm ferner weder einen Mann, noch einen Pfennig geben könne. Wenn er denke, sich allein halten zu können, so würde Frankreich seine Truppen nicht früher zurückziehen, als Herr Drouyn de Lhuys das ausgemacht habe, falls das sein Wunsch sei; wenn er aber, im Gegentheil, geneigt sei, abzudanken, und das sei die Handlungsweise, zu welcher Se. Majestät ihm rathe, so sei der General Castelnau beauftragt, eine Regierung zu suchen, mit welcher über die Sicherstellung der französischen Interessen und die Rückführung der ganzen Armee im Frühjahr verhandelt werden könne.

Ich frug den Kaiser, ob der Präsident von allem Diesen in Kenntniß gesetzt, und ob etwas geschehen sei, um seine Meinung für den Wechsel der Politik Sr. Majestät umzustimmen und zu gewinnen.

Er antwortete, daß ihm das nicht bekannt sei; Herr de Moustier würde es wohl gethan haben . . . .

Es ist hier nur eine Meinung über den Entschluß Frankreichs sich sobald als möglich die Hände in Betreff Mexicos zu waschen. Ich zweifle auch nicht, daß es der Kaiser ehrlich mit uns meint: ich war aber nicht sicher, ob die so eben von mir besprochene

Aenderung in seinen Plänen in den Vereinigten Staaten eine ebenso günstige Auslegung erfahren werde.

In Rücksicht auf die neuerlichen Erfolge der Kaiserlichen in Mexico und auf die etwas unsichere Lage unserer politischen Angelegenheiten im Innern habe ich besorgt, die Haltung des Kaisers könne vielleicht in den Vereinigten Staaten Argwohn wachrufen, welcher die Beziehungen beider Länder in ernstlicher Weise schädigen könnte.

Um nun, wenn möglich, einer solchen Calamität vorzubeugen, habe ich es für meine Pflicht gehalten, die Vorsichtsmaßregeln zu nehmen, über die ich Ihnen Rechenschaft abgelegt. Der Umstand, daß der Kaiser bei dieser Unterredung zugab, daß er Maximilian gerathen habe, abzudanken, ließ mich täglich erwarten die Nachricht von dieser Abdankung zu hören; denn in der abhängigen Lage Maximilian's ist ein solcher Rath fast einem Befehle gleichbedeutend.

Der Kaiser hat gesagt, er hoffe das endliche Resultat der Sendung Castelnau's gegen Ende dieses Monats zu erfahren.

In dem „Star" und in der „Post" von London ist ein Telegramm veröffentlicht, welches ein zu New-York am 6. dieses umlaufendes Gerücht von der erfolgten Abdankung Maximilian's wiederholte. Da wir Depeschen vom 7. haben, welche diese Nachricht gar nicht erwähnen, so nehme ich an, daß sie wenigstens verfrüht war.

John Bigelow.

Im Ganzen genommen war indeß der General Castelnau gegen Maximilian doch noch weniger hart gewesen als der Tuilerienhof selber, weil, während er sich darauf beschränkte, die in Kürze bevorstehende Rückberufung der Truppen anzuzeigen, Napoleon mit doppelter Härte den Befehl gab, die Fremdenlegion zurückzuführen. Eine solche Haltung seitens der Tuilerien ist nur aus der großen Gereiztheit zu erklären, welche in erster Linie von der Nichtabdankung

Maximilian's veranlaßt wurde, wodurch unsere Politik, unsere Fahne und namentlich unsere Verantwortlichkeit gegen ihn noch in Mexico verpfändet und verwickelt blieb; in zweiter Linie war daran das Mißlingen der Sendung Sherman's Schuld, deren Gelingen durch die Wiederherstellung der mexicanischen Republik alle Keime zu Mißverständnissen mit den Vereinigten Staaten hätte zerstören müssen. Der dritte Grund endlich war die dem Kaiser kürzlich gemachte und von unserer Regierung in Abrede gestellte Mittheilung einer Depesche des Herrn Seward, in Folge deren man den Moniteur in seinem Berichte vom 24. December sagen ließ: „Die americanische Presse bringt uns sehr unvollkommene Auszüge aus der diplomatischen Correspondenz, welche soeben dem Congreß vorgelegt worden ist.

Es figurirt daselbst eine vom 23. November datirte, von Herrn Seward an Herrn Bigelow gerichtete Depesche.

Die französische Regierung hat niemals Kenntniß von diesem Documente bekommen.

Die Blätter der Vereinigten Staaten bestätigen übrigens das gute Einvernehmen, welches zwischen der Bundesregierung und der des Kaisers besteht."

Unser Patriotismus hat indessen Mühe, dieses gute Einvernehmen zu verstehen, dessen Bestätigung doch wahrlich eine übermäßige Gefälligkeit von Seiten des officiellen Journals gegenüber dieser neuen Drohnote bekundete.

Depesche des Herrn Seward an Herrn Bigelow.
Ueber die Rückkehr der französischen Truppen aus Mexico, datirt vom 23. November 1866.

Mein Herr,
Ihre Depesche vom 8. November (Nr. 384) bezüglich Mexicos ist eingegangen. Ihr Verhalten bei der Zusammenkunft mit

Herrn v. Moustier und ebenso Ihr Verhalten bei der Unterredung mit dem Kaiser ist vollständig gebilligt worden.

Sagen Sie dem Marquis von Moustier, daß unsere Regierung erstaunt und gekränkt ist durch die uns jetzt zum ersten Male gemachte Anzeige, zu erfahren, daß die uns zugesagte Rückführung einer Abtheilung der französischen Truppen aus Mexico, welche in diesem Monat November bewirkt werden sollte, von dem Kaiser aufgeschoben worden ist. Die hieraus entstehende Verlegenheit wird noch durch den Umstand beträchtlich vermehrt, daß dieser Entschluß des Kaisers gefaßt worden ist, ohne vorhergehende Besprechung mit den Vereinigten Staaten über diesen Punkt und selbst ohne ihnen davon Mittheilung gemacht zu haben. Unsere Regierung hat in keinerlei Gestalt den Mexicanern Verstärkungen zukommen lassen, wie der Kaiser anzunehmen scheint, und sie hat auch durchaus nichts von dem Gegenbefehl an Marschall Bazaine erfahren, von welchem der Kaiser spricht.

Wir halten uns lediglich an die officiellen Mittheilungen, wenn es sich darum handelt, die Absichten und Entschlüsse Frankreichs zu erfahren, weil auch wir, sobald es sich um Frankreich handelt, auf diesem Wege unsere Absichten und Entschlüsse mittheilen. Ich bin nicht in der Lage, zu sagen — und es wäre auch für jetzt überflüssig, diese Frage zur Besprechung zu bringen — ob oder ob nicht der Präsident dem vom Kaiser beabsichtigten Aufschube hätte beistimmen können, falls man ihn rechtzeitig um seine Meinung gefragt hätte, sofern dieser Vorschlag, wie es jetzt geschieht, durch rein militärische Gründe unterstützt worden wäre und falls er mit der üblichen Rücksichtnahme auf die Interessen und Gefühle der Vereinigten Staaten gemacht worden wäre.

Aber die vom Kaiser getroffene Entscheidung, die bestehende Uebereinkunft ohne vorhergehende Verständigung mit den Vereinigten Staaten zu modificiren, die französische Armee für jetzt ganz in Mexico zu lassen, anstatt, wie es zugesagt war, eine

Abtheilung im November zurückzuziehen, erscheint heute als eine in jeder Hinsicht bedauerliche.

Wir können derselben nicht zustimmen, erstens, weil der Termin „im nächsten Frühjahr", wie er für die vollständige Räumung angenommen, ein nicht genau bestimmter und unklarer ist; zweitens, weil Nichts uns berechtigt, dem Congreß und dem americanischen Volke zu erklären, wir besäßen jetzt eine bessere Garantie für die Rückberufung der gesammten Expeditionsarmee im Frühjahr, als diejenige war, die wir bis jetzt für die Rückberufung einer Abtheilung derselben im November besessen haben; drittens endlich, da wir unbedingt auf die mindestens buchstäbliche Ausführung des damals mit dem Kaiser getroffenen Uebereinkommens rechneten, so haben wir in Berücksichtigung dieser Räumung durch die französischen Truppen Maßregeln getroffen, um der republicanischen Regierung Mexicos unseren Beistand zu leihen zur Pacification dieses Landes sowie zur baldigen und vollständigen Wiederherstellung der wirklichen constitutionellen Autorität dieser Regierung.

Im Verfolg dieser Maßregeln ist unser neu ernannter Minister, Herr Campbell, in Begleitung des Generallieutenants Sherman nach Mexico gesendet worden, um mit dem Präsidenten Juarez einige Fragen zu besprechen, welche die Vereinigten Staaten im höchsten Grade interessiren und für Mexico von einschneidendster Bedeutung sind. Unsere Politik und die in Verfolgung derselben und in der festen Ueberzeugung, daß die Räumung Mexicos demnächst beginnen werde, getroffenen Maßregeln sind hier zur Kenntniß der französischen Legation gebracht worden, und ohne Zweifel haben Sie auch bereits Ihren Auftrag ausgeführt, dieselben in Paris zur Kenntniß des Kaisers zu bringen.

Der Kaiser wird einsehen, daß wir gegenwärtig Herrn Campbell weder zurückrufen noch die Instructionen ändern können, nach welchen er, wie man erwartet, verhandeln wird und nach welchen er selbst mit der republicanischen Regierung von

Mexico unterhandeln kann; sicherlich wünscht diese Regierung auf das Entschiedenste und hofft vertrauensvoll auf ein baldiges und endliches Aufhören einer fremden Occupation.

Sie werden also der Regierung des Kaisers sagen, der Präsident wünsche und erwarte ernstlich, daß die Räumung Mexicos gemäß der bestehenden Uebereinkunft so weit ausgeführt werde, als es die ungünstige Unterbrechung, welche die Veranlassung zu dieser Depesche war, nur immer gestattet. Ueber diesen Punkt wird Herr Campbell Instructionen erhalten. Auch den zur Observation aufgestellten americanischen Streitkräften, welche auf specielle Befehle des Präsidenten warten, werden Instructionen zugesendet werden. Es wird dies mit der zuversichtlichen Erwartung geschehen, daß der Telegraph oder der Courrier uns eine befriedigende Antwort auf diese Note bringen werde. Sie werden der französischen Regierung versichern, daß den Vereinigten Staaten, indem sie Mexico zu befreien wünschen, nichts so sehr am Herzen liegt, als mit Frankreich Friede und Freundschaft zu halten.

Der Präsident hegt nicht den leisesten Zweifel, daß die in Frankreich getroffenen Bestimmungen beschlossen worden seien, ohne daß man völlig überlegt, welche Verlegenheit das hier erzeugen müsse und daß man bei dem Entschluß die französischen Expeditionstruppen über die ursprünglich zur völligen Räumung bestimmte achtzehn monatliche Periode in Mexico zu belassen keinerlei Hintergedanken gehabt habe.   W. H. Seward.

Dies Document beweist, daß Herr Bigelow Auftrag hatte, der Regierung des Kaisers der Franzosen die Wünsche des Präsidenten Johnson mitzutheilen. Die americanischen Diplomaten haben nicht, daß wir wüßten, die Gewohnheit blos Rücksichts halber die Bestimmungen ihrer Instructionen zu verändern; es ist also außer Zweifel, daß die Mittheilung dieser Note wirklich stattgefunden hat. Die aus Compiègne am 13. December, nachdem die Tuilerien von dem Inhalt der americanischen Note unterrichtet waren, abgesendete telegraphische Depesche beweist, daß man hinfort alle Beziehungen zu Mexico, ohne irgend welche Rücksichtsnahme abbrechen wollte.

Man begreift andererseits vortrefflich, wie gegenüber der Verdoppelung des französischen Druckes die mexicanische Regierung die allerfeindseligste Stellung einnahm. Nachdem er la Jalapilla verlassen, war der junge Kaiser in kleinen Tagereisen nach Puebla hinaufgereist: er reiste langsam, denn unter der angenommenen nachtheiligen Lebensweise hatte sich seine Gesundheit noch mehr verschlechtert. Die traurigen Nachrichten aus Frankreich und aus Miramare brachten seinem Schmerze keinerlei Linderung. Andererseits hatte er nur wenig Lust in Mexico mit den französischen Behörden zusammenzutreffen, bevor die Räumung sich entschieden bemerklich gemacht habe. Er machte einen Halt im Landhause des Erzbischofs von Puebla, welches am Rande des von Amozoc herabkommenden Thales gelegen war. Der General Castelnau und der Gesandte Frankreichs suchten ihn dort, ohne vorgängige Benachrichtigung des Marschalls auf und erlangten eine Zusammenkunft mit dem Fürsten. Diese Unterredung, welche so merkwürdig war, daß der Kaiser Maximilian schrieb: er beabsichtige darüber in Europa einen Bericht zu veröffentlichen, trug nur dazu bei die Maßregeln der Krone desto mehr zu verschärfen. Maximilian kam nach Mexico zurück und nahm, indem er auf das Schloß von Chapultepec verzichtete, seine Wohnung in einer der Hauptstadt benachbarten Hacienda, mit Namen la Teja, wo am Tage des Einzugs der Franzosen in Mexico die Schwadronen unserer africanischen Jäger campirt hatten.

XXII.

Wie man sich denken kann, war die mexicanische Regierung wenig geneigt, ihren ohnedies nicht reichen Schatz zu erschöpfen, um den Bestimmungen der Convention vom 30. Juli zu genügen. Die Zurückberufung der Legion hatte alle zwischen beiden Theilen bestehenden Uebereinkünfte unbedingt zerrissen, und nach unserer Ansicht versuchte Maximilian mit allem Recht sich von den französischen Reclamationen frei zu machen. Noch an dem gleichen Abend, an dem Maximilian von Orizaba angekommen war, hatte das Hauptquartier ihn ersucht an die Verwaltung der Zollbehörden zu Vera-Cruz Befehle zu ertheilen, da der Hof von Mexico vor seinem Abgang aus der Hauptstadt eine bezügliche Mittheilung des Herrn Dano ohne Antwort gelassen habe. Der Kaiser hatte telegraphisch geantwortet, er werde sich unverzüglich mit dieser Frage beschäftigen. Am 1. November, an welchem Tage die Uebereinkunft in Kraft treten sollte, war noch keine Maßregel genommen: das Ministerium suchte Zeit zu gewinnen, es verlangte, daß die bereits gebilligte Convention ratificirt werde. Herr Dano befahl den Finanzbeamten ihr Amt zu Vera-Cruz anzutreten und über die Feststellung der Rechnungen der Zollverwaltung ein Protocoll aufnehmen zu lassen. Am 20. November verschlimmerte sich die Lage in Folge der Weigerung der mexicanischen Beamten, die stipulirten Vorwegnahmen geschehen zu lassen. Der französische Agent drohte, in Gemäßheit der von Paris aus ihm zugegangenen Befehle Gewalt anzuwenden, um Genugthuung zu erlangen. Der Kaiser zu la Jalapilla hiervon benachrichtigt, hatte an den Marschall

Bazaine eine Depesche abgesendet, um ihn zu veranlassen, derartige Maßregeln zu suspendiren.

Orizaba, den 21. November 1866.

Der Kaiser an den Marschall Bazaine.

In keiner Weise kann ich zu dem Verfahren des Herrn X.... gegen die Verwaltung des Zollamts zu Veracruz meine Einwilligung geben, zu welchem Einschreiten er sich Ihres Namens bedient hat; und noch weniger, wenn es sich um die Fonds handelt, über die der Minister der Hacienda mit meiner Bewilligung seit den Monaten September und October zu verfügen hat. Ich benachrichtige Sie, daß Herr X.... droht, den Betrieb der Zollstätte selbst mit Gewaltanwendung zu hindern. Ich hoffe, daß Sie diese Ungesetzlichkeit verhindern werden.
Maximilian.

War es nicht traurig, zusehen zu müssen, wie ein Fürst sich beklagt, daß gegen sein eigenes Wort Protest erhoben wird. Nach dem Wortlaut der Convention waren wir ganz und gar in unserem Rechte, nach der unverzüglich von einem Finanzinspector vorgenommenen Untersuchung. Aber, ohne den offenbar übeln Willen des Ministeriums in Anschlag zu bringen, war es anständig, in solcher Weise dem Monarchen seine letzten Hülfsquellen wegzunehmen, da unsere Regierung selbst ihre feierlichen Verpflichtungen völlig vergessen hatte? Nach Beendigung der Untersuchung sandte der Marschall an Maximilian die Antwort des Herrn von Maintenant, welche sich durchaus auf den Wortlaut der Bestimmungen der Convention vom 30. Juli stützt.

Mexico, den 29. November 1866.

Sire,
Ich habe die Ehre, Ew. Majestät eine Abschrift der Antwort zu übersenden, welche der dazu besonders beauftragte Ge-

neral=Inspector der Finanzen mir wegen der unverzüglich von ihm verlangten Erläuterungen gegeben hat. Es steht mir nicht zu, die von Herrn v. Maintenant geltend gemachten Gründe zu beurtheilen. Ew. Majestät kann es nicht unbekannt sein, daß in den speciell die finanziellen Verhältnisse berührenden Fragen mein Wirkungskreis ein sehr eng begrenzter ist. Die hier bestimmenden Instructionen entfließen direct dem französischen Finanzministerium.

Mit dem tiefsten Respect, Sire, u. s. w.

Bazaine.

Ein gleich anstößiges Vorkommniß, wie es im Hafen von Veracruz vorgekommen war, rief auch zu Mexico Gewaltmaßregeln hervor. Die mexicanische Regierung verweigerte den Geschäftsleuten der Hauptstadt die Auslieferung der aus dem Zollamt von Veracruz angelangten Waaren, obwohl diese Einfuhrgegenstände im Ausschiffungshafen die Rechte erworben hatten. Dieser Zustand der Dinge verursachte dem Handel die größten Verluste, namentlich am Vorabend des 1. Januar 1867. Am Ausgang einer Conferenz, an welcher der Marschall, der französische Gesandte, General Castelnau und der Generalinspector Maintenant theilgenommen, wurde beschlossen, daß die zurückgehaltenen Waaren mit Güte oder mit Gewalt den Eigenthümern ausgeliefert werden sollten. Trotz des Einspruchs des Herrn de Péreda, Unter=Staatssecretär des Auswärtigen, beharrte man bei dieser Bestimmung und eine officielle Bekanntmachung wurde in der „Ere Nouvelle" veröffentlicht, um die Kaufleute von den getroffenen Verfügungen in Kenntniß zu setzen. Diese Handlungen veranlaßten Herrn de Péreda zu einem feierlichen Protest.*)

---

*) Da sich unsere Regierung so streng zeigte in diesen letzten Zeiten, wo die Beschlagnahme ganz geringfügiger Summen unseren Nationalen

Mexico, den 6. Januar 1867.

Herr Minister,

Ich habe die Ehre gehabt, die vom gestrigen Tage datirte Note Ew. Excellenz zu erhalten in Antwort auf die meinige vom 2. dieses, welche sich auf die Publication einer in der „Ere Nouvelle" veröffentlichten Anzeige des Herrn v. Maintenant bezieht, und mit ihr die Abschrift eines neuen zwischen Ew. Excellenz und den Herren Marschall Bazaine, dem General Castelnau und dem General-Inspector der Finanzen vereinbarten Communicats, welches auf der Herausgabe der auf dem Zollamt dieser Hauptstadt zurückgehaltenen Waaren besteht, und zwar trotz der entgegengesetzten Befehle der Regierung, und in der man so weit geht anzuzeigen, daß an dem genannten Zollamt ein Beamter aufgestellt werden würde, um die Ausführung jener Bestimmung sicher zu stellen.

Ich habe über Alles an den Kaiser Bericht erstattet und Se. Majestät befiehlt mir, Ew. Excellenz in Antwort zu sagen, daß Sie mit tiefem Mißvergnügen und mit Bedauern das von den französischen Behörden zu Mexico in dieser Sache beobachtete Verfahren betrachtet; selbst wenn die Convention vom 30. Juli, sei es dem Buchstaben, sei es dem Geiste nach gesetzlich in Kraft stünde, würde dies nicht das Recht geben, Handlungen der Gerichtsbarkeit im Reiche auszuüben, und die Souveränetät seiner Regierung anzutasten.

In Folge dessen hat Se. Majestät verfügt, daß ich noch einmal protestiren solle, wie ich denn hiermit feierlich und förmlich im Namen Derselben Protest einlege gegen die ebenso unregelmäßige wie die Rechte der Nation und die Majestät des Monarchen antastende Verfahrungsweise, indem ich von jetzt an die

---

und unserem Schatze wenig Nutzen einbrachte, warum hatte man gestattet, nur allein an den Schweizer Jecker, dem eben erst naturalisirten Franzosen, 12 Millionen auszuzahlen? Warum stellte man die Interessen unserer wirklichen Landsleute einem Ansprucke nach, dessen Geschichte wir in nächster Zeit zu schreiben beabsichtigen?

Repräsentation Frankreichs in Mexico, vor Frankreich selbst, vor dessen eigener Regierung und vor allen civilisirten Nationen für den durch solches Verfahren erzeugten Conflict, und für alle Folgen desselben verantwortlich mache.

Die neue Verfügung der Repräsentanten Frankreichs hat die kaiserliche Regierung in die Nothwendigkeit versetzt, eine zweite Bekanntmachung zur rechtmäßigen Vertheidigung der Rechte dieses Reiches zu erlassen, deren Wortlaut Ew. Excellenz aus der beigefügten Abschrift ersehen werden.

Der Unterstaatssecretär
De Péreda.

Die officiell an den Handelsstand gerichtete Bekanntmachung lautete folgendermaßen:

Benachrichtigung an den Handelsstand.

Wir sind beauftragt, den Geschäftsleuten, die im Zollamte dieser Hauptstadt Waaren liegen haben, welche von Veracruz mit Begleitpapieren befördert sind, die den Reichsgesetzen nicht entsprechen, zu erklären, daß die Repräsentanten Frankreichs keine Autorität haben, in diesem Zollamte Beamte anzustellen behufs der Herausgabe dieser Waaren: denn selbst unter Annahme strengster Ausführung der Convention vom 30. Juli würde sich die Thätigkeit der genannten Repräsentanten auf die Hafenverwaltungen zu beschränken haben, ohne sich jemals auf Zollämter des Innern erstrecken zu können; anderseits würden die Eigenthümer, wenn die gedachten Waaren herausgenommen würden, ohne vorhergegangene Regulirung mit der ganzen Verwaltung der mexicanischen Einkünfte, sich dem zu unterziehen haben, was nach den bestehenden fiscalischen Gesetzen darauf zu folgen hätte.

Man wird nicht überrascht sein, wenn wir sagen, daß im Lager der französischen Behörden nicht überall Harmonie herrschte, und wenn wir den berechneten oder unfreiwilligen Ausplaudereien Glauben schenken wollen, welche sich an die geheimen Conferenzen des Hauptquartiers von Buena-Vista knüpften, so kann man über die Uneinigkeit nicht im Zweifel sein, welche über gewisse Punkte zwischen unseren Repräsentanten ausbrach und deren Wiederhall selbst in Washington vernehmlich war. Man wußte in dieser durch Romero, den Gesandten des Juarez, immer so wohl unterrichteten Stadt der Union, nur zu gut, daß der verlängerte Aufenthalt Maximilian's den kaiserlichen Adjutanten sowohl, wie Herrn Dano aufreize! Man sprach selbst von energischen, durch die Umstände gebotenen Maßregeln. Damals erfuhr der Marschall, wie schwierig und peinlich die Aufgabe sei, welche er zu gutem Ende zu führen eingewilligt hatte. Er hat mehr als einmal — wir fordern ihn auf, uns Lügen zu strafen — es bitter bereuen müssen, nicht auf seiner Rückberufung aus Mexico bestanden zu haben. Mit welchem Auge mußte er die täglich wachsende Auseinanderreißung einer Monarchie betrachten, die er sich erinnerte, in der Wiege übernommen zu haben, und die er sich seit drei Jahren bemüht hatte, leben zu machen?

Alles betrachtet, so konnte man Maximilian, welcher erklärt hatte, er wolle nicht in den Gepäckwagen unserer Armee nach Europa zurückkehren, in Wahrheit nicht zwingen, einen Entschluß zu fassen, welchen das französische Cabinet selber in einer Stunde der Offenherzigkeit zu brandmarken, versucht gewesen war. „Es ist für Maximilian nicht leicht", schrieb man unter dem Datum des 31. December 1866, „einen Rückzug zu machen, der nicht ein Makel für sein politisches Leben sei; und es wäre für Alle wünschenswerth, daß dem anders wäre. Aber wird er Energie genug besitzen, um den Feldzug zu beginnen?" Maximilian hatte, auf eigene Gefahr, sich seines vollen persönlichen Rechtes bedient, indem er sich dem Schlachtgetümmel

aussetzte. Er vergaß aber, daß sein Ehrgeiz ein strafbarer
war, weil er den Bürgerkrieg fortsetzte. Als er die von
Herrn Eloin ihm eröffnete Bahn betrat, hätte er schon am
Horizont ein Schlachtfeld ahnen müssen, auf dem er den
verdienten Tod finden konnte, welchen das Schicksal für die
den Waffen unterliegenden Eroberern aufbewahrt.

Immerhin widerstrebte es dem Marschall, mit eigenen
Händen den Sturz Maximilian's durch Unterhandlungen
mit den Chefs der Liberalen zu beschleunigen, Unterhand=
lungen, die zwecklos waren, weil das Expeditionscorps im
Begriff war sich zurückzuziehen, während es einen Fürsten
hinter sich zurückließ, der nicht abdanken wollte. Es mußte
auch die militärische und politische Haltung der französischen
Repräsentanten mit allem Recht verdächtig erscheinen, weil
sie sich nach den immer unklaren, wenig bestimmten, jeden
Ausweg offen haltenden Instructionen der Tuilerien zu
richten hatten. Außerhalb des Hauptquartiers hatten die
Intriguen mit den Dissidenten ihren Fortgang. Was den
Marschall betrifft, so ließ er, seiner Stellung und dem Buch=
staben seiner Instructionen getreu, die Chefs der Liberalen
wissen, daß, wenn es ihm auch von seiner Regierung unter=
sagt sei, neue Expeditionen zu unternehmen, er doch Befehl
geben würde, sie zu beschießen, falls sie sich den von unseren
Truppen besetzten Plätzen auf geringere Entfernung als
zwei Tagemärsche nähern würden. Diese Sprache wurde
gegen Porfirio Diaz, gegen Ruiz und gegen Riva Palacios
geführt.

Nach reiflicher Prüfung aller entgegenstehenden Beweise
behalten wir die Ueberzeugung, daß die französische Regie=
rung mit Unrecht erwartet hatte, in dem General ein ge=
fügiges Werkzeug ihrer Politik zu finden, willig, leise ange=
deutete Wünsche zu verstehen und deren Erfolg selber

sicher zu stellen. Auf dieser zweideutigen, von der modernen Diplomatie autorisirten Bahn lief die militärische Ehre Gefahr, auf Abwege zu gerathen. Die Sachlage war ganz unzweifelhaft eine falsche: den Marschall schützte aber gerade seine soldatische Ehrlichkeit, indem er sich allezeit durch schriftliche Instructionen deckte: und wenn wir uns davon noch genauer überzeugen wollen, so wird es hinreichen, die auf dem Wege über Amerika in Mexico eingetroffene und an den General Castelnau gerichtete Depesche Napoleon's III. zu prüfen. Der Kaiser verkehrte, seit der Ankunft seines Adjutanten in Mexico, nicht mehr direct mit dem Marschall.

Paris, den 10. Januar 1867.

Der Kaiser an General Castelnau.

Die Depesche vom 7. December erhalten. Zwingen Sie nicht den Kaiser abzudanken; aber verzögern Sie nicht den Abzug der Truppen. Führen Sie Alle, die nicht bleiben wollen, nach Hause zurück.

Welches Ereigniß hatte diese so unzweideutige Depesche veranlassen können? Sicherlich doch die Weigerung des Höchstcommandirenden, sich an Gewaltmaßregeln gegen den Fürsten zu betheiligen, welchen er in Gemäßheit seiner officiellen Sendung immer noch zu vertheidigen verpflichtet war. Der General Castelnau war allerdings mit Vollmacht versehen: aber diese Depesche scheint zu beweisen, daß er keine schriftlichen, für die französische Politik allzu compromittirenden Instructionen mitgebracht hatte. Man hatte sich auf die Gefälligkeit des Marschalls in einem gegebenen Augenblick verlassen müssen. Sobald aber Maximilian's Weigerung, abzudanken, den General Castelnau genöthigt hatte, eine zu Paris stillschweigend in Aussicht genommene feindliche Stellung einzunehmen, hatte dieſer, da er nur im Beſitze lediglich mündlicher Inſtructionen war, auf den Widerſtand des Hauptquartiers ſtoßen müſſen, welches entſchloſſen war, den wirklichen ihm gewordenen Auftrag ſich nicht ohne förmliche Befehle ſeiner Regierung verändern zu laſſen. Folge dieſes Conflicts mußte offenbar ſein, ſich um beſtimmte Befehle an das Cabinet der Tuilerien zu wenden. Daher die kaiſerliche Depeſche vom 10. Januar: Die franzöſiſche Regierung war im letzten Augenblick zurückgewichen. Wenn der Marſchall Hofmann genug war, um ſich von Paris aus auf dem Laufenden erhalten zu laſſen über die wirkliche Politik, welcher ſich ſeit Langem ſchon das Tuilerien-Cabinet in Betreff Mexicos hingegeben hatte, ſo würde er ſchon viel früher über das Verhalten aufgeklärt worden ſein, welches die Ereigniſſe ihm aufzwingen ſollten, und er hätte ſich zeitig zurückgezogen. Auf zweitauſend Meilen Entfernung konnte er unmöglich errathen, welcher Wind in den höchſten Regionen eines ſo beweglichen Hofes, wie der Hof von Frankreich, eben wehe; es war alſo ſein Intereſſe, ſich allezeit orientirt zu halten, gleich dem Steuermann, der den Horizont befragt, um ſich nicht überraſchen zu laſſen.

XXIII.

Seit ſeiner Rückkehr nach Mexico begann Maximilian der unentwirrbaren Schwierigkeiten inne zu werden, in welche er ſich, vom Pater Fiſcher getrieben, geſtürzt hatte. Mit jedem Tage ſchwand die Hoffnung, ſie zu überwinden. Die unerwartete Zurückberufung der Fremdenlegion hatte die Hülfscontingente und die mexicaniſche Armee desorganiſirt, in deren Reihen die französischen Freiwilligen nach dem Abzug der Europäer zu bleiben sich weigerten. Der Kaiser von Mexico, dem man einen Mangel an Edelmuth nicht vorwerfen kann, hatte sich endgültig entschlossen, seine Landsleute nicht ferner den Wechseln seines Schicksals auszusetzen und hatte sie von ihren Verpflichtungen entbunden. Diese That ehrt das Andenken des Fürsten. Der Marschall hatte diese freiwillige Bewegung der Krone erwartet, um deren Entscheidung bezüglich unserer Landsleute zu erfragen. Maximilian antwortete diesmal persönlich, daß er ihnen gleichfalls ihre Freiheit wiedergebe: es war sein letzter Brief an das Hauptquartier.

Hacienda la Teja, 7. Januar 1867.

Mein lieber Marschall,

Ich habe den Brief erhalten, worin Sie mich fragen, ob ich mich nicht widersetze, daß die Militärs französischer Geburt, welche gegenwärtig in unserer Armee dienen in ihr Vaterland zurückkehren könnten (diejenigen wenigstens, welche es wünschen) nach den von Ihrer Regierung eingelaufenen Instructionen. Ich beeile mich Sie wissen zu lassen, daß unser Kriegsminister Befehl erhalten hat, den Militärs französischer Geburt, welche in Mexico Dienst genommen haben, die gleichen Vortheile wie den Oesterreichern und Belgiern zu bewilligen.

Empfangen Sie die Versicherung der vollen Freundschaft Ihres wohlgewogenen

Maximilian.

Maximilian über die öffentliche Meinung in Frankreich getäuscht und beständig an die früheren in Paris erhaltenen Zusagen zurückdenkend, hatte lange die heimliche Hoffnung bewahrt, der Hof der Tuilerien werde im letzten Augenblick von seiner Härte nachlassen. Selbst ein Privatbrief der

Kaiserin Eugenie, für deren Character er stets eine freund=
schaftliche Bewunderung hegte, hatte nicht wenig dazu bei=
getragen, diese Täuschungen im Geiste des jungen Kaisers
zu unterhalten. Er gefiel sich zu sagen, daß diese Botschaft
welche ein lindernder Balsam auf die zu Saint=Cloud ge=
schlagene Wunde sein sollte, ihn sehr gestärkt habe.
Aber die letzte Depesche aus Compiégne hatte eine äußerste
Enttäuschung gebracht. Zu allen diesen Entmuthigungsur=
sachen kam noch die innere Frage hinzu.

Der Clerus hielt seine Hülfsversprechungen nur schlecht;
Miramon bereitete sich allerdings zu dem Feldzuge im Nor=
den vor; aber die Lücken, welche der Abfall in den Reihen
der mexicanischen Armee gemacht, füllten sich eben so wenig
wie die Ebbe des Schatzes. Das Gespenst des Bankerotts
war beständig drohend in der Nähe. Jeden Tag gewannen
die Rebellen Boden. Nach der Maßgabe, wie die Haupt=
städte der Staaten von dem Expeditionscorps geräumt
wurden, ward die Abtretung jedes Platzes so regelmäßig
wie in Europa durch die Bemühungen unserer Artillerie
und unseres Geniecorps zu Händen der kaiserlichen Generale
bewirkt. Die regelmäßige Uebergabe gehörig unterzeichneter
Protocolle bezeugt, daß keine mexicanische Stadt von den
Franzosen den Dissidenten überliefert worden ist und die
Truppen Maximilian's im Besitz aller festen, in vortreff=
lichen Vertheidigungszustand gesetzten Plätze geblieben sind.
Es ist allerdings richtig, daß einige Tage später, oft sogar
schon am folgenden Tage, die kaiserlichen Commissare in
der Regel schriftlich das Aufgeben derselben befahlen, ohne
eine Patrone zu verschießen.

Das von Herr Eloin aufgestellte Programm hatte also
zur unmittelbaren Folge gehabt, Maximilian in eine neue
Sackgasse zu führen, aus welcher herauszukommen ihm schon

seine Würde schwieriger machte. Wie hatte der Monarch auch nur einen Augenblick sich schmeicheln können, einen Congreß zu versammeln? War nicht der immer wachsende Aufstand eine unüberschreitbare Schranke für die Notabeln der entfernten Provinzen, welche etwa gewillt gewesen wären, sich durch die von dem Feinde abgeschnittenen Wege nach Mexico hinzuwagen, um dort Raths zu pflegen? Bezeugte nicht diese ungeheure Schilderhebung, daß diese Berufung auf das Volk im Voraus zur Unfruchtbarkeit verurtheilt war? Denn die Bürger, welche theils aus Ueberzeugung, theils aus politischer Nothwendigkeit den republicanischen Fahnen zuströmten, gaben damit deutlich ihre Stimmen ab. Das Loos der Monarchie war also in letzter Instanz entschieden. Aber hatten denn nun die Mexicaner die Waffen ergriffen, um zum Präsidenten der Republik einen österreichischen Erzherzog zu wählen, um denselben den Vorzug vor einem liberalen Sohne der Nation zu geben? Diese Congreßidee war ein unglückseliges Wahngebild, welches Maximilian getäuscht, wie er war durch die Leidenschaften seiner Parteigänger, hartnäckig verfolgte. Dies Trugbild hat den Fürsten in die Todten-Capelle von Queretaro geführt.

Die Wirklichkeit machte sich indessen doch zu energisch geltend, um andauernd den Augen Maximilian's verborgen zu bleiben. Unter dem Einfluß dieser düsteren Gedanken ließ er den Marschall nach der Hacienda la Teja entbieten. Dort hatte er mit demselben eine lange, ganz freundschaftliche Unterredung: man sprach zuerst von der Gesundheit der Kaiserin Charlotte, dann von dem Feldzug Miramon's und endlich von dem Besuche Castelnau's und Dano's bei Puebla, von dem der Kaiser eine lebhafte Erinnerung bewahrt hatte. Ueber die Lage und über die Aussichten der

Monarchie befragt, äußerte der Marschall, daß nach der Rückberufung der Fremdenlegion, wodurch Maximilian jede Hoffnung auf einen Rückzug für den Fall eines Misgeschicks entrissen werde, es nach der Rückkehr unserer Truppen nur noch Gefahren zu bestehen geben werde, ohne Ruhm zu erwerben. „Von dem Augenblick an, fügte er hinzu, wo die Vereinigten Staaten dem kaiserlichen System offen ihr Veto entgegensetzten, bestand der Thron nur mehr scheinbar, hätten Ew. Majestät auch die Hülfe von 100,000 Franzosen erhalten. Und selbst unter Voraussetzung der americanischen Neutralität für die Dauer des Aufenthaltes der Intervention wäre die Monarchie nicht lebensfähig gewesen. Eine föderale Gestaltung wäre das einzige im Angesicht der Union zu versuchende System gewesen und diese hätte demselben sicherlich zugestimmt, wäre der Süden rechtzeitig von Frankreich anerkannt worden. Mein Rath ist, daß Ew. Majestät sich aus freiem Entschluß zurückziehe." Im Augenblick des Abschieds erwiederte Maximilian dem Marschall: „Ich hege zu Ihnen das größte Vertrauen und bitte Sie einer Junta beizuwohnen, welche ich auf Montag den 14. Januar in das Schloß von Mexico berufen will; ich werde anwesend sein, wiederholen Sie dort Ihre Ansichten. Wenn die Majorität Ihnen zustimmt, so werde ich abreisen; wenn sie verlangen, daß ich bleibe, so wird darüber weiter kein Wort zu verlieren sein; ich werde bleiben, weil ich nicht einem Soldaten gleichen will, der sein Gewehr wegwirft, um rascher vom Schlachtfelde entfliehen zu können."

Diese männliche Sprache war in der That des Habsburgischen Stammes würdig. Am anderen Tage empfing der Marschall eine von dem Conseilspräsidenten an ihn gerichtete Einladung.

Mexico, 11. Januar 1867.

Marschall!

Se. Majestät der Kaiser, welcher wünscht in vertraulicher und freundschaftlicher Weise die Meinung Ew. Excellenz und einiger anderer Personen über eine Angelegenheit von hoher Wichtigkeit zu vernehmen, befiehlt mir mich an Ew. Excellenz zu wenden, wie ich hiermit thue, um Sie zu ersuchen, der Versammlung beizuwohnen, welche nächsten Montag, 14. d. M. um 2 Uhr Nachmittags im Regierungspalast stattfinden wird.

Der Präsident des Ministerrathes
Larès.

Maximilian verstand nicht seinen Entschlüssen bis zum Ende getreu zu bleiben. Als der Marschall sich zur Stunde der Versammlung im Palast zu Mexico einfand, wurde er von einer Versammlung von 40 Personen empfangen. Man sagte ihm aber der Kaiser habe darauf verzichtet der Versammlung beizuwohnen. Ohne allen Zweifel hatten seine Räthe, erschreckt von der Entscheidung, welche die öffentliche schon vorausgeahnte Erklärung des Höchstcommandirenden von Seiten der Krone herbeiführen konnte, sich der Gegenwart des Monarchen bei der Junta widersetzt. Der Marschall erstaunt, war auf dem Punkte sich seinerseits ebenfalls zurückzuziehen; er überlegte aber, daß es passender sei, seine eigene Ansicht über die Sachlage laut auszusprechen, namentlich zu einer Zeit, wo die französische Fahne im Begriff stand Mexico zu verlassen.

Erklärung des Marschalls Bazaine an die Junta.

Mexico, 14. Januar 1867.

Die Räumung der bedeutendsten, hinreichend ausgerüsteten festen Plätze seitens der kaiserlich mexicanischen Besatzungen, ohne einen Schuß zu thun und in Folge von Demonstrationen eines an Zahl diesen Garnisonen nachstehenden Feindes hatte erkennen lassen, wie wenig Zutrauen der militärische Schutz einflößt, welchen das Kaiserreich den Einwohnern gewähren kann. Diese letztern haben sich gegenwärtig darüber ausgesprochen. Jeder Staat hat seine Stelle im Bunde wieder eingenommen. Die auf Grundlage der Constitution von 57 abgehaltenen Wahlen haben den größeren Theil der seit Abzug der kaiserlichen Beamten thatsächlich eingerichteten föderalen Behörden verstärkt. Auf dem bei Weitem größten Theile des Gebietes ist auch das föderale System wieder hergestellt worden.

Was wird man mit militärischen Anstrengungen und großen Geldopfern für die Wiedereroberung des verlorenen Bodens ausrichten? Nichts!

Auf Grund der Erfahrung der beiden letzten Jahre haben die Bevölkerungen sehr wenig Neigung zur Unterstützung des Kaiserreiches, und würde sich dieses allein erhalten können durch die in das Innere dirigirten Colonnen? Es würden diese, allmälig jenem Einflusse nachgebend, sich dagegen aussprechen, andererseits aber durch die in bedeutenden Centralpunkten doch unbedingt zurückzulassenden Besatzungen sich schwächen; der Feind würde, wie wir das gegenwärtig schon sehen, sie necken, sie blokirt halten und ihnen jede Verbindung mit der Centralregierung abschneiden. Als unmittelbare Folge würde der gleich der Landwirthschaft und der Industrie völlig gelähmte Handel unter den Bevölkerungen ein tiefes Mißvergnügen und einen absoluten Mangel an Hülfsmitteln erzeugen, um die Truppen in Gehorsam erhalten zu können.

Eine föderale Organisation scheint das Land vor jeder feindlichen Unternehmung seitens der Vereinigten Staaten sicher zu stellen und diese letzte Betrachtung scheint auf den Geist der Bevölkerungen einen bedeutenden Einfluß zu üben, welche mit Recht besorgen, daß die Einrichtung irgend einer anderen Regierungsform die nördlichen Nachbarn antreiben werde als Eroberer aufzutreten.

1) Vom militärischen Gesichtspunkt glaube ich nicht, daß die kaiserlichen Streitkräfte das Land in einem solchen Zustand der Ruhe zu erhalten vermöchten, daß die Regierung des Kaisers ihre Herrschaft völlig ausüben könne. Die militärischen Operationen werden aus vereinzelten, für das Ganze resultatlosen Gefechten bestehen; diese werden den Bürgerkrieg durch die bei solchen Operationen unvermeidlichen Willkürmaßregeln unterhalten und die Entsittlichung und der Ruin des Landes würden die unausbleibliche Folge davon sein.

2) Vom finanziellen Standpunkte aus wird das Land, da es nicht mehr regelmäßig verwaltet werden kann, auch nicht mehr die zur Erhaltung einer einheitlichen kaiserlichen Regierung nöthigen Mittel liefern und die Agenten derselben werden genöthigt werden, starke Abgaben aufzulegen und damit abermals die Unzufriedenheit der Bevölkerungen steigern.

3) Vom politischen Gesichtspunkte aus scheint die Mehrheit der Nation schon heute weit mehr republicanisch-föderalistisch als kaiserlich gesinnt zu sein; es ist zu zweifeln erlaubt, daß eine Berufung an die Nation dem gegenwärtigen System günstig sein werde, und möglicherweise wird selbst die Nation diesem Aufruf gar keine Folge leisten.

Im Ganzen scheint es mir unmöglich, daß Se. Majestät fortfahren könne, unter regelmäßigen und für seine Souveränität ehrenvollen Bedingungen das Land zu regieren, ohne zum Range eines Parteigängers herabzusinken, und es ist für seinen Ruhm und seine Unverletzlichkeit besser, daß Se. Majestät seine Gewalt der Nation zurückgebe.

Diese legale Erklärung mußte an die Stufen des Thrones gebracht werden. Der Marschall schickte unmittelbar eine Abschrift an den Kaiser.

Sire,

Durch Vermittelung Ihres Herrn Conseilpräsidenten hat Ew. Majestät mich aufgefordert, in freimüthiger und freundschaftlicher Weise meine Ansicht über die Lage auseinanderzusetzen.

Ich habe die Ehre, Ew. Majestät die in der heutigen Versammlung vorgelesene Darlegung zu übergeben, welche den getreuen Ausdruck meiner Anschauungsweise enthält.

Mit dem tiefsten Respect, Sire, 2c.

Bazaine.

Nach Anhörung des Höchstcommandirenden schritt die Junta zur Abstimmung. Es wurde mit naher Einstimmigkeit, ausgenommen vier Stimmen, entschieden, daß die Monarchie kämpfen solle: der Würfel war gefallen. Diese Abstimmung verschloß alle Wege zu einer republicanischen Restauration durch die Hand Frankreichs, sie vernichtete unwiderbringlich die Sicherstellung der Schuldforderungen und der Anleihen, welche man mit einem neuen Präsidenten der Republik hätte vertragsmäßig feststellen können und machte schließlich das Mißlingen der Sendung Castelnau's und der von unserer Diplomatie bei den Dissidentenchefs gemachten Versuche unwiderruflich.

Die Junta erklärte außerdem, „daß jede weitere Berufung unnütz sei, trotz dem formellen Wunsch des Kaisers, darüber an den Nationalcongreß zu berichten."

Die Minister des Kriegs und der Finanzen versicherten, der eine 250,000 Piaster in seiner Casse, der andere 11 Millionen Piaster und davon 8 (d. h. 40 Millionen Frs.) zu seiner unmittelbaren Verfügung zu haben.

Die französische Occupation neigte sich ihrem Ende zu. Nach der letzten Depesche des Kaisers Napoleon, welche vorschrieb, Maximilian alle Freiheit des Handelns zu lassen, blieb dem Höchstcommandirenden nur noch die einzige Aufgabe der Rückführung der 28,000 Mann des Expeditionscorps in das Vaterland. Auch forderte es die französische Ehre, daß alle noch von uns besetzten Plätze Maximilian in gutem Vertheidigungszustand übergeben würden und mit hinreichender Verproviantirung für die mit deren Vertheidigung beauftragten Besatzungen. Ein richtiges Gefühl von Delicatesse mußte auch unserer Regierung dictiren, ihrem unglücklichen Verbündeten alle für das Expeditionscorps von Europa geschickten und von unserer Intendantur in Mexico und in Vera-Cruz aufgespeicherten Vorräthe zu gute kommen zu lassen.

Alle diese Fragen waren zu Paris vorgesehen worden. Man muß zugestehen, daß sie in keinem für Maximilian günstigen noch freigebigen Sinne gelöst worden waren. Vom 15. September 1866 datirt, befahl man dem Commando „nach Europa nur die kleine Anzahl Pferde zurückzuführen, deren wirklicher Werth die beträchtlichen Transportkosten übersteige. Alle anderen Thiere sollten zu jedem Preise entweder zu Mexico oder in der Havana verkauft werden. Es war anempfohlen worden, die besten Thiere nach unseren Colonien Martinique und Guadeloupe zu führen und dort zu verkaufen. Sie dürfen, so fügte man in der Depesche an das Hauptquartier hinzu, Ihr Artilleriematerial nicht in Mexico lassen."

Die Ordre war in Betreff der Geschütze richtig und nothwendig; denn die mit dem französischen Wappen bezeichneten Kanonen sind wirkliche Feldzeichen, die man nur theuer verkauft überläßt. Was aber die Pferde betrifft, welche in ihren Reihen alte Dienstpferde aus der Krim, aus Algerien oder Italien, die von diesem letzten Feldzug ermüdet oder vom Alter erschöpft waren, neben vortrefflichen Thieren aus dem Lande zählten, so wäre es schicklich gewesen, sie dem Kaiser zum Geschenk zu machen. Denn anders hieß das zu gewärtigen, daß sie die Schwadronen der Liberalen füllen und denselben sofort eine wirkliche

Ueberlegenheit verleihen würden, die uns bei jedem Zusammentreffen zu Gute gekommen war, wo wir den Feind so oft durch Schnelligkeit geschlagen hatten. Man wußte zu Paris recht gut, daß der Schatz der Monarchie arm sei und das ihm gemachte Anerbieten, sie gegen baare Zahlung abzulassen, mußte als ein leeres zurückgewiesen werden.

Was mußte nun kommen? Unsere Regimenter, die gezwungen waren, mit ihren Thieren bis nach Vera-Cruz hinabzuziehen und unsere von ihren Pferden und Maulthieren bis zur Eisenbahn von la Soledad geschleppten Batterien mußten nothwendiger Weise eine Menge von Thieren in das feste Tiefland bringen, wo diese nur zu sehr geringem Preise verkauft werden konnten. Das Remontencommando veröffentlichte gedruckte Anzeigen, wonach zu Paso-del-Macho, einem an dem Anfangspunkte der Eisenbahn zwischen la Soledad und Chiquihuite gelegenen elenden Flecken, aufeinanderfolgende und öffentliche Verkäufe stattfinden sollten, sowie die Colonnen nacheinander diesen Punkt passiren würden. Aber die Mexicaner, welche die Bestimmung wohl kannten, daß diese Thiere in Mexico bleiben sollten, hatten, und ganz mit Recht, sehr wenig Lust, um vier- oder fünfhundert Piaster, wie das auf dem Hochplateau vorgekommen war, arabische Pferde zu kaufen, welche sie, wie sie wohl wußten, später halb umsonst bekommen konnten.

Die Einschiffung war begonnen worden. Manches unserer Regimenter, welches am Morgen das Tiefland betrat, erreichte am Abend schon den Hafen. Die mißliche Operation ein Armeecorps und ein bedeutendes Material auf der Rhede von Vera-Cruz einzuschiffen, wo in dieser Jahreszeit immer Stöße des Norte und Anfälle des Vomito zu besorgen waren, verlangte gebieterisch, daß die Schiffe so kurz als möglich im Hafen versammelt blieben. Von Cordova aus eilten die Truppen lediglich zum Meere. Die Hacendados wie die Guerillas, deren Tracht in keiner Weise ihr Wesen verrieth, erwarteten die Ankunft der Abtheilungen. Die einen, um ihre manadas mit arabischem Blute zu erfrischen, trieben ihre Angebote bis zu einem gewissen, das Mittel von 100 Franken nicht übersteigenden Betrage. Die Anderen zogen auf unseren vollständig gezäumten armen Waffengefährten stolz davon. Bei deren letztem Wiehern fühlten unsere alten Reiter manchmal ihre Augen naß werden. Sie hätten diese letzte, so traurige Trennung weniger bedauert, wenn sie gewußt hätten, daß diese treuen Diener unter der Fahne Maximilian's sterben würden, für den sie durch fünf Jahre gekämpft hatten. Die Politik hatte keinen Theil an diesem Abschiednehmen; einzig das Mitgefühl für den verlassenen Fürsten machte sich geltend. Lieber, als daß sie diesem jammervollen einer Flucht gleichenden Schauspiele beiwohnten, hätten unsere Soldaten unserem Schatzamt zu Maximilians Gunsten die geringfügigen Summen vergütet, welche diese klägliche von unserer Regierung befohlene Operation ihr eingebracht haben kann.

Ein gesünderer Gedanke war es gewesen, als man zu Paris an unsere armen Colonien Martinique nnd Guadeloupe gedacht hatte, dieser heute von dem Mutterlande so vernachlässigten Inseln, die trotz der schönen Tropensonne verkümmern und die, um existiren zu können, Russisch oder Englisch zu werden wünschen. Der Admiral La Roncière le Noury ließ auf unsere Besitzungen in den Antillen 400 der besten Thiere des Expeditionscorps bringen. Diese wenigstens werden ihre Invalidenzeit auf heimischem Boden finden.

Bis zum letzten Momente der Occupation schöpfte man

aus dem täglich ärmer werdenden mexicanischen Staats=
schatze; das hieß auf einem Frankreichs unwürdigen Wege
wandeln; aber Herr Dano war gezwungen, den Instruc=
tionen unseres Ministers des Aeußeren zu gehorchen, wie
sich aus den beiden hier folgenden Documenten ergeben
wird.

Mexico, 21. Januar 1867.

Herr Marschall!

Da der Widerstand, welchen die Regierung des Kaisers Ma=
ximilian der Ausführung der Convention vom 30. Juli ent=
gegensetzt, lebhafter wie je ist und neue Schwierigkeiten daraus
folgen müssen, so habe ich die Ehre Ew. Excellenz hier beige=
schlossen die neuesten Instructionen mitzutheilen, welche mir in
Bezug auf diese Angelegenheit vom kaiserlichen Ministerium des
Aeußeren ertheilt worden sind.

Der Minister von Frankreich.
Dano.

Paris, 15. December 1866.

Mein Herr!

Durch Ihren Brief vom 9. November No. 99, lassen Sie
mich wissen, daß Sie, ohne sich von den Einwänden beirren
zu lassen, welche Herr de Péreda zu erheben versucht hat, sofort
zur Ausführung der Convention bezüglich der Anweisungen vom
1. November abgeschritten sind und Sie schicken mir zu gleicher
Zeit einen Rechnungsabschluß des Zollamtes von Vera-Cruz,
welcher durch unsere Beamten bei der Uebernahme ihrer Geschäfte
ausgefertigt wurde.

Indem Sie sich auf die genauen Bestimmungen des Artikel 7
stützen, haben Sie mit vollem Recht dem mexicanischen Herrn
Unterstaatssecretär des Aeußeren geantwortet, daß die Convention
vom 30. Juli keiner neuen Formalität bedürfe, um in Kraft zu
treten. Ich kann Ihnen nur vollkommen beipflichten und Sie

ersuchen, sich ganz ebenso zu verhalten, falls unser Recht von Neuem in Frage gestellt werden sollte.

Marquis de Moustier.

Man hatte der Voraussicht ermangelt, als man unter dem Vorwand einige wenige Millionen zu Gunsten unserer Landsleute wieder zu erlangen, mehr als 600 Millionen in den mexicanischen Schlund geworfen hatte: jetzt aber ermangelte man der Großmuth, indem man Maximilian seine finanziellen Hülfsmittel entriß.

Vom militärischen Standpunkt aus blieb noch eine gewichtige Frage zu lösen. Unsere Armee konnte sich nicht zurückziehen, indem sie französische Gefangene in den Händen des Feindes zurückließ. Das Hauptquartier hatte durch die officielle Vermittelung seines Militärcabinets an mehreren Punkten des Landes mit den Chefs der Liberalen Verhandlungen anknüpfen müssen, um den Austausch unserer Landsleute gegen mexicanische Dissidenten zu bewirken und darüber abzuschließen. Der Kriegsminister, Murphy, hatte in Maximilian's eigenem Namen den Höchstcommandirenden gebeten, über die Freiheit der Kaiserlichen zu verhandeln, welche in die Gewalt der Juaristen gefallen waren. Ebenso nahm der österreichische Geschäftsträger die französische Vermittelung in Anspruch wegen Befreiung der Soldaten der austro-belgischen Legion, welche in den Gefechten von Miahuatlan, von la Carbonera und von Oajaca capitulirt hatten.

In seinem Gesuche bat der Baron von Lago selbst den Marschall, direct zu vermitteln, was er zu keiner Zeit in den Verhandlungen mit den Oberoffizieren von Juarez gethan hat.

Mexico, 29. Januar 1867.

Herr Marschall,

Da die Mitglieder des Corps der österreichischen Freiwilligen durch die Auflösung desselben aufgehört haben, mexicanische Soldaten zu sein, nehme ich mir die Freiheit, mich an die wohlwohlende Sorge Ew. Excellenz zu wenden und Sie zu bitten, mit Ihrem ganzen Einfluß und Ihren Bemühungen dahin zu wirken, daß die früheren österreichischen Freiwilligen, welche sich in den Händen der Dissidenten, namentlich derer zu Oajaca befinden, baldmöglichst in Freiheit gesetzt werden. Ich will zugleich Ew. Excellenz gebeten haben, sich bei dieser würdigen Aufgabe keinen Augenblick durch die Abmahnungen und Bemerkungen aufhalten zu lassen, welche gegen Ihre directe Intervention in der vorerwähnten Angelegenheit gemacht werden möchten.

Der österreichische Geschäftsträger
Baron von Lago.

Die Generale der Republik hatten indeß wohl begriffen, wie wir schon 1865 schrieben, daß es unklug im Interesse ihrer eigenen Sache sein würde, den Abzug der französischen Truppen durch drohende Bewegungen oder auch nur durch einen Flintenschuß zu verzögern. Von allem Anfang an hatten sie sich deshalb zur Auslieferung der Gefangenen ganz bereit gezeigt, welche letzteren sie übrigens anständig und menschlich behandelt hatten, zufolge der von Juarez ausgegangenen Bestimmungen, welche einer europäischen Armee Ehre gemacht haben würden.

Zu Bachuca erbot sich Joaquim Martinez deshalb mit uns in Verbindung zu treten. In der Gegend von Oajaca war der Privatsecretär des Porfirio Diaz, mit Namen Thiele*), bereits im November 1866 bei unseren Vorposten

---

*) Der junge Kaiser, welcher sehr mit Unrecht hoffte, den General Porfirio, einen ergebenen Freund und Landsmann des Juarez, an

zu Tehuacan erschienen. Es war dieser Mann, von Geburt Franzose, zuerst von Herrn Hirvoix, einem höheren Polizeibeamten, von Paris aus mit der Sicherheitsbrigade ausgesendet gewesen, welche für die persönliche Sicherheit der Souveräne Mexicos zu sorgen hatte; er war später in den Dienst Maximilian's aufgenommen worden und als Agent für Colonisation in die Gegend von Oajaca gekommen. Von da aus war er, um den Verfolgungen eines hohen mexicanischen Beamten zu entgehen, zum Feinde übergegangen. Er hatte seine Dienste dem Porfirio Diaz angeboten, von welchem er im November die Antwort auf eine Note des Generals Aymard überbrachte. Diese französische Note, welche die Verhandlung mit den Liberalen eröffnete, bezweckte unsere nach dem Tode des Commandanten Testard in Oajaca überfallenen Landsleute zu reclamiren. Wir zählten 70 Gefangene und darunter 17 Offiziere der Cazadores in den Händen Porfirio's, welcher uns dieselben am 22. Januar wohlbehalten in der Hacienda von Buena-Vista zurückgab. Diese delicate Verhandlung, welche mehr als zwei Monate gedauert hatte, kündigt sich an durch folgenden an den Chef des militärischen Cabinets des Hauptquartiers, welcher alle derartigen Sachen zu behandeln hatte, gerichteten Brief.

Oajaca, 12. Januar 1867.

Oberst,

Herr Thiele hat mir den an mich gerichteten Brief übergeben. Ich billige die zur Auswechselung der Gefangenen ge-

---

seinen Thron zu fesseln, hatte durch Vermittlung des Hauptquartiers den Secretär Thiele heimlich nach Mexico berufen lassen und ihn mit einer vertraulichen Sendung an den feindlichen Führer betraut, die jedoch scheiterte.

schlossene Uebereinkunft und setzen sich dieselben am heutigen Tage noch in Marsch nach der Stadt Tehuacan.

Der Oberst Milicua, Chef meines Generalstabs, und mein Secretär Thiele sind bestimmt, die Auswechselung officiell zu reguliren und zu Ende zu bringen. Sie haben Vollmacht, um alle störenden Zwischenfälle zu beseitigen, welche bis zum Schluß der Verhandlungen vorkommen könnten.

Was die zu Baranca Seca zu Gefangenen gemachten französischen Soldaten betrifft, so werden sie zu Ihrer Verfügung gestellt werden. Ich weiß nicht, wo sie sich befinden und kann versprechen, sie auf einen bestimmten Tag auszuliefern; ich kann Ihnen aber die Versicherung geben, daß alle Maßregeln getroffen sind, um rasch damit zu Ende zu kommen. Die in Ihren Händen befindlichen mexicanischen Gefangenen werden zu Tlacotalpan zur Verfügung des Generals Rafael Benavidez zu stellen sein, welcher auf dieser Linie den militärischen Oberbefehl führt.

Empfangen Sie &c.

Porfirio Diaz.

In Michoacan trieb Vincente Riva Palacios die Rücksichten so weit, daß er im ganzen Bereiche seines Commandos die zahlreichen kleinen Abtheilungen französischer Verwundeter und Kranker ganz unbehelligt ließ, welche vom Stillen Ocean sich nach Mexico zogen, und er wachte darüber, daß sie von den undisciplinirten Guerillas nicht beunruhigt würden.

Republicanische Armee des Centrums.

An den Obersten und Cabinetschef.

Ich habe Ihren Brief vom 14. Januar erhalten nebst den Dienstbriefen, welche ich sofort an die Adressen der französischen Officiere weiter befördert habe. Sie können in meinem Namen dem Marschall versichern, daß seine Landsleute, welche die Wege von Morelia nach Mexico passiren, was ihre Personen und ihr

Eigenthum betrifft, auf der ganzen unter meinem Befehle stehenden Linie durchaus respectirt werden sollen und daß Ordres gegeben sind, um jede Unannehmlichkeit zu vermeiden.

Vaterland, Hauptquartier von Tenancingo, 19. Januar 1867.

Vincente Riva Palacios.

Die Haltung dieser Führer der Liberalen war eine glänzende und letzte der menschlichen Führung des französischen Commandos erwiesene Ehrenbezeigung, welches während dieses entsetzlichen Feldzugs alle Zeit zwischen Soldaten und Banditen zu unterscheiden gewußt hatte. Ungeachtet des, wie sie übrigens mußten, bei uns wenig beliebten Kriegs hatten sie doch Zutrauen zur französischen Fahne und hatten kein Bedenken getragen ihren Schutz gegen die Excesse ihrer eigenen Landsleute selbst zuerst in Anspruch zu nehmen.

Republicanische Armee des Centrums.

El Salitre, 4. November 1866.

Marschall,

Im Begriff, mit meinen Streitkräften auf die Stadt Toluca zu marschiren, in der Ueberzeugung, daß der Platz mir kaum widerstehen könnte und in dem Wunsche, der Stadt die traurigen Folgen eines Sturmes zu ersparen, habe ich den Obersten Jesus Lalann als Parlamentär abgesendet, um eine Besprechung mit den mexicanischen Commandanten des Platzes zu erlangen und ihnen ehrenvolle Bedingungen vorzuschlagen.

Mein Abgesandter ist auf dem Wege zum Gefangenen gemacht und nach Mexico gebracht worden; es ist das eine Verletzung der Kriegsgebräuche, welche ohne Zweifel nur in dem übergroßen Eifer derer ihren Grund hat, welche sie begangen haben.

Da ich Ihre Gesinnungen immer nur als die eines Ehrenmannes kennen gelernt habe, so zähle ich auf Sie, um dem Uebel abzuhelfen.

Vincente Riva Palacios.

Dieser Beschwerde wurde, ebensowohl wie der nach=
stehenden, abgeholfen.

Apam, 27. Januar 1867.

An das französische Hauptquartier.

Der junge Antonio Mendez ist in der Hauptstadt in will=
kürlicher Weise verhaftet worden. Er dient unter meinem Be=
fehl. Da sein Vater gestorben ist, so habe ich ihm Urlaub wegen
seiner Angelegenheiten ertheilt. Er gehörte also nicht zu den
republicanischen Truppen und seine Gefangennahme ist ebenso
ungerecht wie unwürdig.

Sie werden nicht zugeben, daß man unter französischem Na=
men solchen Mißbrauch des Rechtes begehe. Ich habe Mendez
gestattet nach Mexico zu gehen, weil er dorthin unter dem
Schirm der Fahne Frankreichs ging. Hätte ich gewußt, daß er
nur der clericalen Partei begegnen werde, so würde ich ihm nie
erlaubt haben, sich zu entfernen.

Ich hoffe, Sie werden so gefällig sein, den Mendez in Frei=
heit setzen zu lassen.

Empfangen Sie 2c.

Florentino Mercado.

Die Dissidenten, deren Vertheidigung in Frankreich
übernommen zu haben, wir uns zur Ehre anrechnen, ver=
wechselten durchaus nicht unsere Armee mit unserer Politik
und der Brief des Generalstabschefs des Porfirio Diaz be=
weist, daß man im Lager der Liberalen auch den Muth der
Gegner zu ehren wußte.

Republicanische Armee: General en chef.
An den Generalstabschef des französischen Expedi=
tionscorps.

Ich beehre mich Ihnen durch Herrn Ch. Thiele den Säbel
des im Gefecht von Miahuatlan gefallenen Commandanten Testard
zuzuschicken.

Es wäre mir sehr lieb, Herr Oberst, wenn diese Waffe der Familie übergeben würde; es wird für dieselbe ein Beweis der Achtung sein, welche wir, obgleich Feinde, für Herrn Testard hegten, dessen Muth und Aufopferung wir auf dem für ihn so verderblich gewordenen Schlachtfeld bewundert haben.

Dajaca, 29. December 1866.

Der Stabschef des commandirenden Oberbefehls=
habers der Legion des Ostens.

Espinosa.

Für die Oesterreicher schlug die Stunde den mit ihrem Blute getränkten mexicanischen Boden zu verlassen. Sie glaubten, vor ihrer Entfernung noch ein Lebewohl an die Waffengefährten richten zu sollen, welche ihre heldenmüthige Gegenwehr in den Ebenen der Lombardei nicht hatten ver=
gessen können. Auch hatten sie die Ehre, den Thron eines aus ihrem Vaterland entsprossenen Fürsten zu vertheidigen, theuer bezahlt.

Orizaba, 27. Januar 1867.

Herr Marschall von Frankreich,

Im Augenblick, wo wir bald den mexicanischen Boden ver=
lassen werden, habe ich die Ehre, Ihnen unsere vollste Dankbar=
keit auszudrücken für den wohlwollenden Schutz Ew. Excellenz, ohne welchen das Loos des österreichischen Corps ein sehr trau=
riges geworden sein würde.

Es wird für uns immer eine glorreiche Erinnerung sein, unter dem Befehl Ew. Excellenz und an der Seite des fran=
zösischen Expeditionscorps gefochten zu haben.

Gott wolle, daß eine Zeit komme, wo es uns vergönnt sein wird, Beweise unserer Ergebenheit für Ew. Excellenz und unse=
rer Erkenntlichkeit gegen Frankreich abzulegen, welches uns in Mexico beschützt und mit Wohlthaten überhäuft hat.

Ich bitte Ew. Excellenz ꝛc.

Für das östereichische Corps: Der Obristleutnant Polak.

XXIV.

Gegen Ende des Monats Januar 1867 dehnte sich die die französische, in vollem Rückzug begriffene Armee gleich einem stählernen Bande auf der staubigen Straße von Mexico nach Vera-Cruz aus.

Das österreichisch-belgische Corps stieg zur See hinab, von unsern Truppen flankirt um, in Erfüllung des Maximilian gegebenen Versprechens, zuerst eingeschifft zu werden. In wenigen Tagen sollte nur noch die Nachhut in Mexico sein. So war denn auch in die Umgebungen der Hauptstadt die Insurrection gleich einer steigenden Fluth eingedrungen. Die Zeit des Fechtens war für unsere Soldaten vorbei. Die Rebellen trugen Sorge sich in weiter Entfernung und außer dem Gesichtskreis unserer Vorposten zu halten, welche übrigens natürlich bereit waren jeden Angriff kräftig zurückzuweisen. Konnte man von den Juaristen mehr verlangen? Sollte man wieder zu Felde ziehen, um ihnen die Städte zu entreißen, welche die Kaiserlichen ihnen ohne Widerstand überließen? Es wäre ein Beweis von Verrücktheit gewesen. Denn es würde ein solches Verfahren, außerdem daß es gefährlich ohne nützlichen Zweck gewesen wäre, auch die Räumung verzögert und gegen die Bewohner dieser Centralpunkte und später gegen unsere Landsleute Repressalien hervorgerufen haben; es wäre auch geradezu verbrecherisch gewesen, deren schon üble Lage noch schlimmer zu machen. Auch widersetzten sich dem ganz förmliche Befehle des französischen Cabinets und das mit allem Recht. Unzufrieden mit der passiven Haltung unserer Truppen schrieb der Conseilspräsident einen unsere Redlichkeit ver=

dächtigenden Brief, welcher eine Beschwerde an Maximilian
selbst und einen Bruch mit dem Ministerium zur Folge hatte.

Mexico, 28. Januar 1867.

Sire,

Ich habe die Ehre, Ew. Majestät in Abschrift den Auszug eines von dem Herrn Conseils-Präsidenten mir übersandten Briefes vorzulegen.

Der Minister schreibt darin, „der Marschall und General Castelnau haben durch Mittheilung vom 7. November vorigen Jahres erklärt, daß, so lange sie in Mexico seien, die französischen Truppen wie bisher die Behörden und die Bevölkerungen, mit einem Worte: die Ordnung, in den von ihnen besetzten Landstrichen schützen würden, ohne doch entferntere Expeditionen weiter zu unternehmen.

Ganz neuerlich hat ein solcher Angriff zu Texcoco stattgefunden.

Nach dem Bericht unseres Generals der zweiten Division hat Ew. Excellenz es nicht für gut befunden, Hülfe zu leisten. Die Regierung wünschte zu wissen, welches die Haltung der französischen Truppen in der Hauptstadt sein würde, falls dort vor ihrem Abmarsch eine Belagerung von den Dissidenten stattfände, oder wenn der Feind sie auf irgend einem Punkte angriffe."

Das Unpassende dieser Sprache kann Ew. Majestät nicht entgehen, da Sie mir niemals die Beleidigung angethan haben, auch nur für einen Augenblick anzunehmen, daß die Loyalität der französischen Armee in Frage gestellt werden könne. Indem ich Sr. Majestät dem Kaiser von Mexico das von Ihren Ministern in Ihrem Namen gegen mich eingehaltene Verfahren anzeige, glaube ich einen letzten und äußersten Act des Vertrauens und der Loyalität zu erfüllen.

Ich glaube in der That dem Kaiser noch einen Dienst zu erweisen, indem ich versuche, ihn über die Tendenzen und über die verrätherischen Andeutungen einer Faction aufzuklären, die nur wenige Freunde hat und deren Führer das Uebergewicht, welches sie zu haben glauben, oder das Vertrauen, welches sie einzuflößen verstanden haben mögen, mißbrauchen, um Ew. Majestät eine Aera blutiger Wiedervergeltungen, schmerzensreicher Entwickelungen, des Verderbens der Anarchie und zahlloser Demüthigungen zu bereiten.

Ich habe die Ehre, Ew. Majestät mitzutheilen, daß ich, mehr als je wünschend, Ihre Achtung und Freundschaft, mit der Sie mich beehrten, mir zu bewahren, den Herrn Conseils-Präsidenten habe wissen lassen, daß in Anbetracht der in seinem vorhin angeführten Briefe gebrauchten Ausdrücke ich in Zukunft keinerlei directe Verbindung mehr mit der Verwaltungsbehörde haben wolle, deren Präsident er ist.

Ich füge hinzu, Sire, daß die Waffencommandanten des General Marquez in täglicher Berührung mit den französischen Commandanten des Genies und der Artillerie stehen, so daß sie sich über den Zustand der Befestigungen, der Vertheidigungswerke, der Ausrüstung an Material, Waffen und Munitionsvorräthe des Platzes allezeit genau unterrichten können.

Da Ew. Majestät gewünscht hat, im Voraus von der Zeit meiner Abreise aus Mexico unterrichtet zu werden, so habe ich die Ehre, Sie zu benachrichtigen, daß meine Abreise, zu gleicher Zeit mit dem Abzug der letzten Abtheilungen des Expeditionscorps, in der ersten Hälfte des Monats Februar stattfinden wird.

Ich werde, Sire, bis zum letzten Augenblick bereit sein, jedem Rufe Folge zu leisten, den Ew. Majestät an mich richten möchte, und mich immer bemühn, dahin zu wirken, Ihren Wünschen genügen zu können.

Bazaine.

Diese Depesche war die letzte officielle vom Hauptquartier an die Krone gerichtete Mittheilung.

Bereits am Tage zuvor hatte der Marschall an den Conseils-Präsidenten geschrieben:

An Herrn Paris, Präsidenten des Ministerrathes.

Mexico, 27. Januar 1867.

Ihren Brief vom 25. dieses habe ich erhalten; ich könnte mich auf eine einfache Empfangsanzeige beschränken, weil ich nicht gestatte, daß Sie mich nach Ihrer Willkür zu sich berufen, und dann, weil dieser Brief über Fragen handelt, welche längst, sowohl schriftlich als in früheren Besprechungen, entschieden worden sind.

Ew. Excellenz wird also in meinen, theils an Sie selbst, theils an die verschiedenen Unterstaatssecretäre gerichteten Antworten die gewünschten Aufklärungen finden.

Sie scheinen die französische Armee der Trägheit anzuklagen... Hätte nicht ich vielmehr das Recht, mich über die seit mehreren Wochen jeden Tag vorkommenden Willkürmaßregeln und Gewaltthandlungen zu beklagen, für welche unsere Anwesenheit in Mexico die französischen Fahne mitverantwortlich zu machen scheint?

Aus diesen Gründen, Herr Minister, und weil die Fassung Ihres Briefes ein Gefühl des Mißtrauens durchblicken läßt, welches sich allezeit auf verleumderische Beurtheilungen stützt, die unsere Loyalität kränken, liegt es mir daran, Ihnen ausdrücklich wissen zu lassen, daß ich in Zukunft mit Ihrem Ministerium keinerlei Verbindung haben will.

Bazaine.

Der Kaiser, vom Pater Fischer übel berathen, schwieg; der Höchstcommandirende sah Se. Majestät niemals wieder. Der Bruch war vollkommen. Der kaiserliche Beichtvater war Schuld daran, indem er das Ministerium antrieb, die Würde des Obercommandos zu beleidigen, von dem er wußte, daß es der Sclave ganz bestimmter Instructionen sei. Ein letzter Vorfall machte das Maaß voll. Im Augenblick des Abzuges hatte das Hauptquartier, im Interesse von französischen Offizieren und Soldaten, die sich um

Maximilian wohl verdient gemacht hatten und Regimentern angehörten, welche beständig im Felde gestanden, trotz seiner persönlichen Beschwerden doch geglaubt den Kaiser an vor längerer Zeit bereits gemachte Vorschläge zur Ertheilung des Guadeloupekreuzes erinnern zu dürfen. Der Pater Fischer unterschlug die Depesche und schrieb an General Osmont, den früheren Minister.

Vertraulich und persönlich.

Mexico, 1. Februar 1867.

Mein lieber General,

Es ist Ihnen nicht unbekannt, daß das von dem Marschall Bazaine in diesen letzten Tagen eingehaltene Betragen zum schließlichen Resultat gehabt hat, Se. Majestät zu bestimmen sehr zu seinem Bedauern jede Verbindung mit dem Marschall aufhören zu lassen.

In Rücksicht auf dies bedauernswerthe Ereigniß habe ich geglaubt davon absehen zu sollen, Sr. Majestät die Vorschlagsliste zur Bestätigung vorzulegen, welche Sie mir gestern haben zugehen lassen; denn ich bin der Meinung, es würde dies das Mißvergnügen des Kaisers nur erhöhen.

Aber der Respect, den ich Ihnen schulde, und meine hohe Achtung vor Ihren Verdiensten lassen mich zu Ihnen mit diesem Freimuth reden.

Da ich indeß wünsche, die guten Dienste tüchtiger Militärs, welche in dieser Liste verzeichnet sind, nicht unbelohnt zu lassen, so bezeichne ich Ihnen zur Auswahl zwei Mittel, welche nach meiner Meinung ein Gelingen versprächen. Wenden Sie sich deshalb an den Kaiser, nicht im Namen des Marschalls, sondern in Ihrem eigenen. Oder aber schreiben Sie an mich privatim in dem gleichen Sinne; und in diesem Falle würde es mir zur großen Genugthuung gereichen, die völlige Billigung Sr. Majestät zu erlangen.

Der Secretär des Kaisers
Augustin Fischer.

Der Clerus spielte im Jahre 1867 bei der französischen Intervention die letzte Rolle, wie er 1861 die erste gespielt hatte.

Der Chef des Militärcabinets wurde beauftragt, dem Pater zu antworten.

Mexico, 2. Februar 1867.

Herr Abbé,

Se. Excellenz der Marschall Bazaine, welchem der General Osmont Ihren vertraulichen und persönlichen Brief vom 1. Februar mitgetheilt hat, erweist mir die Ehre, darauf zu antworten.

Ihre Unkenntniß der militärischen Gebräuche läßt Sie dem General Osmont eine doppelte Proposition machen, welche von Ihrem Wunsche zeugt, wackere Offiziere nicht einer Belohnung zu berauben, auf welche sie Werth legen.

Sie fügen hinzu, daß Sie nicht glauben, die Vorschlagslisten Sr. Majestät dem Kaiser von Mexico vorlegen zu sollen wegen des beklagenswerthen Vorfalls, der vor einigen Tagen vorgekommen ist.

In der That ist es bedauerlich, daß seit Langem fertige Vorlagen unter so wenig günstigen Umständen eingeschickt worden sind; aber, mein Herr Abbé, man kann nicht zugeben, daß Ihr persönlicher Wunsch dem General Osmont gefällig zu sein, diesen General berechtige, sich den Vorschriften der Hierarchie zu entziehen, welche in dem militärischen wie in dem geistlichen Verbande die Grundlage der Disciplin ausmachen.

Was den Vorfall betrifft, auf den Sie sich beziehen, so müssen Sie am besten wissen, wer ihn veranlaßt hat, und wenn Sie Thatsachen der Ordnung gemäß anführen wollten, so würden Sie vielleicht entdecken, daß verkannte Loyalität und beleidigte Würde von Seiten des Marschalls einen ersten Bruch unvermeidlich gemacht hatten, mit welchem einzig das Gewissen Ihrer politischen Freunde belastet bleiben wird.

Empfangen Sie ꝛc.

Der Oberst und Cabinetschef.

XXV.

Das Hauptquartier hatte um desto mehr sich Glück zu wünschen, daß es sich keinen Augenblick von dem Wortlaut seiner geschriebenen Instructionen, trotz der Bestrebungen des Generals Castelnau, entfernt hatte, als unsere Regierung ihm unter dem 15. Januar schrieb, daß seine Concentrations- und Rückzugsbewegungen beendigt sein müßten, daß man sich sammeln müsse, um zur Einschiffung zu schreiten, da die transatlantischen Dampfer in den letzten Tagen des Februar auf der Rhede von Vera-Cruz vor Anker gehen sollten.

Man dachte zu Paris nur noch an Eins, möglichst schnell dieses Land der Enttäuschungen und der Opfer zu verlassen. ..... „Sie haben Pflichten zu erfüllen, sagte man dem Marschall: die Verantwortlichkeit, was auch vorgekommen sein möge, lastet nichts desto weniger auf Ihnen; sie wird aber eine leichte sein, wenn Sie wie immer gerade auf das zu erreichende Ziel, die Zurückführung Ihrer Truppen, ohne Zeitverlust losgehen." In diesem großen Schiffbruch ging alles zu Grunde, die Regeneration der lateinischen Race, wie die Monarchie, die Interessen unserer Nationalen, welche den Vorwand zum Kriege abgegeben hatten, wie die beiden französischen Anleihen, welche dazu gedient, dieses verhängnißvolle Resultat herbeizuführen. Auf der Oberfläche hatte sich blos der einzige Anspruch Jecker's schwimmend erhalten, welcher zu 12 Millionen gelangt war.

Die ersten Tage des Februar, in welchen das Hauptquartier noch zu Mexico verweilte, wurden verwandt, um die Stadt den mexicanischen Behörden zu übergeben. Unsere

Intendantur bot dem kaiserlichen Ministerium unsere Wagen, unsere Fuhrwerke und militärischen Uniformen an. Zu arm, um alles zu bezahlen, erwarb dieses letztere nur die letztgenannten Gegenstände, um seine halbnackten Truppen zu bekleiden. Mexico, eine ehemals fast offene Stadt, war gegenwärtig von einer fortlaufenden Umwallung beschützt, die mit zahlreichen Belagerungs- und Feldgeschützen, jedes mit 300 Schuß versehen, armirt war. Der Platz zählte drei Pulvermagazine, welche eine beträchtliche Anzahl Patronen enthielten. Das Arsenal war angefüllt mit Gewehren in vollkommen gutem Zustand. In der Besorgniß, daß der Feind sich plötzlich auf die Stadt werfe, ließ der Marschall, um sie gegen jede Ueberrumpelung sicher zu stellen, vor allen auf die garitas (Thore) mündenden Wege „spanische Reiter" aufstellen. Wie es auf jedem Kriegsschauplatz, welcher abgetreten wird, die Gewohnheit ist, wurden die über eine Umwallung von anderthalb Meilen vertheilten Feldstücke in den Hof der Citadelle zusammengefahren, gezählt, nachgesehen und der kaiserlichen Artillerie überantwortet, welche die Schlüssel zu allen Magazinen erhielt, wo das Werkzeug deponirt war. Die regelmäßig geführten Protocolle wurden mit unserem Generalstab ausgetauscht. Diese Operation hatte übrigens einen doppelten Zweck. Für den Fall eines plötzlichen Angriffes der Liberalen wäre es leicht gewesen, die Geschütze von leichtem Kaliber wegzunehmen: im Waffenplatz waren sie sicher. Was die auf den Werken gelassenen Belagerungsgeschütze betrifft, so vertheidigten sich diese durch ihr eigenes Gewicht.

Durch die Instructionen unseres Kriegsministeriums war eingeschärft, daß unsere ganze Artillerie mit zurückzubringen sei.

Die Hohl- oder Vollgeschosse, deren Rücktransport nach

Frankreich zu kostspielig gewesen wäre, wurden zerschlagen; denn sie waren den Mexicanern, deren glatte achtpfünbige Geschütze nicht mit der Munition der vierpfündigen gezogenen geladen werden konnten, vollkommen nutzlos.

Was die Pulvervorräthe des Expeditionscorps betraf, so befahl der General Castelnau sie in die Sequia zu werfen. Mexico war damals in einem so guten Vertheidigungszustand und so reichlich mit Munition versehen, daß es eine lange Belagerung gegen eine seiner Besatzung weit überlegene Macht hätte aushalten können. (?) Der Tod Maximilian's ist die wahre Ursache der Capitulation dieses Platzes gewesen.

Während man unsere Geschosse zerschlug, erschienen zwei Mexicaner in gewöhnlichem bürgerlichen Anzug am Thore der noch von unseren Soldaten besetzten Citadelle: trotz dem der Schildwache gegebenen Befehl, welcher Unbekannten den Eintritt untersagte, drängten sie sich hinein. Die beiden Fremden waren der Kaiser und der General Marquez. Es war dies das erste Mal während seiner Regierung, daß Maximilian die Festung besuchte, ungeachtet der wiederholten Anerbietungen des Höchstcommandirenden.

Dieser heimliche Besuch (worüber der Marschall sich beklagte, daß er davon keine Kenntniß gehabt: denn sein Platz war an der Seite des Monarchen) war ein Act des Mistrauens.

Am Morgen des 8. Februar wurde die dreifarbige Fahne gestrichen, welche über dem Hauptquartier von Buena-Vista wehte; Mexico wurde von der französischen Occupation frei. Der Marschall, welcher aus Erfahrung wußte, wie schlecht die Mexicaner den Dienst eines Platzes versehen, verließ mit seinen Truppen die Stadt. Um ihnen Zeit zur Einrichtung zu lassen, lagerte er sich auf der Chaussee von la

Piebad in Kanonenſchußweite von der Stadt, wo er einen Tag und eine Nacht blieb, indem er ſich ſo zwiſchen die Beſatzung von Mexico und den Feind legte, der außer dem Geſichtskreis blieb. Noch hoffte der Marſchall, daß Maximilian ſich beſinnen und zu ihm ſtoßen werde. Für alle Fälle blieb er auf ſeiner Hut; denn es war wohl denkbar, daß unter dem Einfluß der Erbitterung das Miniſterium irgend eine Handlung der Feindſeligkeit begehen ließe, in der Hoffnung unſere Truppen zu nöthigen, wieder nach Mexico umzukehren. Am nächſten Morgen verſchwand am Horizont das Blitzen der franzöſiſchen Bayonette.

Die Sendung des Generals Caſtelnau war zu Ende. Der kaiſerliche Adjutant reiſte ſofort nach Vera-Cruz, um ſich auf dem am 15. Februar fälligen transatlantiſchen Dampfboot einzuſchiffen. Von Mexico reiſte er mit der Poſt bis ins heiße Tiefland. Ohne Zweifel ging er, um ſeinem Souverän über die Ereigniſſe, deren Zeuge er geweſen war und über den Zuſtand des Landes zu berichten; doch iſt es kaum begreiflich, daß er den Hof der Tuilerien in nützlicher Weiſe über die wahre Geſinnung der Bevölkerungen habe aufklären können; denn mit Ausnahme ſeiner kurzen Reiſe nach Puebla, hatte er keinen Augenblick die Hauptſtadt verlaſſen. Der General Caſtelnau iſt zu ſcharfſichtig um nicht in dem Augenblick, wo er ſich von Mexico entfernte, von der feindſeligen Stimmung aller Parteien, vorab der clericalen, welche unter der Eingebung des Miniſteriums zu einer Demonſtration gegen unſere Fahnen trieb, betroffen worden zu ſein. Die Räthe der Krone hofften auf dieſe Weiſe entweder bei ihren Landsleuten ihren Bund mit der Intervention vergeſſen zu machen, oder auch unſeren Rückmarſch aufzuhalten, welchen ſie trotz alledem mit Schmerz ſahen, denn die Herrſchaft der Reaction neigte ſich ihrem Ende zu.

Zu dieser Zeit schon trieben Lares und Marquez im Voraus der Ohnmacht des Fürsten außerhalb der Hauptstadt sicher, Maximilian an, nach Queretaro abzureisen; in der ersteren gedachten sie nach dem wahrscheinlichen Fall des Monarchen die alleinigen Herren der Lage zu werden. Wenn Mejia bis zu seiner Erschießung die bedeutendste Figur aus dieser Zeit der Geschichte Mexicos geblieben ist, wo er durch seine beständige Loyalität und seine Ergebenheit gegen die clericale Sache und gegen Maximilian geglänzt hat, so kann die unparteiische Geschichte den gleichen Ruhmesglanz eines Märtyrers nicht auf der Stirne des Generals Miramon lassen. Unsere Regierung ist in der Regel über Alles, was zu Paris vorgeht, zu wohl unterrichtet, um nicht gewußt zu haben, daß dieser frühere Präsident hier, in gewissen Gesellschaften, sich gefiel zu wiederholen, daß er nach Mexico nur zurückkehre, um nach dem Sturze der Monarchie den Stuhl des Präsidenten zu besteigen. Hätte er in seinem Feldzug im Norden gesiegt, so würde er sich unbedingt gegen seinen Fürsten gewendet haben.

Ueberlegt man, daß alle diese Vorzeichen bereits im Beginn des Monats Februar 1867 sichtbar wurden, so wundert man sich um so mehr über den Ton der Beruhigung in der Schlußdepesche, welche vom General Castelnau an den Kaiser Napoleon gerichtet aus Vera-Cruz vom 14. Februar datirt und von dem Aviso unseres Geschwaders, dem „Bouvet", nach dem Telegraphen von New-Orleans gebracht worden war.

Der General Castelnau an den Kaiser Napoleon III.

Die Räumung Mexicos hat am 5. stattgefunden und nur sympathische Aeußerungen hervorgerufen. Der Rückzug geschieht in vollkommenster Ordnung, ohne einen Flintenschuß.

Der Kaiser bleibt in Mexico, wo Alles ruhig ist; ich kehre heute nach Frankreich zurück.

Bei seiner Rückkehr nach Frankreich wurde General Castelnau zur Belohnung für seine Dienste zum Divisions=general befördert!

Die feierliche Sendung des kaiserlichen Adjutanten hatte nicht alle Schwierigkeiten der Räumung zu beseitigen ver=mocht; damit blieb der Marschall belastet.

Die letzte französische Colonne stieg langsam nach Puebla hinab, um Maximilian noch die Hand reichen zu können. In dieser Absicht blieb der Marschall fünf Tage lang in dieser Stadt stehen. Um den Einmarsch der mexi=canischen Besatzungstruppen in den Platz zu sichern, warf er seine Reiterei nach der Seite von Oajaca.

Der Kaiser von Mexico hatte kein Lebenszeichen gegeben. In diesem Augenblick langte die Nachricht von der Nieder=lage Miramons im Bivouak an. Der Höchstcommandirende schrieb sofort an Maximilian und bat ihn bringend heim=zukehren. Zugleich theilte er ihm mit, daß der General Castagny noch zurück bleibe, um ihn zu schützen. Herr Dano sollte in dieser Entscheidung vermitteln: dieser aller=letzte Versuch scheiterte.

Herr Dano an den Marschall.

Mexico, 16. Februar 1867.

Der General Castagny hat mir geschrieben, daß Ew. Ex=cellenz, da Sie noch im Stande seien, dem Kaiser Maximilian die Hand zu seinem Rückzug zu reichen, die Ansicht Sr. Majestät nach der Niederlage Miramon's kennen zu lernen wünschten. In einigen Tagen würde ein Beistand unmöglich sein."

Die mexicanischen Minister behaupten, daß Sie in gleichem Sinne an ihren Souverän geschrieben haben.

Der junge Kaiser ist weniger als je geneigt, dieses Anerbieten anzunehmen. Es wäre sehr unangenehm, wenn ihm irgend ein Unfall zustieße. Aber Niemand vermochte ihn zurückzuhalten, und wir noch weniger wie sonst irgend Jemand.

Man hat einen in der That ganz unbedeutenden, über Fragoso erlangten Vortheil sehr herausgestrichen. Dagegen läuft das Gerücht um, die Dissidenten seien in Queretaro eingerückt, ohne einen Schuß zu thun, da die Kaiserlichen sich entschlossen gehabt, die Stadt zu räumen. Die Nachricht ist übrigens nicht sicher. Man fürchtet, daß Maximilian von Mexico abgeschnitten werde.

In dem Maße, wie sich die Franzosen zurückzogen, befestigten sie in tüchtiger Weise den ganzen Weg, welcher dem Kaiser in einem schwierigen Augenblick als Rückzuglinie dienen sollte. Die Stadt Puebla, welche einen Monat später in die Gewalt des Porfirio fiel, war so gut zur Vertheidigung eingerichtet, daß der vom Sieger an seine Truppen gerichtete Tagesbefehl vom 7. April so schließt:

Mexicaner,

. . . .

Mit den dem Feinde abgenommenen Gewehren ist der nicht ohne Grund uneinnehmbar genannte Platz — denn die besten Soldaten der Welt vermochten nicht ihn mit Sturm zu nehmen — der ersten Anstrengung eurer hinreißenden Tapferkeit erlegen. Die ganze Besatzung*) und ein vom Feinde dort zusam-

---

*) Der Platz war befestigt und wurde übergeben von General Noriega, dem Freunde des Marquez, welcher im Jahre 1863 vor dem Feinde aus Jalapa geflohen und, vom General Forey entlassen, vom Ministerium wieder angestellt worden war.

mengehäuftes ungeheures Kriegsmaterial sind die Zeichen unseres Sieges.

Porfirio Diaz.

Bei seiner Ankunft in Veracruz ließ der Marschall, um Maximilian eine Zukunft zu bereiten und sicher zu stellen, die Hafenbefestigungen vollenden; er nahm persönlich eine genaue Besichtigung der Forts vor. Auf Bitten des kaiserlichen Commissars, des Herrn Bureau, ließ er den Mexicanern einen beträchtlichen Vorrath von Patronen, einige hundert Gewehre und, als Reserve, dreißig Centner Pulver abgeben, welche der Marine entnommen wurden.

Einen Augenblick glaubte man, der Kaiser habe Mexico verlassen, um die See zu gewinnen. Der Marschall, welcher trotz des Vomito seinen Aufenthalt in Veracruz verlängert hatte, ging in größter Eile mit einigen Officieren wieder aufwärts zurück nach la Soledad, indem er darauf rechnete, sich auf die Nachhut und das egyptische Bataillon des Tieflandes stützen zu können. Unter den Guerillas verbreitete sich sogar das Gerücht, daß er den Feldzug wieder eröffne, um die Linie frei zu machen. Er hatte den Weg nach Veracruz zurück allein zu machen. Maximilian war schon nach Queretaro gezogen.

Die nachstehende, von der französischen Artilleriedirection ausgegangene Note gibt eine genaue Uebersicht der Mittel, welche der Monarchie zur Vertheidigung überlassen wurden.

Die Anfertigung von Kriegspatronen und Zündkapseln ist von der französischen Artillerie und mit französischem Pulver, um die mexicanische Regierung zu unterstützen, bis in den Monat Januar 1867 fortgesetzt worden, zu welcher Zeit die mexicanische Regierung, trotz wiederholter Erinnerungen, aufhörte, die zu dieser Arbeit erforderlichen Gelder herzugeben.

Auf das Verlangen des Marschalls und Höchstcommandirenden sind beträchtliche Massen von Patronen und über vierhundert Centner Gewehrpulver aus Frankreich für das Bedürfniß der mexicanischen Armee und Bevölkerung geschickt worden. Es geht aus den officiellen, mit der Bescheinigung der Empfänger versehenen Belegen hervor, daß eine Quantität von 3,228,226 Patronen und 21,437 Kilogramm Gewehrpulver abgegeben worden ist.

Im Ganzen hat die französische Artillerie als sie Mexico verließ, diesen Platz mit 34,741 Geschossen jeden Calibers versehen gelassen, mit der nöthigen Ladung zu 300 Schuß auf das Geschütz und mit einer Reserve von 500,000 Patronen (ohne die der austro-belgischen Legion gehörigen zu rechnen). Keinerlei mexicanische Munition ist zerstört oder aus den Magazinen genommen worden, und die dazu bestimmten mexicanischen Officiere haben die Inventur bewirkt und die Uebergabe bescheinigt. Dieselben Formalitäten sind in den von der Armee besetzten Plätzen des Innern beobachtet worden, sowie dieselben geräumt wurden.

Bis Mitte Januar 1867, d. h. bis vierzehn Tage vor ihrem Abmarsch aus Mexico hat die französische Artillerie durch ihre Arbeit und durch die aus ihren Vorräthen entnommenen Materialien dazu beigetragen, die Kriegsmittel zu vermehren, welche sie in den Händen der mexicanischen Regierung zurückließ.

Der Director des Artillerieparks.

XXVI.

Vor seiner Einschiffung vertraute der Marschall der Besorgung des Herrn Bureau noch eine letzte Sendung an den unglücklichen Fürsten.

An den Herrn Admiral, Commandirenden des Geschwaders.

Veracruz, den 7. März 1867.

Herr Admiral,

Ich habe den mexicanischen Behörden in der Hauptstadt, in Puebla und in Orizaba alle Arsenale und alle militärischen Anstalten in vollkommen gutem Zustande übergeben, mit den Geschützen und der dazu gehörigen Ausrüstung in größter Vollständigkeit; die Befestigungen und detachirten Werke sind im bestmöglichen Vertheidigungszustand (mexicanisches Material wohlverstanden).

Dies bezieht sich auf die Hauptstadt und die auf meiner Rückzugslinie liegenden Plätze. Ich hatte die Absicht, in Vera-Cruz ebenso zu verfahren, ohne zu den Hülfsmitteln der Besatzung irgend etwas hinzuzufügen. Da indeß Se. Excellenz der Minister von Frankreich mit der mexicanischen Regierung eine neue Uebereinkunft abgeschlossen hat, welche Aenderungen an der Convention vom 30. Juli bestimmt und nach welcher die mexicanische Regierung sich verpflichtet, an Frankreich monatlich eine Summe von 50,000 Piaster (250,000 Frs.) auszuzahlen, habe ich mich mit der Sorge befassen müssen, die Auszahlung dieser dem französischen Schatze immerhin nicht gleichgültigen Summe, welche zugleich die Zinsen eines guten Theils der Obligationen der mexicanischen Anleihen deckt, auf so lange als möglich sicher zu stellen.

Aus diesem Grunde habe ich geglaubt, dem kaiserlichen Commissar, Herrn Bureau, an Waffen, Munition, Gespannen, Lagergeräth gegen Wiedererstattung Alles zu überlassen, worüber ich verfügen konnte. Es liegt in der That in unserem Interesse, diesem Beamten die Behauptung der Stadt nach dem Abzuge des Expeditionscorps möglich zu machen.

Noch ein anderer Grund hat mich zu diesem Entschlusse bestimmt: es ist die Schicklichkeit, ohne irgend wie die Politik unserer Regierung zu verpflichten, Sr. Majestät dem Kaiser Maximilian einen Zufluchtsort zu sichern, wo er, falls die Umstände ihn dazu nöthigen sollten, ein Asyl und die Mittel, sich einzuschiffen, finden könnte. Um dem Platz mehr Stärke und der Besatzung mehr Vertrauen zu geben, habe ich daran gedacht, die Munitionsvorräthe und namentlich den Pulvervorrath zu vergrößern. Ich glaube auch, daß es gut sein würde, der mexicanischen Behörde ein kleines Dampfboot zur Verfügung zu stellen, welches die Stadt gegen einen Handstreich der aus den benachbarten dissidirenden Bevölkerungen gezogenen Guerillabanden sicher stellen könnte.

In Folge der hier vorstehend entwickelten Ideen ersuche ich Sie, Herr Admiral, mich wissen zu lassen, ob Sie nicht über 40 bis 50 Centner Pulver aus den Vorräthen des Geschwaders verfügen könnten und ob unter den jetzt auf der Rhede ankernden Kanonenbooten sich nicht eines fände, welches man der mexicanischen Regierung abtreten könnte, unter Anwendung gewisser Formalitäten, welche gestatten würden, jede für unsere Politik compromittirende Auslegung zurückzuweisen. Es könnte z. B. dies Kanonenboot entnationalisirt und als dienstuntauglich, und der Rücknahme nach Frankreich nicht mehr werthes Material, verkauft werden.

Die „Tourmente" ist mir, als die genannten Bedingungen erfüllend, bezeichnet worden.

Ich wiederhole es Ihnen, ich sehe in diesen Maßregeln ein Mittel unserem Lande die Zahlung einer ziemlich bedeutenden Rente zu sichern, ein Mittel unsere Landsleute länger sicherzustellen, die Stellung und den Einfluß unseres Consuls zu sichern, dann: um dem jungen Kaiser, welcher gegenwärtig den Wechselfällen eines Kampfes ausgesetzt ist, der sich gegen ihn wenden kann, es möglich zu machen, einen Punkt zu finden, der hinlänglich fest ist, seinen Rückzug und seine Einschiffung zu decken.

Ich bin mir bewußt, indem ich so handle, wie ich thue, die Absichten meines Souveräns zu erfüllen und ich würde es mit Befriedigung sehen, wenn es Ihnen möglich wäre innerhalb der Grenzen Ihrer Instructionen, welche vor Allem für Ihren Entschluß maßgebend sein müssen, mich zu unterstützen *).

Bazaine.

Am 11. März 1867 um 8 Uhr Morgens übergab der Commandirende von Vera-Cruz den Platz und das mexicanische Artilleriematerial dem General Perez Gomez, welcher sie im Namen des Kaisers übernahm.

Dieser General hatte soeben befohlen, die Städte Cordova und Orizaba aufzugeben, um sich in Vera-Cruz zu concentriren. Einige Tage später sagten die letzten, auf unsere Schiffe zusammengedrängten, französischen Regimenter den Gestaden Mexicos und den tapfern, auf fremder Erde gefallenenen Waffengefährten Lebewohl.

Sechs Wochen später wurde der „Souverän" auf der Rhede von Toulon signalisirt. Sofort begaben sich der Seepräfect und der Commandant an Bord des Schiffes, welches den Marschall Bazaine trug und kündigten ihm an, daß Befehl gegeben sei, ihm keine Ehrenbezeigungen zu erweisen. Die Bevölkerung, welche von diesen Verfügungen durch die Gazette du Midi, die von den Behörden nicht dementirt worden war, bereits Kunde erhalten, drängte sich auf den Kai; der Empfang war ein feindseliger. Der Marschall mußte die Menge, mit gebrochenem Herzen aber das Haupt hoch aufgerichtet, durchschreiten; er hatte, indem er den Fuß auf den heimischen Boden setzte, das Bewußtsein, seine Pflicht als französischer Soldat vollständig erfüllt zu haben.

Unsere Regierung, gewöhnlich für die Ehre des geringsten ihrer Diener so eifersüchtig besorgt, versteht es, die Presse

---

*) Die französische Marine bewilligte nur 30 Centner Pulver; der Admiral seinerseits glaubte nicht, das Kanonenboot abtreten zu können.

zu mäßigen oder fremden Blättern das Paſſiren der Grenze
zu verbieten, ſobald dieſelben von einer beſtimmten Richtung
abweichen. Schon drei Monate vor der Rückkehr des bis=
herigen Höchſtcommandirenden hatten Pamphlete americani=
ſchen und andern Urſprungs ungehindert das Land über=
ſchwemmt und ſo den Namen eines Marſchalls an den
Schandpfahl geſchlagen und die öffentliche Meinung irre
geführt. Man vergaß zu raſch, daß ein Marſchall dem Ge=
bote militäriſcher Verſchwiegenheit zu gehorchen verpflichtet
iſt und daß die Regierung, die Bewahrerin der Ehre ihrer
Großwürdenträger wie der eigenen, das Recht zu reden
allein beſitzt. Aber dies Recht enthält auch eine unverjähr=
bare Pflicht, welche keine Verſchweigung duldet und welche
befiehlt, nach einer eindringenden Unterſuchung entweder
den General zu degradiren, wenn er ſeinen wirklichen Auf=
trag unerfüllt gelaſſen oder gegen die Delicateſſe und die
Ehre geſündigt hat, oder aber, nachdem man Alles ſtreng un=
terſucht hat, öffentlich zu verkündigen, daß er ſich um ſein
Land wohl verdient gemacht habe. Die Armee, Frankreich
und Europa warten mit Ungeduld auf dieſen höchſten Spruch.

XXVII.

Hier endigt die franzöſiſche Intervention in Mexico. Die
Ereigniſſe, welche die drei letzten Lebensmonate Maximilian's
ausfüllen, gehören dem Bereiche der mexicaniſchen Geſchichte
an. Der Auserwählte der franzöſiſchen Politik iſt mit dem
ganzen Stolze unterlegen, der dem Enkel Karl's V. geziemte.
Doch kann man nicht umhin zu bedauern, daß er nicht zu
Queretaro, mit dem Degen in der Fauſt, den Tod geſucht
hat. Ein vom Glücke beſiegter Eroberer fällt würdiger

in dem Feuer der Schlacht als unter den Gewehrschüssen eines Kriegsgerichts. Wir müssen glauben, daß Maximilian, von einer schuldigen Faction in den Tod geschleppt, allezeit eine friedliche Lösung erwartet habe. Seine fixe Idee war die Vollmachten, mit denen er sich bekleidet hielt, in die Hände des Juarez zurückzugeben, welchen er zu einer feier= lichen Verständigung eingeladen; sie bezeugt die Gewalt seiner Täuschungen. Wenn er geglaubt hätte, dem Kampfe entgegenzugehen und die letzte Partie der Monarchie zu spielen, so würde er sicherlich nicht seine jedem Angriff zu trotzen bereite Hauptstadt verlassen haben, um sich in eine offene von starken Stellungen beherrschte Stadt einzuschlie= ßen; er hätte nicht hinter sich in Mexico 500 treue Ungarn zurückgelassen, welche ihn im Handgemenge mit ihren Leibern gedeckt und mit ihren Säbeln eine Bahn bis zum Meere gehauen hätten. Trotz seiner von Schmerzen und Fieber verursachten Niedergeschlagenheit würde er mit beiden Hän= den jenes Schwert der Habsburger ergriffen haben, welches er seit seiner Jugend zu schwingen mit so viel Ungeduld er= wartet hatte. Er hat capitulirt, weil sein ritterlicher Cha= racter an Großherzigkeit glaubte. Er vergaß in diesem äußersten Augenblick, wo seine getreuen Oesterreicher sich bereiteten, für ihn zu sterben, daß er mit Recht für das für seine Sache vergossene Blut verantwortlich sei. Der Ehrgeiz ist eine edle Sache, wo er das Glück eines Volks zum Ziele hat. Ein Fürst kann sich einen Augenblick über die Auf= richtigkeit der Abstimmung einer Nation täuschen, welche einem augenblicklichen übermächtigen Zuge nachgebend oder dem Drucke weichend, ihm ihre Geschicke anvertraut. Aber die Probe ist bald gemacht. Wenn nach zwei verflossenen Jahren die Parteien sich noch auf allen Punkten des Ge= bietes zerfleischen, so wird der Ehrgeiz, welcher hartnäckig ausharrt, ebenso schuldig wie die Hand, welche sich gegen die Freiheit eines Volkes ausstreckt, und die Verantwortlichkeit für die Leiden eines Landes fällt auf die Throne, welche, wenn sie dem Gericht der Menschen entgehen, dem strengen Urtheil der Geschichte sich nicht entziehen können.

Indem wir die schmerzliche Betrachtung dieses langen Trauerspiels schließen, haben wir das gute Bewußtsein, nur die Wahrheit verfochten, ohne von irgend einer Seite die Rolle eines Vertheidigers weder erhalten noch angenommen zu haben. Neue Documente, welche die Unparteilichkeit der Kritik verpflichtet wäre, vorzubringen, können den authentischen Schriftstücken, auf welche wir uns stützen, vielleicht widersprechen, nicht aber sie vernichten. Erst die Aufgabe der Zukunft mag es sein mit allem ächten Material, welches jeder Tag zu dem Monumente der Geschichte des zweiten französischen Kaiserreichs hinzufügen wird, die Vergangenheit wieder aufzubauen. Immerhin folgt schon aus den bereits bekannten Ereignissen eine große Lehre: daß nämlich die Politik der Staaten sich nicht ungestraft jedem Zufall überlassen kann, ohne die Macht zu erschüttern und ohne die unnahbare Hoheit ihrer Würde im Innern wie im Aeußern zu gefährden. Die Regierungen, welche nicht vergessen können, daß die höchsten Höhen wie die untersten Stufen der Menschheit von Leidenschaften bewegt werden, sind darauf angewiesen, alle ihre Handlungen der heilsamen und vorbeugenden Controle ihrer Staatsangehörigen zu unterwerfen, wenn sie sich nicht der härtesten Censur der Nachwelt ausgesetzt sehen wollen.

Ergänzungsstücke.

Jahr 1863.

Seite 11. Es ist nicht ohne Interesse, diesen Brief des Generals Prim hier wieder abzudrucken: er bedarf übrigens keines Commentars.

An Herrn John Gonzalez Echavarria in Mexico.

Madrid, 11. Mai 1863.

Mein sehr würdiger Onkel und Freund,

Ich erhalte Ihren Brief vom Januar und gebe mir Rechenschaft von der Lage der Dinge in diesem Lande, ein beklagenswerther Zustand ohne Zweifel, der aber der Welt klar macht, daß Mexico eine Nation ist und daß seine Söhne keine verächtliche und gesunkene Race sind, wie man es glauben machen wollte. Ihr seid allerdings die würdigen Söhne derer, die mit ihren Thaten die Welt haben staunen machen. Que dira ce blagcur de M. Billault*), um solche Ausdrücke zu rechtfertigen wie: „die eidbrüchige Regierung des Juarez wird vor dem Hauche Frankreichs fallen." In Frankreich ist unsägliche Unruhe und Uebelbefinden wegen dieses Krieges gegen Mexico entstanden, und denen, die mich fragen, sage ich dazu noch, daß der mexicanische Krieg für Frankreich eine Catastrophe nach sich ziehen kann; und das ist die Wahrheit. Stellen wir uns vor die Truppen

---

*) So im Texte, diese Worte sind von dem General Prim französisch geschrieben.

Forey's könnten vor Puebla scheitern. Ave Maria Santissima! Gott allein weiß, was in einem solchen Falle sich ereignen würde.

Wir erwarten mit Ungebuld die Couriere, um von Euch und dem Lande Nachrichten zu erhalten. Ich sehe, daß Herr Whyke (der englische Gesandte) nach Europa abgereist ist und ich besorge, daß er seine Reise angetreten, bevor er den Courier erhalten, mit welchem ich durch seine Vermittelung Euch sowohl wie dem Onkel Michael schrieb und Euch und Anderen einige Exemplare meiner Rede im Senate zuschickte. Diese Rede wird ohne Zweifel nicht nur in diesem Lande, sondern auch auf dem ganzen Festlande von America gefallen haben.

Hier hat eine Cabinetsveränderung stattgefunden. O'Donell ist gefallen und wir waren auf dem Punkte, die Progressisten ans Ruder gelangen zu sehen. Schließlich sind Miraflores und Concha eingetreten, beide in der mexicanischen Sache auf französischer Seite. Ueberall aber, wo sie sagen hören, daß die Spanier nach Mexico zurückkehren würden, um die Franzosen zu unterstützen, leugnen Sie es herzhaft. Denn was gethan ist, ist wohl gethan und Niemand wird es rückgängig machen können.

Prim.

Die nachstehende Depesche vom Juli und an den Präsidenten Juarez gerichtet, von dem Mexicaner Ramon Diaz, Agenten seiner Regierung in der Havana, kann auf Prim's Brief ein gewisses Licht werfen.

Depesche des Agenten Ramon Diaz an Benito Juarez, Präsidenten der Republik zu Mexico.

Havana, 19. Juli 1863.

Sehr lieber Herr und Freund,

Noch ganz niedergedrückt von den Verlusten, die wir soeben erlitten haben, wo wir es am wenigsten erwarten konnten, da unsere Erfolge zweifellos geworden schienen, schreibe ich Ihnen diese Zeilen, um mitzutheilen, daß ich auf dieser Insel eine Subscription in Umlauf setze, welche guten Erfolg hat, behufs der Erwerbung eines Theils der Ausrüstung, von der ich Ihnen in meiner letzten Depesche gesagt. Denn ich setze voraus, daß Sie mir für den Augenblick nicht die zu diesem Ankauf nöthigen Gelder werden schicken können.

Ich arbeite mit aller Thätigkeit daran und es ist wahrscheinlich, daß ich gegen Mitte des nächsten Monats das Geschäft abgeschlossen haben werde, welches mich so sehr in Anspruch nimmt. Es ist mir leicht, es mit hinreichender Sicherheit und per Dampf auf Turpan zu dirigiren. Sagen Sie mir also, ob Sie wünschen, daß es an diesen Punkt gehe oder bezeichnen Sie mir einen sicheren Ort für die Ausschiffung. Da die Sache ziemlich zarter Natur ist, so werde ich mich auf Niemand verlassen, sondern der fraglichen Ausrüstung persönlich das Geleit geben. Wenn sie keine andere Verfügung treffen, so hoffe ich, daß Sie mir den nöthigen Paßschein für den Eintritt in die Republik zuschicken werden.

Es ist wahrscheinlich, daß Napoleon seine Truppen sofort zurückziehen wird, sobald sich in der Hauptstadt irgend eine papierne Regierung gebildet hat. Uebrigens verwickeln sich die Ereignisse in Polen und außerdem haben die Conföderirten einen furchtbaren Schlag erhalten.

In Spanien sind die Dinge auf dem alten Flecke. Heute sagt man, O'Donell werde in das Ministerium treten; das ist aber nicht glaublich. Nichts Neues auf dieser Insel.

Ihr sehr ergebener Freund
Ramon S. Diaz.

Der juaristische Agent spielte seine Rolle. Wie aber soll man die Haltung der Behörden der spanischen Colonie Havana, gegenüber dieser juaristischen Subscription, die zur Ausrüstung republicanischer Truppen bestimmt war, taxiren?

Welch schroffer Contrast? Aus diesem selben Hafen der Havana war wenige Monate zuvor das spanische Geschwader nach Vera-Cruz unter Segel gegangen, um dort stolz die Fahne Ihrer Katholischen Majestät neben die Farben Frankreichs zu pflanzen. Könnte der getäuschte Ehrgeiz des Generals Prim, der vielleicht von der mexicanischen Krone geträumt hatte, diese Verletzung der Neutralität erklären, zu welcher der Generalcapitän der Insel die Hand bot? Wir waren doch gestern noch Verbündete gewesen!

———

S. 29. Angesichts des nachstehenden Documents, welchem seine Bedeutsamkeit durch den Namen des Unterzeichners verliehen wird, kann man nicht mehr an dem thätigen Antheil zweifeln, welchen das Tuileriencabinet an der Schöpfung des mexicanischen Thrones gehabt hat. Diese jenseits des Oceans versuchte Unternehmung bezweckte selbst die europäische Politik frei zu machen, wie man denn in diesem an ein englisches Parlamentsmitglied gerichteten Briefe die venetianische Frage figuriren sieht, über welche man sich zu Paris wie zu Wien Sorgen machte.

An ein Mitglied des englischen Parlaments.

Paris, 30. December 1863.

Mein lieber Herr,

. . . . Der Erzherzog hat, was man auch sagen möge, an seiner Bestimmung nichts geändert und auch nichts zurückgenommen. Weit entfernt davon können Sie als sicher annehmen, daß er im Laufe des kommenden Monats März abreisen wird, zu welcher Zeit man in Europa das Resultat der allgemeinen (aber nicht überall geschehenen) Abstimmung der Nation wird wissen können, die einzige von ihm für seine Abreise gestellte Bedingung, deren Erfüllung für uns eine ganz gesicherte Thatsache ist.

Es ist zu bemerken, und das beruhigt uns ganz, daß die mexicanische Frage völlig außerhalb der allgemeinen politischen Bewegung von Europa steht. Es ist eine ausschließlich zwischen dem Kaiser Napoleon und dem Erzherzog mit Bewilligung des Kaisers, seines Bruders als Familienhauptes, aber ohne alle Einmischung der österreichischen Regierung verhandelte Angelegenheit.

Diese Oesterreich in soweit vortheilhafte Lage, als sie Venetien oder jede Compensation außer Frage stellt, hat auch ein für die mexicanische Frage günstiges Resultat, indem es sie isolirt und auf ihrem eigenen Boden läßt, da sich Frankreich bereits in Mexico befindet und keine andere Lösung in Aussicht hat als den Thron des Erzherzogs, sei nun in Europa Krieg oder nicht.

Das österreichische Schiff, welches diesen Fürsten nach Mexico bringen wird, wird weder von England, dem muthmaßlichen Verbündeten Oesterreichs bei den erwarteten Verwickelungen, noch von Frankreich welches ihn vielmehr hinführt, angehalten werden. Es scheint mir, daß diese ganz praktischen Anschauungen mit keinerlei Täuschungen verknüpft sind.

Ich bitte Sie, mich immer zu halten
für Ihren freundschaftlich ergebenen
J. M. Gutierrez de Estrada.

Seite 182. Es hatte uns wenig großmüthig geschienen, das nachstehende, dem kaiserlichen Militär-Cabinet entflossene Document der Oeffentlichkeit zu übergeben, welches auf das Decret vom 3. October 1865 Bezug hat. Gegenüber der absoluten Nothwendigkeit der Geschichte ihren wahren Character zurückzugeben, zögern wir nicht mehr, es zu thun. Dieser kaiserliche, dem Marschall Bazaine aufge=

bürdete Befehl beweist deutlich, daß das Decret vom 3. October keineswegs vom französischen Obercommando dem Kaiser Maximilian entrissen worden war, welcher, wie wir wiederholt erklären, von Natur edelmüthig und gewöhnlich sehr mild, nur die Züchtigung der Banditen im Auge gehabt hatte.

Militärcabinet des Kaisers.

Mexico, 16. November 1865.

Herr Marschall,

Se. Majestät beauftragt mich, Ew. Excellenz bekannt zu geben, daß, im Fall man sich des Vicomte Riva Palacios bemächtigen würde, Se. Majestät will, daß derselbe nach Mexico gebracht werde. Es ist dies die einzige Ausnahme, welche aus besonderen Beweggründen der Kaiser bei dem Decret vom 3. October zu machen beabsichtigt; und es wünscht der Kaiser, daß Ew. Excellenz genaue Befehle ertheile, damit vorkommenden Falls Riva Palacios nicht erschossen werde.

Der Chef des kaiserlichen Militärcabinets.

Druck von F. A. Brockhaus in Leipzig.